日本二十六聖人

三木パウロ殉教への道

玉木譲

弦書房

〈カバー表写真〉

長崎市の日本二十六聖人記念館前の公園内に建てられた二十六聖人の記念碑、向かって右から六番目に掲げられた聖パウロ三木像

〈カバー裏写真〉

天草コレジヨ館収蔵の銅版画。二十六聖人のうち、イエズス会士の三名を描いている。左から三木パウロ、ヤコブ喜斎、ヨハネ五島　（作者・出版地不明）

目次

まえがき　7

第一章　キリシタン武将・三木判大夫……9

三木判大夫の受洗　10／奈良の神鹿を食べる　12／結城弥平次との友情　13／三木パウロの誕生　16

第二章　安土セミナリヨ……19

日本巡察師ヴァリニャーノの来日　20／安土セミナリヨに入学する　24／天正遣欧少年使節　27／本能寺の変　31／セミナリヨの高槻移転と大坂の教会　33／セミナリヨの大坂移転　36／フランシスコ会の日本との最初の接触　41

第三章　コレジヨ、修練院（ノヴィシアド）、セミナリヨの変転……43

カルデロンの来日と臼杵の修練院　44／コレジヨ、修練院の山口移設　47／細川ガラシャの改宗　50／秀吉の「伴天連追放令」　51／大坂のセミナリヨ、山口のコレジヨ・修練院の平戸移転　54／小西行長の肥後入国　58／天正の天草合戦　60／天正遣欧使節の帰国　63／第二回イエズス会全体協議会　64／小西行長と天草久種の和解　69／コレジヨ、修練院の河内浦移転　71／天草コレジヨの教授・職員と学生名簿　73／キリシタン版「天草本」　75／志岐の画学舎とペドロ・モレホン　77

第四章　三木パウロのコレジヨ退学……81

第二次遣欧使節計画のとん挫　82／ペドロ・ラモンのヴァリニャーノ批判　83／なぜ三木パウロはコレジヨを退学したのか　86／長崎でゴメスの助手となる　91／秀吉の朝鮮出兵　93／伊東祐勝の死去　96

第五章　フランシスコ会宣教師の来日……99

ドミニコ会ファン・コーボの来日　100／遣外管区長バプティスタの来日　104／バプティスタ布教を始める　106／南蛮ブームの到来　109／迫害前のキリシタンの状況　112／ペドロ・モレホンの上坂　114／フロイスの再来日　116／関白秀次の処刑　117／アビラ・ヒロンの来日　121／再び「天草の学院と司祭館について」　125／迫害の始まりとその原因　128／大坂の司祭館　132／「サン・フェリーペ号」事件　134／迫害前夜　139／三木パウロらの名簿を記入する　144／都と伏見で起こった次第　146／ヴィセンテ洞院の覚悟　149／迫害期における高山右近らの行動　152／アンドレ小笠原が示した情熱　154／秀吉はなぜフランシスコ会の司祭らだけを処罰したのか　156／処刑の宣告後、長崎とその地域で起こったこと　159／三木パウロら、京都へ送られる　161／二十四人が片

耳をそがれ、牛車で引き廻された次第　164

第六章　二十六人殉教への旅……169

二十四人の長崎への護送　170／明石掃部との邂逅　171／小崎トマスの手紙　173／同行の二人が殉教者に加わる　175／博多から名護屋へ向かう　176／長崎へ到着する　178／二十六人の十字架の順序　181／三木パウロの説教　193／殉教時にポルトガル人、日本人信者が示した情熱　196／司教マルティンス日本を去る　199／フロイスの死去　202／二十六殉教者の遺骸　204／太閤の薨去(こうきょ)　207／石田三成と徳川家康の対立　209／ウイリアム・アダムスの来日　212

第七章　江戸の大殉教……215

関ヶ原合戦以後　216／八代の殉教者　219／伊東マンショらの司祭叙階　223／京都の下京教会　226／徳川家康の「キリシタン禁教令」　228／バテレンらの海外追放　231／アダム荒川の殉教　233／コウロス証言文書集　235／イエズス会と托鉢修道会の対立　238／コレジヨ出身司祭らの殉教　242／元和の大殉教　244／フランシスコ会ソテーロらの殉教　247／岐部ペドロと小西マンショの司祭叙階　249／小西マンショらの日本帰還　252／ドミニコ会日本人司祭西トマス　256／西トマスの殉教　258／結城ディオゴの最後　261／岐部

ペドロの帰国　264／岐部ペドロと背教者フェレイラ　267／小西マンショの最後　270／聖人へと列聖される　272／二十六聖人の奇跡　276／その後の殉教者の列聖・列福　280

あとがき　285／参考文献　288

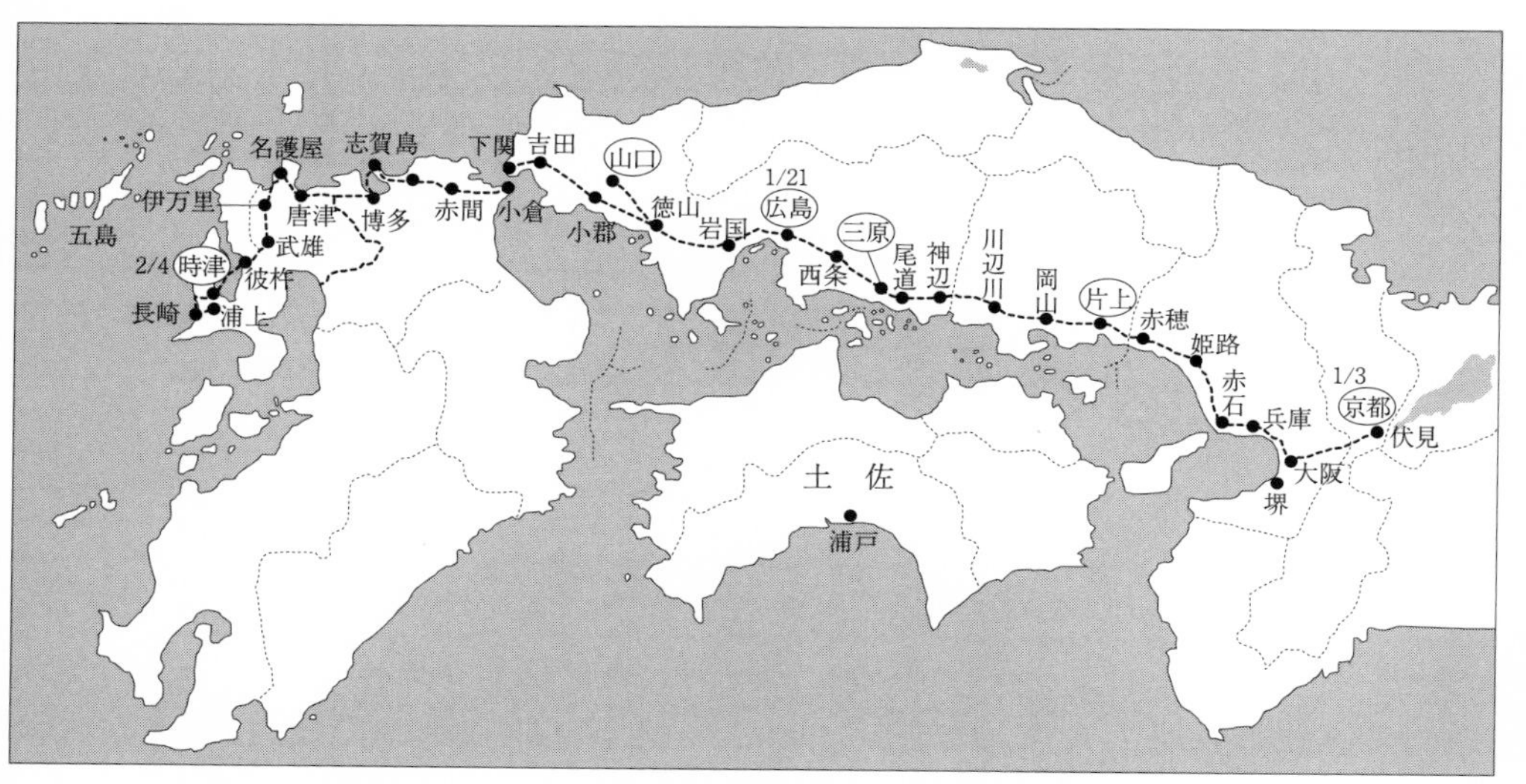

二十六聖人が歩いた道——1597年1月9日、二十六聖人の過酷な旅は大阪から始まり、道中、約27日を費やして長崎に到着。2月5日、二十六人の処刑地である長崎西坂の丘において殉教した。

まえがき

天草コレジヨ館は、戦国時代から安土桃山時代にかけて天草にもたらされた南蛮文化とキリシタン史を広く知っていただくための資料館として、一九九〇（平成二）年に開館し、現在に至っている。そして、昨年「長崎と天草地方の潜伏キリシタン関連遺産」の世界文化遺産登録五周年記念事業の一環として、京都の青羽古書店から天草市へ寄贈されたキリシタン関連の新たな資料を企画展示した『新所蔵品展』（二〇二三年四月二十八日～八月三十日）を開催した。

今回の企画展の中で注目されたのが、一五九七（慶長二）年に長崎で磔刑に処せられた日本二十六聖人に関する何点かの貴重な銅版画である。そのうち、特に天草のコレジヨで学んだとされる三木パウロ、そしてヨハネ五島・ヤコブ喜斎のイエズス会士を描いた肖像銅版画が注目される。

また、長崎西坂で殉教した二十六聖人殉教者に関しては、一五九七年三月十五日付、ルイス・フロイスのイエズス会総長宛「長崎における二十六殉教者に関する報告書」によってその詳細が知られているが、殉教の年の一五九七年から一八九八（明治三十一）年までの三百年間に三十九種以上、十八カ国語の二十六聖人関係書が出版されている。このことからも、彼らの殉教がいかに高い関心を持たれたかが分かる。しかしながら、日本二十六聖人殉教者を代表する人物とされる三木パウロの殉教に至るまでの記録はフロイスの「殉教記」によって知られている以外、三木パウロが天草コレジヨの生徒であったことなどほとんど知られていない。

さらにまた、三木パウロが天草のコレジヨを退学した理由は、セミナリヨ、修練院（ノヴィシアド）、コレジヨの学習を通して、必須科目とされたラテン語の習得を嫌ったためだとされてきたが、ただそれだけではない別の理由があったのではないかと長年、疑問を感じてきた。

そこで今回、フロイス『日本史』には一度もその名が登場しない三木パウロに関し、その他の参考文献に基づき、幼少期に洗礼を受けた彼の前半生からその最後、殉教に至るまでの足跡をたどってみた。それとともに、三木パウロがコレジヨを退学した理由についても私見を付したが、大方の理解を得られるかどうか。

同時に、豊臣秀吉の「伴天連追放令」以後、日本における宣教に関し、それまでイエズス会が布教活動を独占していたことに対し、それより遅れて来日したフランシスコ会らの托鉢修道会との間で相互不信、激しい対立があったことなど、あまり知られていないと思われる。そのことは本論から外れるが、日本キリシタン史を語るうえで避けて通ることはできないと思い、あえてその間の経過も詳述した。

そして本書を通して、一点の曇りもない真心をもって、神の僕（しもべ）としての生涯を全うした三木パウロという偉大な存在があったことを知っていただくならば、筆者にとってこの上ない喜びである。

第一章

キリシタン武将・三木判大夫

三木判大夫の受洗

三木判大夫は戦国武将というより、日本二十六聖人の一人である三木パウロの父としてその名が広く知られている。

一五五九年九月、フランシスコ・ザビエルの後任となった日本布教長コスメ・デ・トルレスは、ガスパル・ヴィレラ神父（ポルトガル人、一五五六年来日）、元琵琶法師であった修道士のロレンソ（了斎）、同宿（寺院に住み込み、師僧について修行しながら雑務を行う者を指す。キリシタン時代、教会の同宿も仏教語にちなんでそう呼ばれていた）のダミアンの三人を都へ派遣した。そうしてヴィレラは、さっそく京都での伝道を開始した。

それ以前、一五五一年一月中〜下旬、フランシスコ・ザビエルが京都に滞在した折、室町幕府第十三代将軍足利義輝は三好長慶によって京都を追われ、近江の堅田に逃れていた。しかしその後、三好との和解によって義輝は再び京都に戻った。

一五五九年十一月末、ヴィレラとロレンソは将軍義輝に拝謁した。さらに一五六〇年初めにも義輝を訪問したが、その年の夏、義輝から「バテレンには賦課とか見張り番、その他の義務を免除して布教を許可する」という布教の許可状が授けられた。また一五六〇年初め、ヴィレラは、五畿内（山城国、大和国、河内国、和泉国、摂津国）で最大の勢力を誇示していた三好長慶を訪問し、長慶からも布教の許可状を授かった。

その一方で、京都や比叡山の仏教寺院や天皇を中心とした公家たちは、何とかこれを阻止しようと画策を始めた。三好長慶の家宰であった松永久秀は、奈良の市街に近い多聞山に築いた多聞城に在住していたが、天下の最高統治権を掌握し、京都を中心とした権勢は主家・三好を凌ぐものがあった。そして日蓮宗の熱烈な信者であった松永は、都からバテレンを追放するよう請われ、重臣の結城山城守忠正に命じて、宗論でもってキリシタンを都から追放しようとした。宗教討論では自分の右に出る者はいないと自負していた結城は、親友である儒学者の清原枝賢を交え、ヴィレラから派遣されたロレンソと宗論を行った。そしてロレンソから聴聞したことを完全に理解した二人とともに、結城の甥で十九歳になる結城弥平次もキリシタンとなった。その数日後、沢城主高山飛騨守も受洗した。またこのとき、父・忠正の許を訪れていた息子で、三好長慶に仕えていた岡山・砂（現・四条畷市）の岡山城主である結城左衛門慰も洗礼を受けた。そして三好が居住していた河内国の飯盛山城に帰った左衛門慰は、自分の同僚であり友人である他の武士たちに、キリストの福音を傾聴してみるようにと説いてやまなかった。

左衛門慰からの話を聞かされた武士たちは、都のヴィレラに来訪を請うた。そこでヴィレラは、彼らの許へロレンソを派遣した。飯盛城に到着したロレンソを見た武士たちは、その容貌を嘲笑し、またその貧しい身なりを軽蔑したが、ロレンソが説教を始めると彼らはロレンソに対して大いなる畏敬の念を表し始め、討論はほとんど昼夜の別なく不断に行われた。ロレンソは彼らの質問に対し、一同が非常に満足のゆくまで答弁し、悪魔が彼らを欺くのに用いている偶像崇拝と虚偽（の宗教）が誤っていることについて明白かつ理性的な根拠を示し、さらに世界の創造主の存在、霊魂の不滅、デウスの弟子による人類の救済について説いた。ロレンソの話を聴聞した武士たちはまったく納得し、すぐにもキリシタンになることを希望した。

一五六四年五月、飯盛城を訪れたヴィレラによって、三好幕下の武士七十三人が洗礼を受けたが、その中に三人の重立った者たちがいた。その一人は三ヶ城主三ヶ頼照、二人目は若江城主池田丹後守教正、そして三人目が三木判大夫であった。また、三好の秘書であった床林コスメ、河内長野の烏帽子形城の大身伊地智文太夫も洗礼を受けた。こうしてこれら河内国のキリシタン宗団は、イエズス会が五畿内で有する最大にして最古、また最も組織化された信仰宗団となった。

阿波徳島出身で、三好三人衆四国勢の将のひとりであった三木判大夫は城持ちの武将ではなかった。一五六一、六二年に三好三人衆の筆頭三好長逸の家宰であった篠原長房(しのはらながふさ)（阿波国麻植郡上桜城主）が阿波から淡路勢を率いて近畿に進出し、摂津、河内方面に転身した際、判大夫もこれに従った。そして判大夫は、三好軍の武将中の武将として武功を立てたが、一五六四年、飯盛城においてヴィレラによって洗礼を受けた。

奈良の神鹿を食べる

勇猛果敢な武将としての三木判大夫を物語る蛮勇として、春日大社の迷い鹿を見つけて殺し、その肉を家来に喰わせたという有名な話が知られている。

三好長慶没後、三好家中の主導権を巡って松永久秀・三好義継（三好長慶の養子）の同盟軍と三好三人衆（三好長逸・三好政康・岩成友通）が対立して交戦を繰り返した。

一五六七年五月、松永・三好義継の兵は、奈良多聞山城に籠ったので、三好三人衆の軍勢は奈良に攻め込んだ。この戦いで奈良に駐屯中、三木判大夫は道に迷った春日大社の一頭の鹿に出くわし、それを射殺させ、自分の兵士たちに馳走した。そのため、バテレンを嫌う三好政康は「判大夫はバテレンにそそのかされてその行為に及んだのだ」と憤慨してやまなかった。政康の怒りはもっともで、奈良の神鹿の殺傷はご法度とされていて、フロイスによれば「もし鹿を叩くものがあれば、捕らえられて大きな罰を受け、もし殺したならば、その罰として殺され、財産をことごとく失う。また、どこかの町内で鹿が死んだ場合には、病死した証がない限り、その町は破壊され、財産を失わされた」という。

一五六五年六月、松永久秀、三好義継の兵によって将軍足利義輝が殺害された後、一五六八年二月に至って、三好長逸らは足利義栄(よしひで)を阿波から迎え、義栄は室町幕府第十四代将軍の座に就いた。ただし、その最大の功労者は篠原長房であった。長房はキリスト教に理解があったとされ、将軍義輝の殺害に伴い、都を追われたフロイスの入京に尽力した。また、フロイスは「長房の権威権力は三好三人衆さえ凌駕し、彼らを動かすほどの立場にあった」と述べている。

ところが、一五六八年九月、織田信長は足利義輝の次弟・義昭を擁して五万人以上の兵を率いて上洛した。この信長の前に、松永久秀と三好義継はいち早く恭順した。一方、三好三人衆は信長に抗戦したが、その進軍を止めることが出来なかった。またその頃、腫物を患って病床にあった義栄は、篠原長房や三好長逸とともに阿波へと退き、その直後に病没した。

結城弥平次との友情

一五六三年八月、結城忠正が奈良で最初のキリシタンになるとともに、結城の甥であった結城弥平次もキリシタンとなった。その二年後の一五六五年七月、忠正の息子で、河内岡山城主であった結城左衛門慰が財産の相続争いによって毒殺された。三十二歳前後の若さであった。そのため、彼の息子である結城ジョアンが父のあとを継いで岡山城主となった。しかし結城ジョアンがまだ幼かったので、伯父にあたる結城弥平次が彼の後見人として結城家の家老となった。またフロイス『日本史』には、熱心なキリスト教徒であった彼は、一五七六年、都（現・中京区姥柳町）に新しい教会（南蛮寺）を建築するに際し、労力、金銭面で多大な貢献をなしたとある。

一五七〇年九月十六日、三好義継の家臣であった結城弥平次は、河内国の古橋（現・大阪府門眞町）で彼の家臣、そこにいた四百人以上の者とともに大量の米を徴収する仕事に従事していた。そこに突如として、三木判大夫を将とする四国衆二千五百人ばかりの兵士がその場を襲撃した。弥平次ははなはだ老練な弓手であったから、いとも容易に敵を撃退し、敵に大いなる損害を与えた。しかしながら、弥平次側の多数の者は無防備で来ていたので味方の大部分は殺されてしまい、弥平次は、もう一人の仲間と一緒に高台の入口で防戦していた。このとき弥平次は頭に兜をかぶっていたが、兜の正面には塗金した真鍮の「ＪＥＳＵＳ」という大きい文字をつけていた。

そこへ四国衆の最も身分の高い武士が馬で姿を見せた。三木判大夫であった。じつは、フロイス『日本史』の中で三木パウロに触れた記述はこの「都地方の数名のキリシタンの所業と徳操について」（第一部七八章）の項だけで、フロイスは「その人は三木判大夫というキリシタンで、彼にはイエズス会員であり、立派な宣教師でもある一人の息子（註・三木パウロ）がいた」と記している。ところが、まだ三木判大夫は結城弥平次を知らなかったが、キリシタンの徴章であり標語である「ＪＥＳＵＳ」を知っており、それを付けている者はキリシタンかもしれないと考え、大声で「汝はキリシタンなりや」と訊ね、「名を名乗れ」と促した。そこで、弥平次は「我こそはキリシタンにして、ジョルジ弥平次と申す」と答えた。その返事を聞くと、判大夫は馬から降り、鎧の上に着ていた虎皮の衣を脱ぎ、弥平次を抱擁してその衣を彼に着せ「御安心なされよ。何ぴとか御身を殺さんといたす者あらば、某、先んじて死に申さん」と言いながら、弥平次を自分の馬に乗せ、自ら馬の手綱を手に取った。

すでに弥平次方の手の者は皆、死んでしまっていたので、判大夫方の兵は獲物を携え、戦利品として殺された者たちの首級を持ち帰った。また陣中にあった大勢の兵たちは、弥平次は自分たちに敵対し、仲間を殺したのだから、彼を殺そうと考えた。しかし三木判大夫に対する尊敬と畏怖から、弥平次にあえて危害を加えようとはしなかった。のみならず、彼らは弥平次に好意と友情を示し、その勇気、ならびに雄々しい心ばえを称賛した。

一方、弥平次の母親と妻、および親戚の者たちは、古橋にいた者はすべて殺されたと聞き、一人の男を古橋に派遣し、弥平次の物と思われる遺骸を持ち帰らせ、大いに嘆き悲しんだ。しかしその二、三時間後、突然、弥平次から「我らの主なるデウスは、御恩寵により、奇跡的に私を救い給うた」とする、無事を伝える一通の書状が届いた。

その二日後、弥平次は岡山に戻って来た。五畿内全域におけるキリシタンたちは、まるで彼が死から蘇ったかのように大いなる喜びと満足をもって彼を迎えた。そして、フロイス『日本史』には「ジョルジ自身は、有徳の人であったからあの恩を決して忘れることはなく、三木判大夫がその後、日本の変転や不幸な事件によって封禄を失い追放された時、ジョルジは彼およびその妻子を扶養し、彼がかつて自分にしてくれたことに対し、大いに感謝と謝恩の意を表した」と記されている。だが、三木判大夫は「日本の変転や不幸な事件によって封禄を失い追放された」とあるが、その不幸な事件とは何を指すのか、また、それはいつ頃のことだったかを示す文献はなく、その詳細は不明である。

一五七〇年のこの年、室町幕府第十五代将軍となった足利義昭を擁立した織田信長によって四国に退いていた三好三人衆と篠原長房は再び摂津に上陸したが、野田城・福島城の戦いにおいて信長と和睦した。また織田信長は、元亀二（一五七二）年と推定される六月二五日付、三木判大夫宛ての書状（『三木家文書』）において、判大夫から「南蛮物」を一反送られたことを喜び、その軍功を褒めている。そして（三好）義継に忠義を尽くすことが肝要であるとして、返礼として判大夫に金一〇両を贈ったとある。

その判大夫がいつ、どういう経緯で織田信長に仕えるようになったかも不明だが、この後判大夫は、信長の許で大きな手柄を立て、信長から書状と報賞を受けるなど信長にも一目置かれる存在となったとされている。

余談になるが、三木判大夫の子孫が現代まで高松市に住み、江戸時代には高松藩の測量武士として代々勤めたとか。そこで、もういつ頃だったか忘れたが、「なんでも鑑定団」というテレビ番組で「織田信長から三木判大夫に宛てた書状」が鑑定に出されていたが、その書状は三木家の家宝として今も大事に保管されているそうである。

三木パウロの誕生

三木パウロは一五六四年、摂津国に生まれた。パウロとは熟知の間柄であったフロイスは「パウロは阿波の国の人で、津之国（摂津の国の古名）生まれ」と記している。またローマ教皇庁の調査によって、一五九七年に三木パウロは三十三歳のときに殉教したことが確認されている。そのことから逆算して、彼は一五六四年に摂津（現・大阪）において誕生したが、彼の出身地が、時には阿波国の出身、ある時は摂津国の生まれと紹介されているが、いずれも間違いではない。

一五六四年に父・判大夫がキリシタンの洗礼を受けた後、彼の妻も洗礼を受け、マリアと呼ばれた。そして三木パウロも幼少の三、四歳のとき洗礼を受けたとされている。

一五七〇年六月十八日、トルレスの後任の日本布教長となるフランシスコ・カブラル（ポルトガル人）とともに、イタリア人宣教師ニエッキ・ソルド・オルガンティーノが天草の志岐（現・苓北町）の港に着いたが、その後オルガンティーノは五畿内に派遣され、翌七一年一月一日に入京した。そして三木パウロは、彼が十一歳のときにオルガンティーノと出会ったとされているが、それはオルガンティーノの入京から四年後の一五七五年頃であったと思われる。

また、一五八三年に来日したペドロ・ゴメスは「パウロの父（三木判大夫）は……十歳または十二歳の幼少の時から……彼はそのとき吾人が有した安土の神学校で養育してもらうために、オルガンティーノ師に託した」と述べている。

こうして以後、オルガンティーノは一番長く三木パウロと付きあう人となった。

第二章　安土セミナリヨ

日本巡察師ヴァリニャーノの来日

一五七八年八月二十八日、大友宗麟が受洗し、キリシタンとなる。教名フランシスコ。その直後、宗麟は島津を討つため臼杵を出て日向に向かった。しかし同十二月、豊後、薩摩の両軍は日向高城で交戦し、豊後勢は日向耳川で大敗を喫した。

因み(ちな)に一五七七年に十六歳で来日したジョアン・ロドリゲス（ポルトガル人）はこのとき、カブラルに従って大友の日向遠征に同行している。

一五七九年七月二十五日、東インドのイエズス会巡察師としてマカオに滞在していたイタリア生まれの日本巡察師アレシャンドゥロ・ヴァリニャーノらを乗せた定航船(ナウ)が、有馬領口之津の港に入港した。

ヴァリニャーノが来日した当時、キリシタンの人口は十五万人ほどであった。しかし信徒の数に対してイエズス会員は八十五人、そのうち司祭は三十二人に過ぎず、宣教師の数が圧倒的に足らず、ヴァリニャーノは日本人宣教師育成の必要性を感じ取った。そして日本の教会が自立し、日本人の修道士、および司祭を養成するには、ヨーロッパ留学はあまりにも困難であったことから、日本において適当な養成機関を作らなければならないと考え、口之津において宣教師会議を開催し、都、豊後、下（豊後を除く九州）の三つの布教区に中等教育を行うセミナリヨを、豊後と都にイエズス会員養成のためのコレジヨを開設することを決議した。

そのころ、肥前、筑前、筑後を切り従えて九州の北半分を領していた龍造寺隆信は、一五七九年後半から八〇年初めにかけ、盛んに有馬に侵攻した。そのため、有馬は危機にさらされ、領内は混乱と動揺が続いた。この危機的状況から脱するため、有馬晴信は自らキリシタンとなることを申し出、ヴァリニャーノに援助を求めた。そこでヴァリニャーノは、龍造寺によって有馬のキリスト教徒が滅ぼされるという危機感から、多数の食料、金子を補給し、また口之津に入港させていた定航船(ナウ)から鉛や硝石を仕入れてそれを提供した。こうして有馬がバテレンからの援助を受けたことを知らされた隆信は、これを過大評価し、自ら和睦を申し出た。

有馬領内の危機が去った後、晴信は領内の神社仏閣をことごとく破壊させ、その空き地をヴァリニャーノにあて、教会の建物や地所として授けた。これを受け、ただちにヴァリニャーノは、まず有馬の城下町に、日本人の少年たちのためのセミナリヨ(神学校)を建てることにした。セミナリヨは、将来やがて作る計画であった大学(コレジヨ)の準備教育機関と位置づけられ、現在の中・高等学校に該当する学舎であった。

ただし、セミナリヨの入学資格は「(両親がキリシタンである)上級階級の子弟以外の者はとらない」。そして教会に仕える意思をもって両親がセミナリヨへの入学を認め、その身を教会に捧げようとする者以外は受け入れないとした。入学資格を地位ある上流階級の子弟にした理由は「上」からのキリスト教的精神を浸透させ、確固たる教会を作るためでもあった。そうして彼ら神学生に宗教教育とともに科学や語学、倫理学、音楽、美術などの中等教育を施し、彼らが将来聖職者となることを期待した。

有馬セミナリヨは一五八〇年四月三日に開校したが、初代院長としてメルキオル・デ・モーラ(イタリア人、一五七七年来日）が就任し、第一期の生徒は二十二人であった。その中に、のちに天正の遣欧使節となる千々石ミゲル、原マルティノ、中浦ジュリアンがいた。豊後から伊東マンショも呼ばれた。また日本人最初の司祭となる木村セバスティアン、にあばらルイスらがいた。

その後ヴァリニャーノは、五畿内のキリシタン宗団を訪問し、キリシタンに好意を寄せる織田信長への謁見を果たすため、五畿内に赴くことにした。

一五八〇年九月八日、ヴァリニャーノは口之津を出発して豊後に向かった。

九月十四日、豊後に到着したヴァリニャーノは、豊後の布教長フロイスをはじめ、府内と臼杵の司祭館にいた司祭、イエズス会員を臼杵（うすき）の修道院に招集し、第一回協議会を開催した。そしてこの協議のなかで、イエズス会入会を希望する日本人を修練するため、丹生島城（にうじまじょう）の近くに修練院（ノヴィシアド）を設置することを決めた。修練院は降誕祭（十二月二十四日）に日本人とポルトガル人各六人、計十二人の修練生を受け入れて発足した。日本人六人の中に、大友宗麟の三男である親盛とともに、かつて日向国主であった伊東義満の遺児で、島津氏の日向侵入によって豊後に亡命していた伊東義賢、祐勝の兄弟がいた。また臼杵の修練長として、日向から逃れてきた伊東マンショを豊後の教会に受け入れたペドロ・ラモン（スペイン人、一五七七年来日）が任命された。

一五八一年一月、ヴァリニャーノは府内の住院を改築し、修練院を終えた後、さらに学問を修めるためのコレジヨを建てた。コレジヨでは、キリスト教世界の共通言語であったラテン語、ポルトガル語、日本語学科のほか、哲学の講義も行われた。またコレジヨでは、ヨーロッパから来た修道士のため、日本語の文法や辞書、日本語による公教要理書なども編纂されたが、ヴァリニャーノの著書がテキストとして使われ、日本人修道士のために日本語訳が作られた。

豊後のコレジヨの長には、一五六四年に来日した経験豊富なベルショール・デ・フェゲイレド（インド生まれのポルトガル人）が就任した。修練院、そしてコレジヨの設置は、日本人の優秀さを認めたヴァリニャーノが日本人司祭の養成を目指したものであった。こうして日本人の資質を高く評価したヴァリニャーノは、一五八〇年十二月臼杵に修練院を設立し、翌八一年一月に府内にコレジヨを創設した。

またヴァリニャーノは、セミナリヨは約六年以上、修練院は約二年、コレジヨは約四年以上を修学期間と定めた。臼杵の修練院生はすぐに十六人となった。十六人中十人は日本人で皆、説教師であり優れた才能の持ち主であったが、そのうち一人は「七十四歳の老人で、四十歳の一子とともに修練院に入り、徳においても知識においても第一人者である」とされているが、養方パウロとヴィセンテ洞院の親子であった。こうしてヴァリニャーノは、この豊後において同宿の養方パウロとヴィセンテ洞院を修道士としてイエズス会に受け入れた。養方パウロはすでに老齢であったが、ヴァリニャーノは養方パウロの人柄と学識を高く評価し、キリスト教文学の翻訳にあたらせた。日本語の文法や辞書、日本語による公教要理書の編纂には、養方パウロとヴィセンテ洞院の協力なしには完成できなかったとされている。

因みに一五八〇年にイエズス会に入会したジョアン・ロドリゲスは、臼杵の修練院に入学し、翌八一年に府内のコレジヨに移った。府内のコレジヨではラテン語の授業のほかに、毎日、日本語の授業があったが、日本語の教師を勤めていたのが養方パウロであった。ロドリゲスは、その養方パウロから日本語の指導を受けた。その後ロドリゲスは、豊臣秀吉や徳川家康との交渉の通詞として活躍――。のち『日本教会史』や『日本大文典』『日葡辞書』などを著したことで知られている。

一五八一年三月、ヴァリニャーノは豊後を発って、織田信長に謁見するため都（京都）に向かった。また上洛の途上、ヴァリニャーノは日本における布教方針についてことごとく対立する布教長カブラルの後任として、ガスパル・コエリョ（ポルトガル人、一五七二年来日）を任命した。

安土セミナリヨに入学する

その前年の一五八〇年五月二十二日、オルガンティーノは織田信長より教会建設用地として、安土で最良の土地を下附された。これによって、オルガンティーノはただちに高山右近をはじめ近在の信者たちの熱烈な援助を受けて、わずかの間に、信長の宮殿を除いては安土において最も美しく気品のある邸の一つとして三階建ての修道院を完成させた。その一階には、茶室を備えた良質の木材を使用した座敷が造られた。二階には、幾つかの窓を付した廊下によって三方囲まれた神父の寝室、または部屋に利用される若干の広間を作った。そして最上階の三階には、ヴァリニャーノの意向に沿ってセミナリヨとして使用するための住居が建てられた。またセミナリヨの開校にあたり、オルガンティーノは高山右近に援助を求め、領主や身分の高い士分の子弟を集めてヴァリニャーノの上洛を待った。

安土におけるヴァリニャーノの主要な任務の一つが、この地で準備が整っているセミナリヨを開講させることであった。すでに集められている生徒の中に、オルガンティーノに託されていた三木パウロをはじめ、河内国三ヶ城主三ヶ頼照の孫ともされている三ケアントニオ、高山右近とは義兄弟の関係にある河内国烏帽子形城主の伊智地文太夫の息子の伊智地マンショ、そのマンショの双子の弟と思われる伊智地シモン、木村ミゲル、鳥飼トメ、富田メルキョール、近江永原（ながはら）生まれの永原ニコラオらがいた。また、ヴァリニャーノが臼杵の修練院から連れて来た伊東祐勝（ゼロニモ）が加わって安土セミナリヨが発足した。三木パウロ、十六歳のときであった。

因（ちな）みに高山右近の家臣であった加賀山隼人（祖父の代に摂津国伊丹の城を預かっていた）は、彼十歳のときルイス・フロイスから洗礼を受け、イエズス会の同宿として、安土のセミナリヨで学んだのではないかとされている（後年、加賀山隼人は小倉藩主細川家の家老となるが、一六一九年に殉教した）。

安土セミナリヨの初代の院長にはオルガンティーノが任命され、またセミナリヨの教師として一五七四年来日し、大村や天草において集団改宗に力を尽くしたイタリア人、ジョアン・フランシスコ（・ステファノニ）、メシアン・デ・アルメイダ修道士（リスボン出身、一五七七年来日）、ディオゴ・デ・メスキータ修道士（ポルトガル人、一五七七年来日）が就任した。そしてオルガンティーノは、先にヴァリニャーノによって執筆された「セミナリヨ内規」に沿って時間割を定めた。

そこで、臼杵の修練院が開校する早々、ヴァリニャーノはフロイスの通訳を介して二カ月にわたって自ら毎日、午前と午後、二講座を担当し、イエズス会の会憲や修練士の使命、あるいは徳操への道について講義した。同様にヴァリニャーノは、オルガンティーノの通訳によって、安土のセミナリヨの生徒に対しても自ら講義を行ったと思われる。

セミナリヨの生徒数はほどなく二十五名に増えた。教師の一人、メシアン・デ・アルメイダはラテン語を教えるかたわら、その清らかで敬虔な生活の規範によって、セミナリヨの少年たちに少なからぬ感化を及ぼした。また、ヴァリニャーノは都を去るにあたって、日本人屈指の説教師として知られたヴィセンテ洞院を豊後から呼びよせ、彼は諸学科、ならびに日本の宗教について教授した。このヴィセンテの指導によって、少年たちは短期間のうちに人びとに説教し、仏教の教えに反駁できるまでになったとされている。そこで三木パウロも、このヴィセンテの指導を受け、キリスト教の教義を大いに深めることが出来たと思われる。

参考のために、有馬セミナリヨの開設から全体を通した教育内容を見ると、語学としてラテン語を教養科目として、ラテン文学、日本文学、キリスト教、仏教、地理、歴史、算数、唱歌、楽器、弁論、説教などを学び、実習科目として油絵、水彩画、銅板画彫刻、印刷術、オルガン製作、時計、天文機器製作など、当時としては考えられない最高水準の教育が行われていた。そして、そのような勉強が朝四時半の起床から、午後十時に就寝するまでの間、途中、昼と夜の食事時間と休憩を取るだけで、ほとんど休みなしの日課として続けられていた。

そして「セミナリヨの心得」として、「先生は生徒をよく指導することである。規則を守らせ、時間を無駄に使わせず、外出に際しては同伴する。指導は特に愛情をもって入念に行わなければならない。しかし当然、場合によって罰を科してもよい」とか、団体生活を送る上での事細やかな約束事、また「生徒は、両親が病気であるとか、その他、絶対必要なとき以外は、家族の家に帰ることができない。特別例外的に帰ることがある場合も教会に仕える者二人が同行しなければならないし、いかなることがあってもその日のうちに帰ってこなければならない」など、大変厳しい規則が決められていた。しかし、神学生たちはその期待に応え、当時の宣教師たちから「日本の少年は、ヨーロッパの少年たちに比べはるかに素晴らしい」とまで称賛されている。

またオルガンティーノは、安土のセミナリヨの建築には大いに骨を折ったが、「この地の修道院に端を発し、我らの聖なる教えは日本全国に弘まって、我らの教えは大いなる評判となり、これまで我らを悪魔で人間を食う者だとか言っていた世上のいかがわしい評価も払拭され、多数の者がそこを訪れるようになり、日本全国から政庁に出入りする貴人たちとも交わるようになった」と述べている。そしてまた、高山右近が神学生らに養育費を与えるなど大いに援助した。

天正遣欧少年使節

一五八一年十二月、半年にわたる都教区の視察を終えたヴァリニャーノは長崎へ戻り、先に豊後と安土で行われた協議会を受けて本協議会を開催し、日本布教全般にわたる抜本的改革をはかった。本協議会には、当時の布教長カブラルはじめ、コエリョ、オルガンティーノ、フロイス、フィゲイレド、ペドロ・ラモン、アントニオ・ロペス、ルセナ、バプティスタ・デ・モンテ、グレゴリオ・デ・セスペデスらに加え、その前年の七月、マカオにおいて司祭に叙階されて帰国し、天草地区の教区長に任ぜられたルイス・デ・アルメイダ、フランシスコ・ラグーナ、フランシスコ・カリオン、アイレス・サンチェス、ミゲル・ヴァスも出席した。

一、日本をインド管区より独立させる件については、ゴア管区に準ずる準管区に昇格させることにした（以後、コエリョは初代の日本準管区長と呼ばれた）。

一、イエズス会以外の修道会が日本布教に赴くことを禁じる。

一、在日イエズス会員が、日本食をとるべきかどうかについては、日本の側からの非難を受けないよう日本食をとる。

一、在日イエズス会員の服装については、仏僧のような絹衣を着用せず、黒色のスータン（長衣）、外衣としては日本風の胴服、帽子は黒帽とする。またマントは、祝日や、特別のとき以外は用いないことにする――等々。

同時にヴァリニャーノは、在日バテレンは全面的に日本の風習を学び、それに順応するようにという、いわゆる順応方針（郷に入らば郷に従え）をとるよう指示するとともに、日本の布教管区域を「下」「豊後」「都」に分け、三区の教区長を準管区長に所属させることにした。そして一五八二年一月六日、ヴァリニャーノは長崎の協議会の諮問事項につき採決した。

ただ、この長崎の協議会において、日本の少年使節をヨーロッパに派遣させる話は出ていない。このことから、松田毅一は「ヴァリニャーノが遣欧少年使節のことを決意して準備を始めたのは二月二十日に長崎を出帆する直前であった」としている。しかし、遣欧少年使節の構想は安土において芽生えていたという説もある。ではどうして、ヴァリニャーノはこのことを協議会の場で議題としなかったのか？じつはヴァリニャーノは、この構想を公にすれば、在日バテレンからの反対を怖れ、あえてイエズス会総長代理の特権をもって独断でこの計画を進めたのではないかと思われる。そしてヴァリニャーノは、日本の少年たちにキリスト教がヨーロッパのなかでどんなに偉大な力を持っているか知ってもらいたい。また、この教えを信仰する君主と諸侯の威厳、ヨーロッパの広大さと富裕、さらには、その歴史と文化をその目で見てもらうことを意図し、少年使節のヨーロッパ行きを計画した。しかし、その真の目的は「日本に対するヨーロッパの好意を覚醒し慫慂(しょうよう)すべき使命を持って」（ヴァリニャーノ）日本布教の果実である少年使節の派遣を通して、日本の教会のために経済的援助を引き出すこと。そしてまた、イエズス会に独占的布教権を求めさせようとするものであった。

こうしてキリシタン大名であった大友宗麟、有馬晴信、大村純忠の名代として、有馬セミナリヨで学んでいた十三歳〜十四歳になる伊東マンショ、千々石ミゲル、原マルティノ、中浦ジュリアンの四人の少年がヨーロッパに派遣されることになった。同じく、セミナリヨ在学数カ月の間に成績がはなはだ良好であったため、イエズス会に入会を許された修道士ジョルジェ・デ・ロヨラが随行することになった。また、安土からヴァリニャーノに同伴して来たメスキータが少年使節たちのラテン語教師としてヨーロッパへ同行することになった。そしてヴァリニャーノは、メスキータにヨーロッパから印刷機を求めてくるよう使命を託した。さらに、有馬セミナリヨの同宿であったコンスタンティノ・ドラード、大村出身のアグスティノの二人にヨーロッパから活版印刷術の習得と、金属活字を鋳造する技術を学んでくるように使命を課して同行させた。

ところで、じつは最初、大友宗麟の名代として安土セミナリヨで学んでいた伊東祐勝がヨーロッパへ派遣される予定だったが、代わりに従兄弟の伊東マンショが選ばれた。ヴァリニャーノの計画が急であったためだとされている。そして一五八二年二月二十日、遣欧少年使節ら十人を乗せたポルトガル船は、ポルトガル人の極東の根拠地マカオを目指して長崎を出航した。

マカオに着いた一行は一五八〇年一月末、ポルトガル国王ドン・エンリケ枢機卿の薨去後、スペイン国王フェリーペ二世が王位継承権を主張して軍隊を派遣し、ポルトガルを併合してポルトガル国王を兼任したことを知らされた。ただし、フェリーペ二世はポルトガルに自国の法と特権の維持、植民帝国の経営を認めたが、ポルトガル人は、ポルトガル国はスペイン国に支配されていると反感を抱いた。同時にそのことが、来日ポルトガル人、スペイン人宣教師間に微妙な影を投げかけることになった（このマカオにおいて、修道士であったメスキータは司祭に叙せられた）。

さらに一行は、マラッカからインド洋へ出て、ようやくインドのコチンにたどり着いた。しかしそこには、ローマの総長から「ヴァリニャーノは、インド管区長としてゴアに留まるように」との悲しい知らせが届いていた。

一五八三年一〇月二十八日付、ヴァリニャーノは、そのインドのコチンで執筆した「日本諸事要録」の中で、なぜ、日本に他の修道会士が赴くことが不適当であるかの理由を列挙している。そこで、その要旨だけ紹介するが、第一に、日本でキリスト教が順調に発展しているのは、仏教には諸派があり対立混乱しているのに比べ、キリスト教会では教義が統一されていると日本人が見なしているからであり、そこへ他の修道会士が来れば混乱が生じ、統一が破れ、日本人の間で信用を失墜するに至る――として、カトリック教会の最高指導者であるローマ教皇に対して、イエズス会の独占的布教権を求めた。

そうして「日本は外国人が支配していく基礎を作れるような国ではなく、また日本人はそれを耐え忍ぶほど無気力でも無智でもなく、よってイスパニア国王は、日本においていかなる支配権も管轄権も有しない。従って、日本人を教育した後に、日本の教会の統轄を彼ら（日本人）に委ねる以外にない。そのためには、彼らに前進する道を与える修道会（イエズス会）があれば十分である」と記している。

一五八五年三月二十二日、ローマに着いた遣欧使節一行は翌二十三日、彼らを見ようとする大群衆の中をヴァチカンの丘に向かった（中浦ジュリアンは病気で加われなかった）。そして「帝王の間」に通され、ローマ教皇グレゴリオ十三世から謁見を賜った。グレゴリオ十三世は八十四歳の高齢であったが、「日本の使節らが教皇とその所在への献身を表明するために（日本から）来たと言って教皇を褒めたたえた時、教皇は心を打たれて、滝のように涙を流した」。四月十日、グレゴリオ十三世は死去した。その最後の言葉は「日本の公子たちは、どうしているかと、ただそのことだけであった」（松田毅一『天正遣欧使節』）。

また、グレゴリオ十三世はヴァリニャーノの頼みに応じ、イエズス会の日本布教独占を認め、一五八五年一月二十八日付、イエズス会以外の修道会の渡来を禁ずる勅書を発布した。これに対して、マニラの托鉢修道会員は、遣欧使節団を利用したイエズス会が、ローマ教皇から日本布教の独占権を獲得したとして反感を募らせた。そしてこのことが後々、日本布教をめぐって、在日イエズス会と托鉢修道会の対立を生むことになる。

本能寺の変

安土セミナリヨで学ぶ二十五人の生徒の中で伊東祐勝は一頭地を抜く秀才で、特に音楽に秀でていた。ある日突然、織田信長が安土の修道院を訪問した。信長は最上階のセミナリヨを参観し、修道院に備え付けてあったクラヴォ（鍵盤楽器）とヴィオラを見て両方とも弾かせ、その音楽と音色に耳を傾けて喜んだ。クラヴォを弾いたのは祐勝であった。信長は、ヴィオラを弾いた少年とともに、祐勝の驚くべき才能を大いに褒めたたえた。

こうしてキリシタンに好意的な織田信長のもと、安土はこのセミナリヨによって、日本におけるキリスト教の一大中心地になるかに見えた。しかしながら、安土セミナリヨの開校から一カ年後の一五八二年六月二十一日早暁、明智光秀が信長に叛旗して、信長が宿泊する都の本能寺を三千人の兵で包囲した。このため、魔王とまで評され、人びとから畏怖されていた信長は悲運の最期を遂げた。また光秀軍は、二条御所に避難した信長の嫡子・信忠をも殺害した。

このとき、安土にはオルガンティーノ、ジョアン・フランシスコ、および修道士のメシアン・アルメイダ、ディオゴ・ペレイラ、ゼロニモ・バス、ヴィセンテ洞院、そしてセミナリヨの少年らがおり、都には司祭のカリヤンと、ロレンソ、ベルトラメウスの両修道士がいた。

明智は信長とその嫡子を殺害し終えると、その軍勢を率い、都から十四里の地にある安土の城に入るべく坂本へ向かった。都における悲報が安土に伝えられると、安土の市は最後の審判の日かと思われるほど大騒動となったが、オルガンティーノらは信長殺害の事柄を正確に知らず、それに異国人であったので、自分たちはどのように対処するべきか分からずにいた。ただし、明智が来れば、安土の市街全体は城も邸も何一つ残さずに焼却されるだろうと噂された。その三日後、オルガンティーノは、セミナリヨの子どもたちの生命や、同所にあった主要な祭具とともに異常な興奮状態から身を救出する方法について、そこにいた少数のキリシタンたちと協議した。その結果、安土のセミナリヨと修道院にいた者は、同所から三、四里隔たり、琵琶湖の真ん中にある一島に退去するのが良いと思われた。

その折、かの島から一盗賊が一船を持って来て、ぜひ乗船するようにと頼みにきた。そこで金曜日の朝、それを敢行するために、オルガンティーノと三木パウロらセミナリヨ生は大いなる動揺と言語に絶する慌ただしさの中に修道院を出て、盗賊の船に向かって歩いて行った。そしてかの島から来た一盗賊の船に乗船し、安土を脱出した。しかしそれは、盗賊たちの計略であった。その島に到着すると、海賊たちはオルガンティーノが修道院から持ってきた銀の燭台、香炉と聖杯、それにヴァリニャーノが残していった一揃いの濃紅色のビロードの衣類など、家財の半ばを取り上げると脅迫した。

そこでオルガンティーノは、携帯していた教会のすべての銀を失う危険を冒し、それを一同が入れられていた畜舎に置いていた家財の中に隠した。そして翌日の夜、同伴していた忠実な日本人にそれを取り出させて山に運ばせ隠匿した。また、明智と昵懇の間柄にある異教徒の甥と親しかったあるキリシタンがこの異教徒の甥宛に、バテレンらに対し便宜を計ってくれるよう依頼する一書をしたためた。この結果、オルガンティーノ一行を別の場所に移すため、同島へ安全な船を派遣してくれた。オルガンティーノはすべての人びとを伴い、同島を出て、明智の主城である坂本に至り、坂本の城において明智の息子の一人を訪問した。そして都に向かうための書状（通行証）の下附を願い出たところ、明智の息子はその願いを聞き届けた。こうしてオルガンティーノとその一同は、無事、都の修道院に到着することができた。

オルガンティーノらが琵琶湖のある島に向かって出発した直後の土曜日、明智は安土に到着し、信長の居城と館を占拠した。そして信長が多大の困難と戦争により、長い年月を費やして蓄積した金銀、茶の湯の道具などを部下の兵士らに分配した。また安土の修道院とセミナリヨは、ただちに兵士たちによってすべての物が掠奪され始めた。教会のビロードの装飾品、銀、それに若干の書物はオルガンティーノによって搬出されていたが、その他の物は何一つ残すことなく掠奪され盗難に遭い、家具のみならず、鍋、浅鍋、部屋の戸、窓、畳、襖、それに高額を支払って新たに購入し、同所に集められていた材木までもが持ち去られ、セミナリヨは廃墟と化した。

またオルガンティーノは、安土のセミナリヨにジョアン・フランシスコとヴィセンテ洞院、そして六、七人の日本人を残して行った。そのため、彼らは逃げ遅れ、長白衣を着たフランシスコは追剝どもに襲われてしまった。盗賊はバテレンが銀を所持しているとして探索し、身体を調べ始めたが、袖が重いのに気づいた。それはフランシスコの聖務日祈禱書であった。盗賊はそれを彼の手から奪い、ほかには何も発見できなかったので、フランシスコを置いて立ち去った。

セミナリヨの高槻移転と大坂の教会

オルガンティーノは、司祭、修道士たち、および安土にあったセミナリヨ生を、最善を尽くして都の教会と新しい修道院に収容した。この教会（南蛮寺）はフランシスコ・ザビエルが日本に到着して当地方に福音の教えを弘め始めた日にちなんで「被昇天の聖母の教会」と呼ばれていた。しかしその場所ははなはだ狭隘で、セミナリヨの少年たちは窮屈な思いをし、またなんらの娯楽もなく、彼らを収容するに足りる設備もなかった。そのためオルガンティーノは、これらの少年たちをどこか安全に、しかも楽々と収容できる所はないかと大いに頭を悩ました。

そこで、オルガンティーノはこの一件を高山右近、ならびにその父である飛騨守に相談したところ、一同は種々の観点から、高槻以上に適した場所はないということで意見の一致を見た。なぜならば、高槻のその地所は広々としているほか、修道院は新しくかつ立派であり、セミナリヨの少年たちが必要とする修道生活に最も適していた。しかも教会も大きく、修道院と棟続きであり、かつその地の住民はすべてキリシタンで、何千人という家臣を有するジュスト右近とその父・飛騨守の保護と援助を受けることができるという特別な利点もあった。

これを受け、オルガンティーノは急きょその話をまとめ、少年たちを京都から高槻に移転させた。少年たちは、安土のセミナリヨから追放されて以来の流浪生活で薄汚く貧相な身なりで高槻に到着した。そしてこれら少年たちは、右近とその父・飛騨守によってその一人ひとりがまるで我が子のように扱われるようになった。こうしてこの地は安土山よりも修道生活に適していたので、少年たちは修徳において、はたまた勉学において著しい進歩を遂げ、その地のキリシタンたちに大いなる慰めと喜びをもたらした。また、三木パウロと高山右近との関わりを示す記録はないが、キリシタンであった高山右近と三木判大夫はともに織田信長の家臣であったこともあり、高山右近は安土セミナリヨ時代以前から、三木パウロを見知っていたと思われる。

そしてオルガンティーノは、高槻のセミナリヨの世話役に、二人の司祭と数人の修道士を配置したが、修道士の一人にヴィセンテ洞院がいた。先に述べたように、彼は優れた説教師であり、言葉は格調高く、弁舌はさわやかで、日本の仏教の諸宗派のことに精通していたが、このことは仏僧その他異教徒の誤謬や偏見を論拠をもって打破するためには説教師としてなによりも必要な条件であった。そしてヴィセンテは、少年たちに対してこの問題について教え、またキリシタンの教理における道理を説いた。そのことによって、才知に優れていた少年たちは大いなる進歩を示し、数カ月後には説教を始めることが出来るまでになった。そして「彼ら（神学生）の中には特に聡明な十三人がいた。彼らはその溌剌たる才知によって大いに学力が向上し、一年足らずのうちにすぐ説教し得るほどになり、聴衆やキリシタンたちの満足裡にこの仕事に従事した」（『日本史』第二部四七章）とあるが、この十三人の中に、当然三木パウロも入っていたと思われる。

また、フロイスは「彼ら（神学生）はこうした学問的基礎ならびに根本的に享受されたカトリックの教義に立脚して、ラテン語を習得していた。彼らは驚くばかり容易に我らの（ローマ）字の書き方を覚えこみ、彼らの大部分は、我らヨーロッパ人のもとでは一少年が学校で三年もかかるところを三、四カ月で習得してしまうほどであった」として、これによって次のことがあり得ることが理解されるであろうとした。すなわち、「日本の一部の身分ある若者で教会と親しくしているキリシタンたちは、遠隔の地にいる司祭や修道士たちと通信するのに日本文字で書いたのでは、人に盗られてしまう恐れがあるので、奪い取られることがないようにと、ローマ字アルファベットとその組み合わせ方だけを書き与えておくと、彼らは数日後には自分の努力と器用さで我らと文通し始め、彼らの言葉（日本語）を我らの文字でしたためた手紙を寄こすのであった」と。

この年（一五六三年）、高槻のセミナリヨにいずれも身分の高い六、七人の少年たちが入学した。その一人に、天皇の従兄弟にあたる上野殿と称される公家の息子がいた。この若者（名前は不明）は身分の高さ、ならびに優れた才能によって他の全員に範を垂れた。彼は誰か人の説得によってではなく、自ら求めて入ってきた。だが司祭たちは、彼の母親は息子がセミナリヨに入ったことを遺憾に思っていたのではないかと案じたが、彼女はキリシタンであり、自らセミナリヨの聖堂に赴いて、息子のこのたびの行為に満足の意を表した。

同じく、セミナリヨに入学した七人のうち一人は兄弟二人がすでにセミナリヨに入っていたとあることから、伊地智文太夫の三人の息子の一人伊智地ユストと思われる。また、他の一人は禄付きの小さな寺院を持っていた恵俊（春）と称する十九歳の青年で、彼はたまたま教会とセミナリヨを見物のために訪れたが、説教を聴き、デウスの教えに心を動かされ、ただちに洗礼を受けようと決心したばかりか、収入も寺院も放棄して洗礼を受け、礼名ファビアンを授けられた。不干斎ファビアンである。「彼は才能があり、その振る舞いは一同の驚嘆の的となっている」とあるが、ファビアンの洗礼に伴い、彼の母も改宗し、その後北政所（豊臣秀吉の正室）の侍女となった。

その他、河内出身の斑鳩マキシモ、両親が丹波国亀山城主内藤如安の親戚と思われる内藤ルイスらが入学し、セミナリヨの生徒は約三十二人となった。

そして「セミナリヨの青年中六、七人は徳が高く、セミナリヨの初穂として臼杵のノヴィシアドに送られんことを願っている」と記述されている。

その一方で、高槻領内での改宗は日々に増して、多数の人の洗礼が行われた。また、高山右近は高槻領の仏僧たちに対し、キリシタンにならなければ領内から追放すると伝えた。このため、百人以上がキリシタンとなり、領内にあった寺社はことごとく焼却され、教会に変えられた。

セミナリヨの大坂移転

織田信長の後継者としての実権を握ったのは、信長の他の武将に先がけて光秀を討伐した豊臣秀吉であった。この際、キリシタンであった三ヶ頼照と頼連親子は明智に味方した。そのため三ヶを追われ、伊賀国の筒井定次に匿われた。

本能寺の変から間もない一五八二年、秀吉は自らの地位を築き強固にするために、山城に始まる検地を行い、河内国や摂津国など諸国の所領を奪い取った。河内国では、キリシタン宗団に対して直接害を及ぼす意図はなかったが、その領国と収入を召し上げる目的で、八尾の池田丹後守、岡山城主結城ジョアン、烏帽子形城の伊地智文太夫らキリシタン領主を追放した。これらの領主が居城を失い収入を奪われて追放されると、その保護を受けていたすべてのキリシタンたちは各地に四散し、異教徒たちの間で生活の手立てを求める以外になかった。

さらに一五八三年六月、近江の賤ヶ岳での戦いで柴田勝家に勝利して政権を掌握した秀吉は、織田信長の安土城を凌駕する城郭を築くため、石山本願寺の城を大規模に改築して、大坂城の築城に取りかかった。

同八三年九月、秀吉の信頼厚かった高山右近は、オルガンティーノに対し、秀吉に大坂の地所の下附を申請し、その地に教会を建てる許可を願い出るように勧めた。そして岡山城主結城ジョアンの追放によって、河内地方で最も美しい岡山の教会が失われることを大いに悲しみ、私がこの件を引き受け、(河内)岡山にある教会を解体して大坂に運び、そこで再建したいと申し出た。

そこでオルガンティーノは秀吉を訪問し、地所の下附と教会建立の許可を願い出た。秀吉はオルガンティーノとロレンソ、キリシタンである小西隆佐(小西行長の父)、ならびに右筆である安威了佐の四人を一室に招き入れ、その後自ら城外に出て、同行していたロレンソに城下町の広大な一角を与えると約束した。その地所は現在の天満橋付近と推定され、その規模は「長さ六〇プラザ、幅五〇プラザ」(一プラザ＝二・二メートル）とされ、縦百三十メートル、横百十メートルくらいの大坂では最良の地の一つであった。

このことを喜んだ高山右近は、さっそく岡山の教会を大坂に移す仕事に取りかかった。そのために右近は膨大な経費を費やしたが、その仕事に従事した善良なキリシタンたちの労苦はそれに劣らず多大なものがあった。こうして彼らキリシタンの援助と協力のもと、ごく短期間で大坂の教会は完成し、同所において降誕祭の祝日に初ミサが捧げられた。その後、たちまちにして大坂の教会には昼夜を問わず、大多数の人びとが来訪するようになり、彼らに対する説教に従事していた修道士たちは多忙を極めた。そして、これら説教を聴いた秀吉の側近であった十人ないし十二人の高貴な若者がキリシタンとなった。

また、そのころ高山右近は「利休七哲」として茶人としても知られていたが、秀吉の重臣である大名らに積極的にキリシタンの教えを説いた。こうした右近の導きによって「利休七哲」の一人で、秀吉の馬廻衆の頭である牧村政治、瀬田掃部がキリシタンとなった。さらに、秀吉の軍師として知られた黒田官兵衛や蒲生氏郷も高山右近や小西行長に導かれてキリシタンの洗礼を受けた。しかし秀吉は、近臣の小西行長や黒田官兵衛らがキリシタンであっても、別にそれに異議をさしはさむことなく、バテレンに対しても好意的であった。

一五八三年七月二十五日、のちに準管区長となるペドロ・ゴメスら五人の司祭と三人の修道士が来日した。ポルトガルのコインブラ大学教授であったペドロ・ゴメスは口之津に着く早々、豊後の教区長に就任した。

因（ちな）みに一五五一年十一月中旬、中国布教を目指すためにインドに向かったザビエルに伴われてゴアに着いた鹿児島出身のベルナルドは、その後ローマへ赴き、教皇パウロ四世に謁見し、ローマ学院で倫理心理学を学んだ。しかし一五五七年、ポルトガルに戻って病没した。そして、のちにヨーロッパに派遣された伊東マンショら天正遣欧使節は、コインブラ大学を訪れて大歓待を受けたが、コインブラ大学の聖堂の地下には客死したベルナルドの遺骸が安置されていた。

そしてまた、ペドロ・ゴメスの豊後区の教区長就任に伴い、豊後区の教区長であったフロイスは長崎へ移った。こうしてペドロ・ゴメスらの来日は、大きな喜びをもって迎えられた。だがしかし、この後すべての宣教師、および全キリシタン宗団にとって、最大の悲しみが待っていた。アルメイダ神父の死去である。アルメイダはその最後、河内浦において大勢のキリシタンたちに見守られながら帰天した。そのアルメイダに関して、明治十一年大政官翻訳、イエズス会宣教師ジアン・クラッセ『日本西教史上・下巻』(一七一五年パリ府刷行)に、次のように記されている。

「アルメイダは、はなはだ古く汚れた衣を着て、食を少なくして諸国を遍歴し、困窮人を探索し、また異教徒と争論してこれを圧服させるに枚挙がなかった。そして『衆皆曰く、アルメイダの望みを満足したるはただ天草のみなる可しと』……」

その二年後の一五八五年、都、堺、安土、次いで五畿内を中心に活躍していたジョアン・フランシスコ(・ステファノニ)は、大友宗麟に呼ばれて豊後に移った。

一五八五年十月、秀吉は瀬戸内海の警備のために高山右近を播磨明石に移封した。同時に、小西行長を播磨の国室津に配置し、瀬戸内海の塩飽、小豆島諸島等も行長に分与した。高槻から明石に移った右近は、さっそく新たなキリシタン宗団を作り始めた。明石の仏僧らは、右近によって領内の神社や仏寺が破壊されることを怖れて、秀吉に嘆願書を差し出した。しかし、秀吉は「右近に与えた領地で、右近がどのようなことをしようと自由であると、仏僧らを一喝した。

また、こうして右近の明石移封に伴い、高槻にあったセミナリヨは大坂の城下町に移された。

翌八六年度のイエズス会名簿では、三木パウロは大坂のセミナリヨにおいて、イルマン（修道士）としてイエズス会に入会したことが明記されている。

一五八六年、大坂のセミナリヨに阿波国徳島出身で、祖父は足利将軍の弟であり、妹の祐賀は平島公方家に属する足利義種の妻という家柄に生を受けた十四歳の結城ディオゴ了雪（河内岡山城主・結城氏との関わりは明らかではない）、山田ジュリアン（堺）、真柄フランシスコ（美濃）、三ヶアントニオの弟・三ヶマチアス、三木パウロの弟・三木ダミアノ、木村トマらが共に入学した。

そのころ、大坂のセミナリヨの生徒は二十五人前後であった。教育課程は有馬のセミナリヨと同じく、ヴァリニャーノが決めた規則に従って行われ、語学と文学、すなわちラテン語と日本語の学習を中心としていた。しかし音楽の課目がないことから、大坂のセミナリヨでは音楽は教えていなかったようである。その理由として、安土から脱出した際、来日したヴァリニャーノによってもたらされたパイプオルガン等、安土セミナリヨにあった楽器類はすべて失われてしまったためだと思われる。

こうして大坂のセミナリヨは、一五八七年に秀吉の「伴天連追放令」が出されるまでその地に存続した。そして三木パウロは安土から高槻へ、高槻から大坂までオルガンティーノとともにセミナリヨの道を歩いた。そのオルガンティーノは、一五八九年三月付、アクアヴィヴァ神父宛て書簡の中で「私はもうイタリア人よりも日本人である。神の恵みでこの国の一人になった」と記しているが、このような敬虔な宣教師から、三木パウロはいろいろな事を学んだに違いない。

なお、織田信長の没後、三木判大夫は秀吉の側近であるキリシタン大名の黒田官兵衛に仕え、その侍大将となった。

フランシスコ会の日本との最初の接触

話は前後するが、一五八四年八月四日、ジョアン・ダ・ガマの船がマニラからマカオへ渡航中、台風に遭って平戸の港に避難した。ガマの船には、アウグスチノ会の司祭二人と、フランシスコ会修道士二人が乗っていた。この出来事が、マニラのフランシスコ会の日本との最初の接触であった。また彼らは、二カ月にわたって日本に滞在したが、フランシスコ会の修道士ファン・ポーブレは長崎まで行って準管区長コエリョに会った。このことについて、コエリョはローマのイエズス会総会長宛に書簡を送った。「彼らはここで我らから喜んで迎えられ、彼らは修道者であるので、我らから相応しく遇された。ここは収穫が大きく、かつ豊かであるから、ここへ来る人々はみんな十分に仕事があろうし、彼らは我らを多大の苦労から免じてもくれよう。（中略）我らの主が、彼らの来ることに関して、主への奉仕になるために最もよいように万事を導き給わんことを」として、「将来、フランシスコ会が日本へ来るならば、自分は彼らを歓迎する」としたためた。

だがその後、コエリョはこれまでの見解を変え、彼らの願いを拒否し、日本滞在の許可を下さなかった。グレゴリオ十三世の教皇令の通知がマニラに達していたためであった。

また、一五八七年七月二十五日、四十人のスペイン人を乗せてマカオからマニラに向かう途中のファン・デ・アルグメドのナウ船が天草の﨑津の港に寄港した。天草諸島の島に、スペインの南蛮船が入るのは、日本航海がはじまって以来初の出来事であった。﨑津港は肥後の国主の管轄下にあったため、上陸後、船員一行は佐々成政を訪問し、援助を求めた。成政はこれを喜び、彼らを手厚くもてなすとともに、彼らへの援助を約束した。その後、スペイン船員らは十月以降、北方から季節風が吹き始めたので、メキシコを目指して航海を続けて行った。

　さらに一五八九年八月、マカオからメキシコに向かう途中、ジョアン・ダ・ガマの船が、海上で台風と激しい時化に遭い、天草島の﨑津港に入港した。その船には二人のフランシスコ会の神父が乗っていて、一人はアントニオ・カヤードで、もう一人の名は記されていない。

　このカヤードはマカオに滞在中、グレゴリオ十三世の教書に反対して問題を起こしていた。そしてカヤードは、﨑津に停泊している間にガスパル・コエリョに手紙を送り、日本に残る許可を願い出たが、コエリョは、カヤードの日本滞在の許可を下さなかった。

　じつはカヤードは、マカオ出発前にも天草滞在中にも、マカオの司教に宛てて嘆願書を出している。その嘆願書の中で、カヤードは「フランシスコ会の修道者は、日本で関白殿がキリシタンに対し迫害を起こし、イエズス会のパードレたちが使徒殉教を恐れて日本を離れ、キリシタン達を見捨てたことがわかったので……」。そして「この地（天草）の人びとは、フランシスコ会の修道服を見ても驚かないし、私たちを見て喜び、そして私たちが来ることを幸いと思っています」として、フランシスコ会の日本布教の許可を求めた。

　このようにカヤードは、「天草の人びとは私たち（フランシスコ会）が来ることを幸いと思っている」と述べている。しかしながら、﨑津のキリシタンにとって、異国のスペイン人とポルトガル人との違いや修道服の違い、ましてや、同じキリスト教でありながら、イエズス会とフランシスコ会の教えの違いなど分かろうはずがなかった。

第三章　コレジヨ、修練院（ノヴィシアド）、セミナリヨの変転

カルデロンの来日と臼杵の修練院

一五八三年、フランシスコ・カルデロンはリスボンからインドに向かって出発し、一五八五年七月三十一日、アントニオ・フェルナンデス（ポルトガル人）とともに長崎の港に着いた。カルデロンが日本に着いたとき、大坂と有馬のセミナリヨ、臼杵の修練院が栄えていた。そして日本準管区長になったコエリョが楽観的に働いていた。

そこで、簡単にカルデロンの経歴を紹介するが、カルデロンはスペイン・ソリア市で出生。アルカラ大学で勉強し、ここで神の声を聴いてイエズス会に入会し、司祭になってからイエズス会のアラカラの学校で活躍した。そして若くして、彼には霊的指導を与える能力が備わっていた。彼の霊的指導によって、トレード管区にも他の管区にも多くのすぐれた人びとがイエズス会の修道院に入ったと記録されている。

また、カルデロンは上長の命令で日本へ渡るに際し、「私は神の御子として、尊い霊魂の救いのため働きに遣わされることを喜びとしたい」という言葉を残している。

ところで、当時の府内のコレジヨに関して「府内のコレジヨにおいては本年（一五八三年）哲学の講義を始めたが、日本においては初めてのことであった。府内の市の周囲一、二レグアないし七、八レグアの諸所にキリシタンの町が多数あるが、コレジヨにいる者のほか教化する人がいないため、先生も生徒も共に絶えず告白を聴き、説教をなし、洗礼を授け、ミサを唱え、葬儀その他彼らの精神上の健康に関する勤めを行っている。また日本人の説教師の不足から、ヨーロッパから来て、まだ学習中の同僚がその任に当たったが、語学においては日本人のように上手に話せないが、事の珍しいのと、日本人がヨーロッパ人に対して抱いている尊敬と評価から、わがヨーロッパから来た会員が彼らの国語で説教をなし、また話すことを聞くことは、一般に喜ばれている。なおまた、霊的な宗教書物、聖徒の生涯およびドチリナに関する説教を国語に翻訳しているが、これによって少なからず諸人に光明と慰めを与えている」と記録されている。

臼杵の修練院には日本の修道士、およびヨーロッパの修道士が一緒に収容されていた。宣教師の記録には「日本人は良き性質を有し、我らの主デウスの顕示を受けるに適した者であって、皆大いに進歩し、他人の模範ともなり、普通の修行のほか、緊急の必要あるため周囲の各地に行って異教徒に説教をしている」とある。

また、元来虚弱で、かつ老年であった大友宗麟は、自らの生命の終わりを自覚するに従って、功徳を積む材料となるべく、たびたび臼杵の修練院、および府内のコレジヨを訪れ、絶えず聖儀に与り、祈祷をなし、イエズス会の信徒の父であるが如き慈愛を示した。ただし宗麟は、府内のコレジヨには豊後生まれのキリシタンが一人もいないことを残念がっていた。

一五八六年三月、準管区長コエリョは秘書兼通訳であったフロイスを伴い、長崎を出発して大坂に向かった。このときコエリョは、旅の友の一人としてカルデロン神父を選んだ。日本に着いたばかりのカルデロンは、コエリョの秀吉謁見の重要さがあまり分からなかったが、この機会にイエズス会の布教のした。

状況を知ることができるだろうと楽しみにしていた。また、大坂からオルガンティーノとグレゴリオ・デ・セスペデスが加わって四人の司祭、それに豊後のコレジヨで教えていたイタリア人の画家・ジョヴァンニ・ニコラオ、ポルトガル人アンドレ、日本人ダミアンの三人の修道士、さらには、大坂の教会の同宿、および大坂のセミナリヨの少年の何人かを随行させ、総勢三十余人で大坂城の関白秀吉に謁見した。

そしてカルデロンは、この大坂において、大坂セミナリヨの生徒であった三木パウロと初めて対面した。カルデロンは大坂と都までの旅の帰途、豊後の府内に行くことを命ぜられ、府内のコレジヨの院長に任命された。また三木パウロらは、コエリョのこの旅の機会に臼杵のノヴィシアド（修練院）に入るための許可を与えられた（ディエゴ・パチェコ『九州キリシタン研究』）。

しかしながら、ヒューバート・チースリクは「一五八六年三月六日に準管区長はフロイス、カルデロン、パジオ、マリームの四神父と三人の修道士を連れて長崎をたち、一週間ほど平戸に滞在し、つづいて下関に行った。下関でカルデロン神父は一行から別れ、絵画師のニコラオ修道士といっしょに府内へ向かった」。そして「初代のコレジヨ院長であったフェゲイレド神父の代理であったカルヴァヤル神父に代わって、カルデロンが三代目の院長になった」と記している（『キリシタン研究第二十七輯』）。

いずれにせよ、コレジヨの院長に任命されたカルデロンは、神学の講義をも担当するようになった。神学生は五人であったが、その中に、のちに通詞となったジョアン・ロドリゲスがいた。

一五八六年六月、大坂のセミナリヨを卒業した三木パウロ、不干斎ファビアン、木村ミゲル、木村トマらが臼杵の修練院に移ってきた。その年、臼杵の修練院に入ったのは十五人であったが、その中に、有馬セミナリヨ出身のにあばらルイスがいた。にあばらルイスは、一五八六年にイエズス会に入会を許されたその年、臼杵の修練院に入った。

因みに一五八二年に臼杵の修道院に入った木村セバスティアンは、一五八四年に修道士としての誓願を立て、都の宣教区へ派遣されていた。

その他、三木パウロとともに臼杵の修練院に在学し、一五九一年に天草に移ったコレジヨに在籍した者として、徳丸マテウス、古賀マリノ、日向フランシスコ、松浦アンドレらがいた。また彼らは、臼杵の修練院の院長であったペドロ・ラモンの指導の下に置かれていた。このとき、日本語が上手に話せるようになっていたペドロ・ラモンは、『ヒイデスの導師』(一五九二年に天草コレジヨで印刷された信心書)の訳の準備にあたっていた。

ところで、当時豊後の布教長の座にあったのがフロイスであった。そのフロイスは、一五六五年にアルメイダとともに上洛し、その間、中日本布教長を勤めたが、一五七七年一月十八日にその職をオルガンティーノに譲って豊後に赴いている。そのことから、フロイスと三木パウロはそれ以前、五畿内のどこかで出会っていたと思われる。

コレジヨ、修練院の山口移設

ところが、三木パウロらの臼杵での生活は長くは続かなかった。薩摩の大友侵攻のためであった。じつはコエリョの秀吉訪問の目的は、秀吉に謁見して大友宗麟とキリシタン宗団の救済と援助を求めることにあった。だが九州制覇を狙う島津義久は秀吉の和睦勧告を無視し、豊後侵攻を進めた。薩摩軍の怒涛の進撃の前に、大友軍はなす術がなく、薩摩兵が豊後に入ったときには、大友方には臼杵城と佐伯の諸町村、志賀親次の軍勢を残すだけとなっていた。そして府内のコレジヨは破壊され掠奪され、臼杵の修練院と教会も焼かれて灰塵に帰した。

さらに薩摩兵は、大友の本拠である臼杵城を包囲した。そのため、津久見にあった老国主の宗麟は身の危険を感じ、急きょ臼杵城に身を寄せたが、臼杵地方の住民もわずかに妻子、および少ない食料を携えて、かろうじて臼杵の城に難を避けた。臼杵の修練院にいた神父と二十人を超えた修道士もまた、多くの品を修道院に残したまま海、および陸より臼杵城に到達した。

このようにして豊後勢が危機に陥った原因を、ペドロ・ゴメスは大友宗麟の嫡子である義統が敵の来攻に対して何の準備も残しおかないまま城から出て行ったため、城には守備に必要なものは何一つないどころか、薩摩兵と一戦を交え、抵抗できるだけの頼るべき兵士もいなかったと述べている。そしてその緊迫した様子を、ゴメスは城中から、府内の学院長フランシスコ・カルデロンに宛て「私どもは（敵に）包囲されており、（今は）主（なるデウス様）が私たちに何がお望みか待っているところです」という書簡を送った。

この島津の大友侵攻を見て、島津討伐に乗り出した秀吉は、自らの下向に先立ち、讃岐の仙石権兵衛と土佐の長曾我部元親に命じて、大友氏救援に向かわせた。同時に、関白軍の総司令官である黒田官兵衛に豊前、および筑前に入って秋月（種実）を攻めるように命じた。一五八七年一月、臼杵に到着した四国の連合軍と薩摩の大軍が戸次川で激突し、豊後方は大敗を喫した。他方、黒田官兵衛は豊後国に入り、次々と勝利して短期間に数城を占領し、豊後国のほとんど全部をその勢力のもとに置き、ついで筑前国に入って秋月種実と戦った。

こうした島津軍の猛攻を前に、大友宗麟はペドロ・ゴメスに対して、宣教師やコレジヨ、修練院の修道士たちを山口に避難させるようにと勧めた。そこでゴメスは、黒田官兵衛に臼杵の修練院と府内のコレジヨ、その他のカサを毛利領の山口、その他に移されないかと相談した。これを受け、官兵衛は毛利輝元の承諾を得て山口に新しく修道院を完成させた。このため、一五八六年十二月の末、神父たちはコレジヨの神学生、修練院の修練士ら四十人を超える人びととともに船に乗って府内を去って下関に着き、そこから山口の修道院に入った。こうしてコレジヨと修練院の山口移転に伴い、三木パウロらも山口へと移った。

ところが、この島津との一戦において、黒田官兵衛の侍大将の一人であった三木判大夫が戦死した。三木パウロは、父・判大夫の戦死をいつ知らされたか分からないが、パウロは父の死を通して、改めてキリストの使徒として、伝道師としての使命を果たす決意をいっそう堅固にしたことが想像される。

島津討伐に差し向けられた関白の大軍の前に、薩摩軍は制圧された。そして一五八七年六月十三日、島津義久は剃髪して黒染めの姿で、川内の泰平寺に在陣する秀吉の前に参伺して軍門に下った。島津の降伏を見届けた六月二十八日、大友宗麟は津久見においてその波乱万丈の生涯を終えた。宗麟の霊的指導者であったフランシスコ・ラグーナは、別の司祭館にいたジョアン・フランシスコとゴンサロ・レベロを呼び、イエズス会に最大の貢献をもたらした宗麟のために盛儀追悼ミサを執り行った。また、宗麟の死とともにイエズス会の「豊後地区」は消滅し、豊後のキリシタン宗団が再び「日本布教史」の上で大きく取り上げられることはなかった。

その後国主の大友義統は秀吉から豊後領を安堵された。そして義統は、黒田官兵衛に熱心に入信を勧められ一族、家臣とともにキリシタンの洗礼を受けた。同じく、伊東マンショの叔父で、元日向国主伊東義祐の嫡子・伊東祐兵は、その功により曾井、清武、飫肥の日向半国を賜った。

このころ、山口の地において司祭たち、およびコレジヨや修練院関係者は大いなる平和と安穏のうちに自らの修行にいそしんでいた。そしていつか、毛利の諸国でデウスの教えが弘布される日に備えてその用意を進めていた。だがしかし、三木パウロらの山口での生活も一年足らずで終わることになる。この後、秀吉の命によって「伴天連追放令」が出されたためである。

細川ガラシャの改宗

丹後国宮津城主細川忠興の妻である玉は、父・明智光秀が失脚した後、丹後の三土野（みとの）に幽閉されていた。その後秀吉は、諸国の大名や領主を家族ともども人質として大坂に居住するよう命じた。このため、忠興は大坂の玉造に居宅を構えて玉を呼び寄せた。

細川忠興と高山右近は若いころからの友人で、「千利休七哲」の仲間でもあった。忠興を訪問した右近がデウスの教えや説教の話をしたことを耳にした玉は、自分もその教えを深く理解し、キリシタンになりたいとの気持ちを強く抱いていた。そのような折、忠興が秀吉の島津討伐に従って九州に下ることになった。

一五八七年三月二十九日、玉は六、七人の侍女に取り囲まれ、邸宅からそっと抜け出し、大坂の教会を訪れた。時に玉、二十四、五歳であった。大坂の教会には教区長のグレゴリオ・デ・セスペデスがいた。セスペデスは「かの婦人はいかなるお方か？」と訊ねても、侍女らはその身分を明かそうとしなかった。そこへ説教師の高井コスメが帰ってきた。さっそくコスメは説教を始めた。玉はじつに鋭敏で繊細な頭脳の持ち主であったから、キリスト教と仏教の違い、霊魂の不滅性、その他さまざまな疑問を次々とコスメに質問した。

細川玉が大坂の教会を訪れたのは、これが最初で最後であったが、玉に教理を授けた高井コスメは、のちに天草のコレジヨの国語の教師となったが、玉と初めて会った当時を回想し「自分は過去十八年間の間、これほど明断かつ果敢な判断ができる日本の女性と話したことがなかった」と述懐している。細川ガラシャの聡明さを物語る話として、ガラシャは、バテレンらと諸事につき伝達しあえることを大切だと見なしていた。そして、ただその目的のために、ヨーロッパのローマ字の読み書きを学び、ヴィセンテ洞院が送ったローマ字アルファベットのＡＢＣとただの教材だけで、司祭にも修道士にも会うことなしに、ローマ字の書信を読み書きするにいたった。また、その告白内容を書簡でもってイエズス会総長に送付していた――と記録されている。

そしてまた、玉はセミナリヨの少年や司祭たちに日頃、実におびただしい贈物を届けさせた。

こうしてキリシタンになりたいという玉の思いは募る一方だったが、側近の侍女たちは、もしそのことを忠興が知ればどのような責めを受けるかと心配して、幾度となく玉を諌めた。

秀吉の「伴天連追放令」

一五八七年七月二十四日夜、島津征伐後、博多の箱崎に滞在していた豊臣秀吉は、それまでのバテレンに対する好意的立場をかなぐり捨て、一転して主（なる）デウスを冒涜する言葉を吐き、司祭たち、および全キリシタン宗団に対する悪口、讒言を放ち、家臣たちを前にして「予はすでに以前から、伴天連たちを追放しようと欲していた」と語った。そして秀吉は、バテレンへの海外追放の布告を通告するに先立って、キリシタン宗団の最大の支柱である高山右近に使者を送り、高槻や明石においてキリシタンを強要し、神社仏閣を破壊した諸業を糾弾し、今の身分に留まりたいなら、ただちに棄教せよと迫ったが、右近はこれを拒んだ。そのため、怒り狂った秀吉は右近の身分をはく奪し、ただちに右近の追放を命じた。

翌二十五日、秀吉はコエリョに使者を遣わし「汝らは、日本の宗教にもとり、有害にして、諸国を荒らし、天下を破壊する悪魔の悪辣な宗教をいつまで弘めているのか。予は日本のいかなる地にも汝らが留まることを欲しない。ここ二十日以内に、日本中に分散している者どもを集合せしめ、(日本)の全諸国より撤去せよ」と伝えさせた。そして使者は、関白からの一通の布告を手交した。いわゆる「伴天連追放令」である。

第一、日本は神国たる処、キリシタン国より邪法を説くために(伴天連たち)が渡来したことははなはだしい悪事である。

第二、伴天連たちは日本の諸国諸領に来て、その宗派の門徒を作り、神社仏閣を破壊するなど、前代未聞のことである。

第三、彼ら伴天連たちが、日本の法を破ったことははなはだ不正なことであるから、今日より二十日以内に身辺を処理して帰国せよ。

第四と第五条は、ポルトガル船が商取引に来るのは、なんらの妨げもなく、取引を許される。今後、商人に限らず、インドから来るいかなる人も、神と仏の教えを妨害せぬ限り、自由に日本へ渡来してよい、と書かれていた。

この布告の趣旨は、日本は神・仏の国であり、神社仏閣を破壊するキリスト教は邪法であり、この教えを弘める伴天連は国外追放する。しかし、ポルトガル船との交易は継続するということにあった。

ただし、秀吉は「二十日という期限を示し、その間に伴天連たちはすべて日本から退去せよ」と命じたが、いまだ季節風が吹かず(南蛮船は冬の北風を利用して出帆していた)、乗船して退去する船もないことを知るにいたった。そこで、次に定航船（ナウ）がシナに向かって出港するため、二十日の期限を延長することにした。そしてその間、伴天連たちは平戸へ集結せよ、と命じた。

　こうして秀吉によって、高山右近がその身分をはく奪されて追放されたことは、全キリシタン宗団にとって深い衝撃と悲しみをもたらしたが、高山右近が放逐されたことは、ただちに天草の領主ドン・ジョアン久種にも伝えられた。そのことを知らされた天草久種は、ひどく疲れ切って外から屋敷まで帰った。その日の夜分、久種は教会まで足を運び、司祭のアフォンソ・ゴンサルヴェス（スペイン人、一五七六年来日）に対して、次のように告白した。

「予はこのたびの不正、かつ暴虐な迫害のことを聞いた。ところで、予の決心を伴天連様方に承知していただくために、まず尊師に、この祭壇の前で誓いをもって断言したいことがある。それはいかなる苦しみが与えられようと、予はそれを甘受して生命をも投げうつであろう。そしてデウス様の御恵みにより、予は棄教せぬのみか、予の領内においては教会や伴天連様方に対していかなる侮辱をも許しはせぬであろう。予にして何事もかなわぬ時には、何らの疑念もなく、伴天連様方がシナに赴かれるならば行をともにいたす所存である。予の家族、母親、ならびに兄弟たちことごとくが予と見解を同じにするからである」として、何事にも動じない信仰への不退転の決意を語った。また、久種は天草より彼の弟を長崎に派遣し「有馬と大村の領主が転向したのが本当であれば、すべての司祭を私の領内に送ってほしい」と伝えさせた。これを聞いた宣教師たちは、ドン・ジョアン久種の確固たる信仰への決意表明に大いに慰められ、勇気を鼓舞された。

　また、秀吉の「伴天連追放令」に伴い、大村純忠や有馬晴信からイエズス会に寄進されていた長崎、茂木、浦上は没収され、長崎の教会や修道院も破壊された。

大坂のセミナリヨ、山口のコレジョ・修練院の平戸移転

秀吉の宣教師追放に伴い、山口にあった司祭たちと、コレジョ・修練院の関係者も全員、山口を去った。そして八月六日に平戸に着いたが、平戸のイエズス会の家（カサ）は敷地が狭いため、その後籠手田安一（ドン・ゼロニモ）領である生月の山田に移った。

五畿内のキリシタンのもとへは、秀吉が高山右近を追放してから二、三日後に、イエズス会の宣教師全員が国外追放されるとの知らせが届いた。秀吉のバテレン追放の知らせは細川邸にも伝えられた。このとき、玉は司祭たちが下（九州）へ出発するに先立って、必ずや洗礼を授けていただきたいと懇願した。玉の外出は禁じられていた。そこでセスペデスたちは協議し、先に洗礼を受けていた侍女頭のマリアに洗礼の授け方を教えたうえで、細川邸で洗礼を授けることにした。こうして玉はマリアから洗礼を受け、ガラシャ（恩寵の意）の洗礼名を授かった。

秀吉の伴天連追放後、大坂の教会は没収され、宣教師は全員平戸へ行って、そこで国外追放の命令を待つように命ぜられた。大坂のセミナリヨも閉鎖されてしまった。そこでオルガンティーノは、セミナリヨの生徒たちに親の家に帰りたい者は帰って、宣教師たちと同行したいと思う者は署名するよう伝えた。伊地智文太夫は、セミナリヨに入れていた三人の息子たちに「お前たちは伴天連様と行を共にするがよい。もしお前たちのうち誰かが帰宅するようなことがあれば、この父親がその首を斬ることになろう」と伝えさせた。

大坂のセミナリヨには入学して日の浅い四、五人の少年がいたが、彼らを除く二十五人が司祭たちに従うことを決意した。セミナリヨの少年たちは大坂の教会の上長であったグレゴリオ・デ・セスペデス

に伴われて平戸へ向け、堺を出発した。こうして大坂のセミナリヨ一行は平戸に着いた。しかし、平戸には司祭や修道士、また彼らを収容するだけの場所がなかった。そのため、神学生は生月の一部の教会に移った。そして、同じく生月（山田の教会）に移っていたコレジヨ、および修練院の修練士と合流した。

その三カ月後の一五八七年十一月末、大坂のセミナリヨの神学生は長崎のミゼリコルディア（註・キリスト教精神に基づく病院や孤児、老人施設があった）に設けられた仮の宿に移った。しかしすぐに（同年十二月三日）有馬に移り、ここで大坂と有馬のセミナリヨが合併した。一校に合併したセミナリヨの神学生数は七十三人であった。さらに一五八八年二月、セミナリヨは有馬領内の八良尾（はちらお）（北有馬）に移された。この年、八良尾のセミナリヨに在籍した都、および有馬のセミナリヨ生として、のちに天草のコレジヨに移った堀江レオナルド、石田アントニオ、西ロマン、森山ミゲル、市来ミゲル、中尾マチアス、伊東ジュスト（伊東マンショの弟）、西フランシスコ、溝口アゴスティノらがいた。

一五八八年一月末、生月にあった修練院は長崎（ミゼリコルディア）に移り、その一か月後の二月、有馬領の有家（ありえ）（島原半島）に移された。そして、このような困難な状態の中で永原ニコラオはイエズス会に入会し、ニコラオは有家の修練院に入学した。修練長はペドロ・ラモンであった。二年生の修練者の中には三木パウロや木村セバスティアンなどがいた。ニコラオと一緒に入会した修練者に不干斎ファビアン、ジョアン・デ・トルレス、アントニオ平戸、アウグスチノ小田と年老いた養方パウロらがいた。

有家の修練院に入って数カ月後、ニコラオ、そして三木パウロらは深い霊的な経験を味わった。それと言うのも、小西行長が肥後半国の領主となったため、上長の命令で長崎に行くことになったオルガンティーノに高山右近が同行した。右近は宇土を経由して加津佐に至り、コエリョやその他の神父と再会した。右近を見たバテレンらの喜びは大きかったが、有馬晴信はじめキリシタン武士や住民も彼を大いに尊敬していた。そのため、人びとは彼が通るのを見ようと女や子どもまで大勢が街頭に馳せ参じた。このとき右近は、貧しい僧侶がもちいた紙の袈裟のような服をまとい、毛髪も剃り、わずか四、五人の従臣を連れていた。

その後右近は、有家の修練院に行き、修練院の近隣の小さな家にこもって聖イグナチオの霊操を行って総告解した。黙想が済むと修練院に移って一週間、修道者とまったく同じ共同生活を送り、廊下の掃除や厠の掃除まで手伝った。この右近の模範は、ペドロ・ラモンの説教よりも修練者たちにキリストの招きに従うことを教えた、そして三木パウロやニコラオらは、安土や高槻のセミナリヨ時代、信長や秀吉の信頼厚かった右近を知っていたが、今は一私人となった右近の敬虔な態度に接して、大いなる勇気と感化を与えられた。

また、小西行長は右近のため二万俵の知行を与えようとした。しかし右近はこれを辞して、同じ千利休の門下生として無二の友人であった前田利長、そしてその父で、旧知の間柄であった前田利家の領地である加賀へと赴いた。

生月（山田）にあったコレジヨも、その後の数年は落ち着かない日々が続いた。一五八八年二月初め、カルデロン神父は支配下の人びとと一緒に長崎に行ったが、その二月の末に、コレジヨは島原半島の千々石に移り、さらに一五八八年九月ごろ、有馬領の有家（現・南島原市有家町中須川）に移された。こうしてセミナリヨも修練院もコレジヨも高来地方（島原半島）に仮の宿を求めた。

そこで、「一五八八年・日本年報」の中で、ガスパル・コエリョは「その修練院にいた連中のうち多くは学院（コレジヨ）に送られ、九名がイエズス会に迎えられ、十三名は神学校で養われている」と記しているが、こうして修練院から学院に送られた中のひとりに三木パウロもいた。一五八八年夏ごろ、優秀であった三木パウロは誓願をたてて修練院を卒業し、同じ有家に移されていた有馬のコレジヨに移った。

有馬のコレジヨの院長は、豊後における戦争の危険と苦しみとを味わっていたフランシスコ・カルデロンであった。カルデロンは、日本のイエズス会の若い会員の教育の仕事を受け持ち、イエズス会の学生とその地方の信者に霊的指導を行った。そうして三木パウロは、島原の美しい海岸で三年間(一五八八～一五九一年)の平和な日々を送ったが、三木パウロらが有馬にいたとき、イエス・キリストのご受難に対する信心の行いが、非常に盛んであった。そして毎金曜日にはカルデロンによるご受難の説教があって、学生たちはそれに与っていた。

またカルデロンは、イエズス会員は勉強だけではなく、将来の布教の準備として有馬の信者に説教したり、宣教師たちの活動を助けたりするために〝布教の旅〟をさせた。そして彼らが雨に濡れて疲れて帰ったときは、「布教する人の足は美しい」と言って彼らの足を洗って彼らを励ました。このカルデロンの指導は三木パウロの心にどんな徳、どんな理想の種を育てただろうか。

結城了悟は「カルデロン神父と長崎の二十六聖人」(『九州キリシタン研究』)の中で、「後(二十六聖人の殉教)で三木パウロが涙を流すまで感動してご受難について説教し、あるいは牢の中で死に向かって行く時には、ご受難の考えに力と励ましを見出す彼を見て、私たちは有馬のコレジヨ時代の事を思い出さなければならない」と記している。

一方、一五八八年六月、修練院が有馬領のこの地にあれば、豊臣秀吉の兵士たちが高来に入って来たときに危険にさらされる恐れがあるとして、有家の修練院は天草の河内浦に移された。

小西行長の肥後入国

島津討伐後、秀吉は肥後国を佐々成政に授けた。肥後一国を与えられた成政は、入国するとすぐに秀吉による三年間の検地不施行、国衆所領安堵を無視して太閤検地を強行しようとした。しかし、隈部親永をはじめとする肥後の国衆がこれを拒否して肥後国衆一揆に発展した。このため秀吉は、国人統制失敗の責めを問うため成政を召喚し、尼崎の法華寺に幽閉して成政に切腹を命じた。また、佐々成政の失脚後、秀吉は肥後を二分し、加藤清正に十九万四千九百十六石、小西行長には十四万六千三百石を与え、肥後国の差配を命じた。

その行長は、秀吉の「伴天連追放令」以後、秀吉に恭順し、キリシタンの信仰から身を引き、バテレンに対しても、自分の領地から去るようにと強要した。一方、大坂のセミナリヨの生徒やセスペデスらは平戸に向けて出発したが、オルガンティーノと高井コスメは危険を冒して、行長の父・小西隆佐に委ねられていた小豆島に留まった。そしてオルガンティーノはヴィセンテ日比屋を堺に遣わし、行長を室津の港に呼んでその変節を厳しく咎めた。このオルガンティーノの説得によって、行長は涙を流して回心した。

一五八八年七月八日、キリシタン大名小西行長が肥後半国の支配者となって宇土へ入城した。

肥後国の入城に伴い、行長は都の諸地方で秀吉の迫害によって土地や財産を失って追放の憂き目にあっていた伊地智文太夫、結城弥平次、ヴィセンテ日比屋（兵右衛門）、高山右近の親類数名はじめ、彼らを一人残らず自分のもとに収容した。結城弥平次は矢部の岩尾・愛藤寺城主となった。

また海外交易を構想していた行長は、小西美作（小西行長の養子となった木戸作右衛門）に命じて、球磨川の入り江の島である麦島に新しい城と城下町を築くよう命じた。こうして麦島城が完成し、小西美作が麦島城主となった。麦島城は海外貿易を夢想する行長の海外進出の拠点として、また島津氏に対する抑えの城として重要な役割を担った。

話は戻って、一五八八年六月、有家の修練院は天草の河内浦に移されたが、河内浦の修練院には、イエズス会員二十五人がいた。

一五八九年一月二十六日付、河内浦ノヴィシアド（修練院）の名簿には、院長ペトロ・ラモンと一司祭、イルマン（修道士）の一ポルトガル人はじめ不干斎ファビアン（上）、ジョアン・デ・トルレス（山口）、養方パウロ（若狭）ら九人と、同年一月にイエズス会に受け入れられた十三人のイルマンの名簿が残されている。その名簿の先頭に、その後天草コレジヨのラテン語第一級の学生となる石田アントニオと辻トマス（ともに彼杵）の名が記されている。また、木村レオナルドの名もあるが、一五八七〜八八年の河内浦のレジデンシアの駐在員名簿に、会計係として木村セバスティアンの名が載っている。このことから、この年、木村兄弟はこの河内浦で再会を果たしている。

ところが、フロイスによれば「すでにその地（河内浦）で種々の設備も整い、作業場もできて一年以上たった時、突如副管区長（コエリョ）のもとへ、暴君関白が天草の領主ドン・ジョアンを処刑し、その領地を不正極まる方法で没収するように命じた」と伝えてきた。そのため、一五八九年十月ごろ、河内浦にあった修練院は大村に移された。

一方、一五八九年十月、八良尾のセミナリヨは島原半島の港町加津佐に移ったが、一五九〇年に有家（中須川前田）にあった有馬のコレジヨも加津佐へと移された。

天正の天草合戦

一五八六年四月、ヨーロッパに滞在中各地で熱狂的な歓迎を受け、再度国王フェリーペ二世との謁見を果たした後、その役目を終えた遣欧使節一行はリスボンを出港して帰国の途に就いた。そして帰国に際し、メスキータ神父はグーテンベルク印刷機と活字を購入し、コンスタンティノ・ドラードとロヨラは、その使用方法と、活字を鋳造する技術を学んだ。またローマで印刷修行をしていたイタリア人のジョアン・バプティスタが一向に同行した。翌八七年五月、喜望峰を通過してゴアに着いた一行は、当地でヴァリニャーノと喜びの再会を果たした。

一五八八年七月二十八日、関白秀吉に謁見するインド副王使節の団長となったヴァリニャーノと遣欧使節一行はゴアを発ってマカオに到着したが、マカオに着く早々、秀吉によるキリシタン宗門に対する迫害が始まっていることを知らされた。そのため一行は、秀吉から帰国の許可を得るため一年十カ月の長期間、マカオ滞在を余儀なくされた。その間、当地でロヨラが病死した。

一方、準管区長コエリョは、秀吉のキリシタン迫害に対する自衛策として、ポルトガル＝スペインの軍事力を行使して秀吉に軍事力で対抗しようと画策した。そして武器・弾薬を調達する一方、キリシタンである有馬晴信、小西行長らに力を結集して関白敵対を宣言するよう働きかけた。キリシタン大名への働きかけが不発に終わるや、コエリョはマカオに滞在するヴァリニャーノに対して、日本に渡来するときに二百人の兵隊と食料、弾薬を持って来てほしい。さらに、ヴァリニャーノから国王、インドおよびフィリピンの総督たちに働きかけて日本教界に対する三百〜四百人のスペイン兵からなる軍事援助を要請してもらうため、下教区の教区長であったベルショール・デ・モーラをマカオに派遣した。

マカオに着いたモーラからコエリョの企てを聞かされたヴァリニャーノは、そのあまりの無謀、無鉄砲さに仰天し、その無分別で軽率な行為に肝をつぶした。そして、これらすべては不可能、不適当、かつ危険だと判断してこの計画を握りつぶした。

ところが、一五八九年、マカオからメキシコへ向かうジョアン・ダ・ガマの船が、海上で台風と激しい時化に遭遇し、窮地と危険をくぐり抜け、ようやく天草の﨑津の港に漂着した。

一五八九年十月七日付、コエリョからヴァリニャーノに宛てた書簡において、コエリョは、ガマの船によってもたらされた情報によって、ヴァリニャーノ一行が無事、マカオに滞在していることを知り、これもデウスの特別の計らいであったと喜んでいる。そして「五島との司祭館と天草について」の項において、コエリョは看過できない言葉を述べている。

「ドン・ジョアン天草殿（久種）は、関白への臣従を固く拒み、昨年、関白殿が彼に対してみようとした（天草久種の首を刎ねるよう命じた）ことが原因で、まったく信頼しないことに決心していた。彼は（天草の）他の殿たちと力を合わせて、関白殿の暗殺を望んでいた。このために戦いは不可避となっている。（中略）彼はもう一人の殿（註・志岐諸経）とともに関白殿の勢力とわたりあうことに狼狽するどころか、何のわずらわしさも感じていないかのように、しかし、そうかといって彼は戦に必要な備えをすべて用意し、初期の目的達成のために可能な限りの準備を怠っていない。彼は関白殿に降参する前にデウスに身を捧げるため、また領土のキリシタン宗団のために死んでみせようとも言っている」

こうしてコエリョによれば、何と天草久種は秀吉を相手に、秀吉の暗殺まで望んでいた。そしてこのように先鋭化する久種の存在は、天草を支配下に置く行長にとって、とうてい座視できないものとなった。

一五八九年七月二十二日、天正の天草合戦は、小西行長の志岐攻撃から始まった。そのことを、フロイスは「行長はドン・ジョアン（天草久種）は同じキリシタンだからできれば救ってやりたい、また志岐氏が滅んだら天草氏も降伏するだろうと考えたためだ」と記している。行長軍の第一陣の将は伊地智文太夫であったが、文太夫はあえなく討ち死にした。このため、行長自ら出陣したが、出陣に先立ち、加藤清正に援軍を求め、清正もまた、千五百の兵を率いて自ら出陣した。そして小西・加藤連合軍の前に志岐諸経は降伏し、有馬晴純の五男として志岐麟泉の養子となっていた志岐諸経は、甥の有馬晴信の領地である生家の肥前有馬に亡命した。

次に、小西・加藤連合軍は海陸から天草領に侵入し、まず天草氏の支城である本渡城を包囲した。本渡の司祭館（本渡城内にあった）には、大友宗麟の死去に伴い、ジョアン・フランシスコ（・ステファノ）が豊後から移り住んでいた。そして本渡城の攻防をフロイスに報告し、フロイスは「天草、志岐のこと、および本渡城の破壊、同所における三百人の永久に記憶すべき行為について」（『日本史』第三部六章）において、本渡城の戦いの様子を、じつにリアルに記録している。

そうして激しい攻防の末、本渡城は落城した。このとき、天草久種は本拠である河内浦城に籠城していたが、本渡城での多大な犠牲を知らされて行長に降伏し、その身を行長に委ねた。行長は久種の頑迷と不服従に立腹していたが、司祭たちの懇請によってこれを許し、河内浦城に留まることを承諾した。ただし、本渡領域内の支配のために一人のキリシタン貴人（誰かは不明）を任命した。

一方、志岐城での戦いが終結するやいなや、行長は志岐領の統治権と志岐城をヴィセンテ日比屋（兵右衛門）に与えた。ヴィセンテは、このとき長崎にいたオルガンティーノを呼び寄せ、志岐の地の統治と住民を救済する手立てを相談した。また、オルガンティーノを父とも慕い心の師として仰ぐ行長も、オルガンティーノに逢うために宇土城から志岐に赴いた。そして三者の間で、その地の人びとをキリシタンに改宗させるための手段が協議された。

こうして天草のキリシタンは、それ以前からキリシタンであった者一万五千人以上、志岐でキリシタンになった者、新たにキリシタンになりつつある者を加えると、ほぼ二万五千人に達したと記録されている。

天正遣欧使節の帰国

一五九〇年五月、日本準管区長ガスパル・コエリョが死去した。コエリョの葬儀には、司祭や修道士たち合わせて六十人のイエズス会員が列席した。ペドロ・ゴメスが歌ミサを捧げ、都地方の教区長オルガンティーノと、有馬のコレジヨの学院長カルデロンが助祭と副助祭の役を務めた。そして、大村の修練院院長ペドロ・ラモンが日本語で説教した。祭式と祈禱、ミサ聖祭と説教が終わると、コエリョの遺体は教会（長崎）の傍らの墓地に埋葬された。

その後、イエズス会司祭と修道士全員がある広い家に集合し、準管区長の後任問題が討議された。その結果、日本全イエズス会の教区長、および日本準管区長として、会の古参で四誓願司祭でもあったペドロ・ゴメスが選出された。ただ、このころペドロ・ゴメスは病んでおり、年も老い、衰弱し、喘息持ちの身であったが、デウスへの奉仕において常に示していた不変の平静さと従順さをもって、この重大な役目を引き受けることにした。

その直後の七月二十一日、インド副王使節のヴァリニャーノはじめ、伊東マンショら天正遣欧使節一行が長崎の港に帰着した。それと同時に、シナから来たジャンクに分乗してイエズス会の十二人の司祭と四人の修道士が来日した。

巡察師ヴァリニャーノと四人の貴公子、およびその他のイエズス会員たちの到着は、イエズス会の同僚たちのみならず、全キリシタン宗団に大きな希望を与えた。そして人びとの喜びようは絶大で、彼らに会おうとして各地から大勢の人が来訪し、同じ船やジャンクで渡来したポルトガル人までが仰天したほどであった。その中に、有馬のコレジヨ院長であるカルデロンに伴われた三木パウロらコレジヨの生徒らの姿もあった。

なおまた、日本に着いたヴァリニャーノはすぐに、コエリョによって買い集められていた武器・弾薬を極秘のうちに売り払った。そして秀吉がキリシタン迫害を始めた原因も「コエリョが、イエズス会士は改宗を口実に日本に渡来して、日本王国の支配者になろうとしているという自分の考えをしばしば明らかにしたためであった」として、イエズス会の方針とは無関係であることを強調し、いっさいの証拠隠滅をはかった。

第二回イエズス会全体協議会

ヴァリニャーノは、都へ出発する前に発生していた重要な問題を協議するため、八月十三〜二十五日の間、「第二回日本イエズス会全体協議会」を加津佐において開催した。この場に、新たに日本準管区長となったペドロ・ゴメスをはじめ、オルガンティーノ、フランシスコ・カルデロン、ペドロ・ラモン、その他大村、有馬、島原、五島、天草地方のカサやレジデンシアの上長が参集した。なお、日本人修道士ファンカン・レアンも招かれた。

会議の冒頭、ヴァリニャーノは諮問第一、「今回は総会議あるいは協議会とすべきか否か」の中で、「一五八〇年、自ら日本で開催した第一回総協議会で諸問題を決定し諸種の『内規』を定めたが、今回日本の我々のカサや教会に生じた迫害と破壊の結果、以上は変化されるか、あるいは実施不可能となった」として、対策を必要とする他の諸問題が新たに発生しているので、本会合を、総会議形式あるいは協議会形式のいずれで開催すればよいか協議してほしいと提案した。そして協議の結果、パードレ全員の意見として、今回は「協議会」として「総会議」とはしないという結論を下した。

また、この会議［諮問第一］～［諮問第十四］では膨大な議題が話し合われているが、その中から、諮問第三、「日本人領主の間に絶えず行われている戦争問題に介入せず、しかもなおキリスト教会の利益と保持に対する我々の義務を遂行するために取らねばならない方法について」として、「日本国内における戦争の種々のケースにおいて、キリスト教徒の領主たちを助けるためであっても、イエズス会が大砲、弾薬、鉄砲その他、軍事品を所有したり、それらの物質を調達することを禁止する」と採決した。

諮問第八、「全パードレを若干のカサの統治下に集中し小レジデンシアを廃止するか、あるいは小レジデンシアをすべて現状のままにしておくか、何れが妥当であるか」において「コレジヨと修練院（ノヴィシアド）の院長以外に、今後総会長の名において、大村のカサ（註・院長と数人の宣教師が住んでいる小さな地方の本部で、院長と数人の宣教師が住んでいる所）の上長は修練院が大村から移転する時に院長となり、大村領の海の対岸にいるパードレとイルマン全員の監督権を有する。（中略）他の院長は、現在行われている戦争が終了次第、天草の上長がなり、天草の全諸島の中央に位置する本渡の城下に本拠を置くようにし、志岐、河内浦、栖本、上津浦、大矢野に在住するパードレとレジデンシア（註・一人か二人の宣教師が住んでいる家）を統治下に置く」と採決された。

この記述に基づき、「本渡を天草の首都にしたことによって、天草学林（コレジヨ）は本渡（東向寺）に置かれた」とする書（金子悟郎『天草学林　謎に挑む』）が出版された。

そこで、このことに関して、結城了悟先生からいただだいた私信を紹介する。

「私の論文ではこの記録は取り扱っていません。それは天草のコレジヨと直接に関わりがないからです。第一に加津佐の会議は『最高機関』ではありませんでした。イエズス会では『管区会議』という法律的な会議があるが、加津佐の会議はただ日本に帰ったヴァリニャーノ神父に情報を伝えるための宣教師の集まりでした。その会議には決定的な力はありませんでした。ヴァリニャーノは状態を聞いて、自分が考えることを決めただけでした。そしてその現場で決定されたことは有家にあったコレジヨを加津佐に移すことで、もし豊後に新たなキリシタン大名が現れればそこに移すことが良いと考えました。

また、本渡について会議で言われたのは、戦争（註・北条氏討伐）が終わったら天草の院長の住まいを本渡に決めることが良いということで、その理由は、当時上津浦、栖本、大矢野の殿（註・天草上島）も信者になったので、本渡は交通のため真ん中にあって便利だからでした。前は下島だけで院長の活動のため別なことでした。殿（天草氏）のことを決めるなどではありませんでした。一年後、状態が変わりましたので、河内浦が選ばれました」

このようにして結城先生の解説によれば、このヴァリニャーノによって開催された「第二回協議会」は「最高機関」ではなく、その会議には決定的な力はなかった。さらに、天草に関する決定事項なるものは、天草のカサの院長の住まいを決めるためのものであって、天草氏の首都を本渡に移すことなど宣教師にはまったく関わりのないことであった。

最後に、諮問第十四、「ローマで勉学のために日本人イルマン若干を派遣すべきか否か」という、きわめて注目される議題が取り上げられている。この件に関しては、ヴァリニャーノの側から提案があったはずである。ただし、この派遣の実施は当然きわめて望ましいことではあるが、以下の理由により非常に困難であるとした。

第一の理由として、きわめて長期、危険な旅行のために、少数のイルマンがこの旅行に派遣されれば、かかる長期の間に容易に死亡しがちで母国語を忘れる可能性がある。多数のイルマンを派遣すれば、日本でもっとも優秀かつ期待される人物から選抜しなければならないので、日本に人材が極度に不足することになる。

第二の理由は、往復期間およびローマに滞在して勉学し、学識を深めてパードレになるには、少なくとも十二年ないしは十四年を必要とするだろう。そのため、イルマンら自身、これほどの長期間、日本国外に滞在しなければならないことを苦にして意気消沈するだろうと思われる。また日本語で巧みに説教し書簡を書きこなすためには、通常語る日常語を解するほか、日本の文学や書籍に極めて困難な特別な学習をする必要があるが、この勉学にほぼ二十歳までには終了し難く、これは派遣される人物が当然達すると考えられる年齢である。

第三の理由は、イルマン若干が往くとすれば、長期の長引く旅行中に彼らを指導し指針を与え得るために、当地のパードレの中から経験と権威があってしかも言葉を解する人物二名を必ず彼らとともに派遣しなければならない。しかしパードレたちの中から二名を日本から割くことは困難であり損失である。

そして全員一致の上、結局、巡察師が本件を十分に検討し、実施可能な時に同派遣を実行すること、その際もっとも適切だと判断し得るイルマンの人数、および、この派遣のために取らなければならない方法を検討されたい――と具申した。

この諮問第十四に関して、ヴァリニャーノは次のように裁決している。

「協議会で述べられているように、勉学のために日本人イルマンをローマへ派遣することに障害はあるが、しかし私は当地域におけるイエズス会の統治と発展にとって唯一無二の手段だと思っている。我々は他日この派遣を実行し十名までのイルマンを共に派遣し得るものと、我が主を信頼している。なぜなら、このような重大問題は、たとえ障害が生じようとも克服しなければ遂行し得ないからである。本事業は我が主の栄光と奉仕のためなるが故に、御加護を与え給う我が主を信頼するものである。我が主に栄光と称賛あらんことを。本日、一五九〇年十一月五日」

以上のことから、じつはヴァリニャーノは二回目の来日早々、ローマで勉学する日本人のために第二次遣欧使節の計画を目論んでいた。そして、そのことは有馬コレジヨで学ぶ修道士たちにも伝えられ、三木パウロも第二次遣欧使節の候補のひとりに選ばれ、あるいは、そのことを期待する何らかの情報がもたらされていたのではなかったかと想像される。

また一五九〇年七月、遣欧使節一行が帰国したとき、すでに八良尾にあったセミナリヨと有家のコレジヨは島原半島の加津佐に移されていた。そのため、ヴァリニャーノはこの地に印刷所を建てることを決定した。そして、遣欧使節の帰国とともに携えられてきたグーテンベルク印刷機とローマ字活字、その他の機材が加津佐のコレジヨに運ばれた。加津佐に印刷所が開設されると、すぐに日本字活字とその字母が製作され始めた。

この加津佐において最初に印刷された活版印刷本は『サントスの御作業の内抜き書』(新約聖書の使徒行録と聖人の伝記を綴ったもの)の二巻本で、ローマ字による文語体日本語表記を、ヨーロッパ製の金属活字で彫ったものだった。また、その表紙画となる銅版画を彫ったのはジョヴァンニ・ニコラオであったとされている。

小西行長と天草久種の和解

一五九〇年四月、秀吉は天下統一の総仕上げともいうべき、北条氏討伐のため二十万人を超える大軍を従えて坂東へ進軍した。そして、その地においてイエズス会の日本巡察師が贈物を携えて加津佐に到着したことを知らされた。同年八月、秀吉は、小田原城にて北条氏政らを自裁せしめた後、腹心の浅野長政にインド副王使節一行を上洛させるよう取り計らえと命じた。それに応じて、ヴァリニャーノはじめ、伊東マンショら四人とメスキータ神父、ポルトガル人の使者ら総勢二十五人が上洛することになった。また通訳として、八良尾のセミナリヨのラテン語教師であったジョアン・ロドリゲスが同行した。

同年の十二月中旬、一行は播磨の室津港に着いた。しかしこの地で関白の使者と行き違いになったため、ヴァリニャーノら一行は、室津において約二カ月間の滞在を余儀なくされた。その間、それまで京都にいた小西行長が室津を通過した。その際、行長はヴァリニャーノと対面し、天草殿ドン・ジョアン久種と和解するために広範囲にわたって協議した。

この和平に関し、フロイスは「実際に彼らを和解させることは、ほとんど不可能に思われた」と述べている。このとき、ドン・ジョアンは「きわめて執拗頑固に行長に不服従の態度を示し、あまつさえあまりにも承諾しがたい報酬としての利益を要求した」。そのため、フロイスは「もし行長がキリシタンでなければ、天草殿はかならずや滅ぼされていたに違いない」と記すほど久種は激しく抵抗した。久種にとって、あくまで信仰に殉じた高山右近の崇高な精神に比して、秀吉に恭順した行長の変節に許せないものがあったと思われる。そして、ついには行長が折れて、和平が円満に結ばれるような条件が提示された。こうして少なからぬ困難を伴いつつも、のちほど「下」において、新たに準管区長となったペドロ・ゴメスの立ち会いの上、天草久種と小西行長の和平が成立した。同時に、再び久種は本渡を含めた旧領地を統治することが約束された。

一五九一年三月三日、インド副王使節として入京したヴァリニャーノと四名の遣欧使節らは、聚楽第において秀吉に謁見した。秀吉はこれを喜び、ヴァリニャーノ一行は、異教徒の諸大名や秀吉側近も驚くほどの大歓待を受けた。だが、ヴァリニャーノが都を去ったあと、秀吉はバテレン嫌いの側近に「バテレンらは悪辣にして、日本の善き習慣や日本古来の宗教である神や仏の殿堂まで破壊した」、また「このたびのインド副王使節は偽物ではないか」などと吹き込まれ、疑心暗鬼に陥った秀吉は、バテレン、および全キリシタン宗団に対する態度をいっそう硬化させ、よって彼らバテレンを日本から放逐するのだと語るまでになった。

このため、島原半島の加津佐にあったヴァリニャーノに宛て都のオルガンティーノやジョアン・ロドリゲス、黒田官兵衛、小西行長らキリシタン諸侯から、秀吉が朝鮮出兵のため九州に下向するかもしれないので、下地方のイエズス会の活動を中止し、バテレンたちはもっと安全な場所に住むように、また加津佐のコレジヨとセミナリヨ、および大村の修練院を撤去してそれらを天草に移すようにと強く要請する書状が次々と届けられた。

時を同じくして、ヴァリニャーノのもとを天草の領主天草久種が訪れ「わが天草は、人びとの往来から外れ、我ら（キリシタン宗団）はずっと危険が少なく、人目から隠れていることができるから、コレジヨを安全に保つために、ぜひ自分の領土に移すように――」と、コレジヨ・修練院・セミナリヨの三つとも天草へ移転するように強く訴えた。このことに関しては、天正天草合戦の後、小西行長と天草久種が和解したことが大いに関係していた。この要請を受け、ヴァリニャーノは自ら有馬の日野江城に出向き、有馬晴信を説得した。はじめ晴信は難色を示したが、せめてセミナリヨを自領に残すことを条件に、コレジヨの天草移転を受け入れた。

同じく、大村喜前もヴァリニャーノの説得を受け、大村は異教徒の往来が頻繁なこともあり、修練院の天草移転に同意した。

コレジヨ、修練院の河内浦移転

コレジヨ、修練院、セミナリヨという三つの大きな屋敷には、それぞれにイエズス会員、同宿、下僕を含めて百人を超えるほどの人員がおり、それらを移動させるのはきわめて難しいことであり、大至急に工事を進捗させるために司祭の側ばかりでなく、殿（有馬氏・大村氏・天草氏）たちの側でも入念な努力がなされた。

一五九一年の五月初め、セミナリヨは、有馬から一里奥に入った八良尾と呼ばれる山中のある場所に移された。その少し後、加津佐にあったコレジヨと大村の修練院はともに天草の河内浦に移された。その年の七月二十五日、ヴァリニャーノは天草諸島の修道士たちを慰めたり、コレジヨに必要な命令を伝えたりするためと、ヨーロッパから帰った遣欧使節の四人を正式にイエズス会に受け入れるため河内浦を訪れた。栄光の使徒サンティアゴの祝日に当たるこの日、伊東マンショら四人はイエズス会に受け入れられ、宣教師としての道を志すことになった。

こうして彼らはまず修練院に入学したが、修練期生たちはその規則に従って、霊的講話や一定の苦行の修練を行うが、ヨーロッパの修練院で普通になされるすべてのことを行う。そして徳の規範によって他の人びとに先んじ、また諸々の欲望を制しておのれ自身を抑制しようと努めなければならなかった。修練院における二年生の修練生は六人ほどで、一年生は彼ら四人であったが、一年目は、祈り、修業とイエズス会の会憲（根本規則）とその精神を勉強した。二年目になってラテン語を勉強した。そして二年間の修練期を終えた後、彼らはコレジヨの建物に移った。

ところで、私は今年三月まで、Amacusa Collegio の名を冠した「天草コレジヨ館」に勤務していたが、来館者から「コレジヨの所在地はどこか？」とよく質問され、「残念ながら、コレジヨの所在もアルメイダの墓所も、この河浦町のどこにあったか分かりません。その理由として、徳川幕府による厳しいキリシタン弾圧がなされたためだと思われます」と説明してきた。

そこで、コレジヨの所在地に関して、個人的考察を述べてみたい。

一五八一年九月の初め、五畿内視察を終えたヴァリニャーノは豊後に到着した。そして十月末、豊後から下教区に向かったが、今回は九州南部を船で巡回した。豊後を出帆して日向、次いで薩摩の幾つかの港に立ち寄り、十一月の半ばごろ天草（河内浦）に赴いた。そして、ヴァリニャーノは「ここ（河内浦）にも我らは非常によい場所を有している。ただし修院（修道士が住んでいる所）は、寝室三つを伴った一室のみで狭小である」と述べ、河内浦の中でも、立地条件のよい場所がイエズス会に提供されていたとしている。またフロイスは、コレジヨの建築に際し「ドン・ジョアンが先に提供してくれた数件の家屋と、我らイエズス会員が以前から所有していた家屋をもって、六十人近いイエズス会員と、二十人以上の同宿、および六十人近い下僕を収容するに足りる一学院が設立された」と記している。

そのことに関連して、関ヶ原合戦後、天草は肥前国唐津の寺沢広高の支配下に置かれたが、一六一七年、河内浦の代官であった川嵜伊右衛門は、下天草一帯の転びキリシタンの旦那寺として「一町田中村の勝地に一向宗安養寺を建てた」（『安養寺由緒書』）。そこで、先のヴァリニャーノの「ここにも我らは非常に良い場所を有している」という記述と、河内浦城（現・下田の崇円寺）近くの「一町田中村の勝地に一向宗安養寺を建てた」とする記述は符合する。このことからも、かつてコレジヨがあった跡地に浄土真宗安養寺が建てられたことが推定される。

また、有馬のコレジヨの院長から引き続き、フランシスコ・カルデロンが天草（河内浦）のコレジヨの院長に任命された。そして、遣欧使節をヨーロッパに引率したディオゴ・デ・メスキータが副院長となった。

河内浦は天草の山の緑に囲まれ、美しい羊角湾に面した地にあり、また、フロイスによれば「（学院から）九千ないし一万歩離れた諸々の地は我らの少なからぬ労力によって司牧されている。なぜなら道は非常に険阻な坂道を通って行かねばならず、またその地自体が互いに非常に遠く隔たっているからである」という、隠れ住むには絶好の場所でもあった。そして当時、イエズス会のコレジヨ、修練院などの養成施設と印刷所が集まって、イエズス会員の一団は、比較的平穏のうちに修養にいそしむことができたが、このような静かな環境の中で、コレジヨと修練院は天草にあった約七年間近くの時代が最も平和で、かつ最も充実していたものではなかったかと思われる。

天草コレジヨの教授・職員と学生名簿

天草市河浦町の「天草コレジヨ館」内には、院長のフランシスコ・カルデロンはじめ十二人の教授と職員、五十九人の学生の名が書かれた「天草コレジヨの名簿」のプレートが掲示されている。コレジヨの教授・職員と学生の構成は年によって変化があった。また修練院の養成施設も併設されていたので、修練の諸業に従事する傍ら、コレジヨの授業も受けていた。

一五九一年の目録には、院長のカルデロン、ディオゴ・デ・メスキータ（監事兼顧問）、教師としてペドロ・モレホン、ペドロ・ラモン、マルコス・フェラロ、アフォンソ・ゴンサルヴェス、フランシスコ・ピレス、マノエル・バルトら十三人の司祭と修道士の名がある。コレジヨ所属の司祭たちは同時に、天草の三十五の教会と一万人以上のキリシタンを担当していた。

天草コレジヨの生徒の中には、ポルトガル人六人とイタリア人一人がいた。日本人生徒は遣欧使節の四人をはじめ、木村セバスティアン、にあばらルイス、辻トマス、石田アントニオ、西ロマン、式見マルティノ、伊予シスト等々の名があるが、伊東ジュストやコンスタンティノ・ドラードの名も見える。

コレジヨの生徒の多くは九州各地の出身だが、五畿内からも何人かが来ていた。そして、一五九七年、ペドロ・ゴメスからイエズス会総長宛ての書簡に「パウロ三木が天草のコレジヨに学んだ」と記されていることから、三木パウロも有馬のコレジヨから天草のコレジヨに移ったことが確認される。それとともに、安土、高槻、大坂セミナリヨにおいて共に学んだ学友の伊智地マンショ、木村ミゲル、斑鳩マキシモ、永原ニコラオ、山田ジュリアン、三ヶマチアス、三ヶアントニオ、真柄フランシスコ、結城ディオゴらも学生名簿に名を連ねている。

不干斎ファビアンは、天草コレジヨの国語教師として「初級に至るまで相当の年月ラテン語を学び、日本文学に精通しコレジヨで修学する日本人イルマンの教師である」とある。またファビアンは、一五九二年十二月二十三日付、天草本『キリシタン版平家物語』の序を書き、口述編纂に参加した。一五九三年二月二十三日付、『伊曾保物語』でも簡単な序を書き、その編纂者となった。さらに、そのころ出版された『金句集』の編纂にも加わったと自ら記している。

同じく、高井コスメは「日本語以外は話さないが、日本文学、特に書状を記録し書くことを良くし、またコレジヨで教師であり、国語による説教師である」とある。

養方パウロは「日本人の住居係、若狭の生まれ、八十五歳、入会して三年、病弱、老人ながら日本の学問で知られた人物である。十五年以上を住院の同宿として生活した。学問をもって会に務め、多くの影響を与えた」とある。ヴィセンテ洞院は「ヨフォー・ポウロの子、教会中で日本語について知られ、珍重すべき人物である。また国語をもってする偉大な説教師である。現在でも人びとの間で評判の高い精神的で詳細な日本語の書籍を編纂し、翻訳している」とある。彼は日本語しか解さなかったが、日本の文学については他の追随を許さなかった。

そこで、三木パウロは天草コレジヨの副院長となったメスキータとは短期間ではあったが、安土セミナリヨにおいて子弟の関係にあった。同じく、ヴィセンテ洞院からは安土、高槻、大坂のセミナリヨを通して多くの薫陶を受けた。不干斎ファビアンとは、大坂のセミナリヨ、臼杵の修練院、さらには有馬のコレジヨにおいても行を共にした。

キリシタン版「天草本」

コレジヨの河内浦移転に伴い、印刷機も河内浦に移された。加津佐の印刷機がいつごろ河内浦へ移されたかは不明だが、印刷所はコレジヨに付属していた方が何かと好都合であった。その中心となったのはコンスタンティノ・ドラードであったが、イタリア人のジョアン・バプティスタが印刷術、活字製法などを教えた。

河内浦の印刷所において、一五九二年に『ヒイデスの導師』(信心書)、『ドチリナ・キリシタン』、『平家物語』が発刊されたのを初めとして、ローマ字本と平仮名、漢字の国語本があり、日本人信者用の平仮名本、イエズス会宣教師や修道士に日本の歴史や風俗を習得させるためのもの、外国人宣教師や日本人の学生たちが学ぶための古典・辞書などのキリシタン版（キリシタン時代に、日本での布教を行ったイエズス会が出版した書物）「天草本」が印刷された。そのうち、天草で印刷された本で現存するものは、公教要理一、信心書六、文学三、語学書二の十二冊とされているが、海老沢有道は『天草キリシタン版書誌』において、「天草コレジヨで刊行されたが、完全な本の形態をなしていない断片的な欠本が二十三種あり、合計四十七書が天草版本と見なされる」（『天草学林　論考と資料集』）としている。

ところで、印刷事業、すなわち書物の編纂はまず活字を作って（鋳造）、次にその活字を拾って（文選）一字ずつ文の通りに並べ、最後に摺り上げを通して本に仕立てるというプロセスを経なければならない。そこで、ローマ字の場合、アルファベットの二十六文字、それ以外を入れても必要文字数はしれている。それに比べ、日本の文字数は漢字、平仮名と一千文字でも足りず、いちばんの問題は活字の鋳造であった。活字の地金は鉛（八三パーセント）と錫（二％）とアンチモン（一五パーセント）を調合し、こうしてできた地金を加熱して溶かす。しかし当時、これは大変な作業であったと想像される。

青山敦夫によれば、「こうして地金は出来上がっても、活字をつくるには『母型』と『鋳型』がなければならぬ。一本の活字に一つの母型がなければならないが、逆に言えば、一つの母型さえあればその活字はいくらでも増やせる理屈である。母型は軟鋼の上に鋳造したい文字を同じ形、同じ大きさから彫ることからはじめる。彫りあがると、鋼に焼きを入れて硬くする。これを父型といい、こんどはこれを柔らかい黄銅の上に打ち込むと彫った通りに凹んで母型になる。字母という。」（『活版印刷人ドラードの生涯』）。

はじめ、宣教師は「日本人は活字を鋳造するための父型、母型を作る技術を知らない」として、印刷の発展につれ「印刷の仕事に技術と経験のある適当な人員のイルマンを派遣してほしい」などと、印刷工の派遣をローマに要請している。しかし一五九四年、ペドロ・ゴメス書簡に「日本人同宿たちがローマ字の金属活字の鋳型に習熟し、印刷に貢献し始めた」とある。

フランシスコ・パシオの書簡にも「日本人は今まで父型や母型などの製造には全然経験を持ちあわせておらぬとはいえ、この方面にも器用な日本人は短期間にしかも六ドウカドを超えざる僅少の出費で、印刷に必要なイタリック文字を作製してくれました」として、日本人の優秀さを高く評価している。そして同年発行の『ラテン文典』には新しくイタリック体が現れている。

このようにして印刷事業は、河内浦における一五九一年から一五九七年までの約七年近く、我が国における印刷技術の不断の研究と努力が続けられ、日本文化史上に不朽の名を留めている。

志岐の画学舎とペドロ・モレホン

一五八九年末の天草合戦において、志岐城の落城後、小西行長の家臣となっていた堺のヴィセンテ日比屋（兵右衛門）が志岐の地を統治した。

一五九二年、その志岐の地にはじめて画学舎らしき教育機関が記録に登場する。

「この（志岐の）島には、一五九二年十一月の終わりから九三年の六月まで、すなわち、まもなくシナからナウ船が来航する時まで、副管区長（ペドロ・ゴメス）師が他の同僚たちとともに身を寄せていた。その他、同島には、絵を描く少年たちや、銅版製作者、その他の司祭や修道士たちがいたが、ヴィセンテの夫人であるアガタ（木戸作右衛門の娘）は深い愛情と温情の業をもって一同を援助した」（フロイス『日本史』第三部三十八章）。

志岐（現・苓北町）の司祭館（レジデンシア）に併設された画学舎の院長となったのがペドロ・モレホンであった。モレホン（スペイン人）は、一五七七年に十五歳の若さでイエズス会に入った。そして一五八三年、ヨーロッパに着いた遣欧少年使節と、これにちなんで盛り上がった日本熱に魅かれ日本の布教を志願した。一五八六年四月十三日、使節団がポルトガルの首都リスボンから帰路に着いたとき、モレホンは使節団に同行して乗船し、一五九〇年七月二十一日、ヴァリニャーノに伴われて来日した。モレホンは航海中、そうとう日本語を勉強して来たらしく「よく日本語を理解し、日本語で説教する」とある。そしてモレホンは河内浦のコレジヨの教師を兼任し、コレジヨでは哲学を教えていた。

一五九四年三月六日付、天草発、伊東マンショがローマの総長に宛てた書簡に「かつてコインブラ大学教授であったペドロ・ゴメスが、特にコレジヨの学生のために執筆した教科書『講義要綱』にもとづいて「天球論」「霊魂論」「カトリック教理要綱」について講義がなされている。そしてこれは、この国の必要に適応するよう管区長神父がことしの初めに明快、平易な文章で書いた教科書である。私たちのために教師として一人の神父（註・ペドロ・モレホン）を任じた。神父はその教科書をラテン語でも日本語でも、非常にうまく説明してくれる」とある。

また、一五九二年十一月現在の「イエズス会目録」には、志岐の修道院の構成員として、院長のペドロ・モレホンのほか、ジョヴァンニ・ニコラオが絵画教師として、二人の日本人修道士が絵を学ぶと記載されている。その他、十八人の同宿がともに画業に励んでいたとされ、ニコラオ指導のもと、画学舎では洋画の教育と宗教画の制作、銅版彫刻の技術などが教授されていた。

志岐に画学舎が設けられた理由は、イエズス会の伝道にあたって、教会に飾る祭壇の聖画、また信者が崇拝するためのイエス・キリスト、聖母マリアの聖画像が求められていた。しかしキリスト教徒が増えるに伴い、南蛮船がもたらすものだけに頼っていては、需要に応えることができなくなってきた。そのため、それらを日本国内で制作する必要に迫られていた。

また宣教師たちは、日本人の改宗に画像が効果をもたらすことに早くから気づいていたが、こうして絵画教育が本格化した理由は、遣欧使節がヨーロッパから持ち帰った活版印刷機により、文字の印刷だけではなく、銅版画の印刷も可能になったからである。

志岐の画学舎では、絵画課程水彩画と油絵、銅版画課程銅版画の指導が行われ、西洋の銅版画、ならびに油彩画が熱心に模写されていた。

因み（ちな）に天草版『ヒイデスの導師』（一五九二年刊）の扉絵には、西洋ルネサンスの偉大な画家デューラーの作品に由来する「トマスの不信」の図像が描かれている。

「トマスの不信」とは、復活したイエスが弟子たちの前に姿を現したが、そのときトマスは不在だった。彼はイエスが復活したということを他の弟子から聞いたとき、それを信じなかった。イエスはトマスとその他の弟子のいるところに現れて、自分の脇腹の傷に指を差し入れよと言った。イエスの聖痕に指を差し入れたトマスは「わが主よ、わが神よ」と叫んだ。イエスはトマスに向かって、「あなたは私を見て信じたのか。私を見ないで信じる者は幸いである」と言った。

天草版『ヒイデスの導師』
（1592年刊）の扉絵

「ヒイデスの導師」の銅版画のバージョンは他にもいくつかあるが、若桑みどりは「美術史の立場から見た場合、これらの出版物の重要性はこれらの本に付せられた銅版画、または扉絵にある」（『キリシタン文化研究会会報』）と指摘している。

ところで、志岐の司祭館にあって、モレホンの指導のもとに同宿のジョアン五島と看坊のアダム荒川がいた。

五島出身のジョアンは一五七八年ごろ生まれた。その一年後の一五七九年、熱心なキリシタンであった五島の領主宇久純堯（すみたか）の死去後、その後継となった宇久純玄（すみはる）はキリシタン弾圧を開始し、キリシタンであった叔父・玄雅（はるまさ）に棄教を迫った。そのため、玄雅は三百人のキリシタンとともに長崎へ亡命した。その中に、まだ乳飲み子であったジョアン五島がいた。ジョアンは幼児から岬の教会（一五七一年、フェゲイレド神父によって建てられたサン・パウロ教会）で育てられて教理を学び、十二歳になったころ、有家の有馬セミナリヨで学んだ。そのジョアンについて、フロイスは「子どもの時から神父たちの教えによって育てられ、志岐から一人の神父（註・ペドロ・モレホン）の同宿として都に行った。その生活の清さ、単純さによって皆を満足させた」と記している。

同じく、看坊であったアダム荒川は、若いときに誕生の地・有馬領の荒川城で犯した過ちのため処刑される運命にあったが、有馬の修道院の院長モーラ神父のとりなしによって許され、以後有馬領内の教会に仕え、一五九〇年ころ、志岐の教会に派遣された。志岐教会では受付、または聖堂の係として、その後三十年間にわたり、志岐のキリシタンの模範として教会に奉仕した。

第四章　三木パウロのコレジヨ退学

第二次遣欧使節計画のとん挫

一五九二年二月三日から十四日までの十二日間、長崎において「第一回イエズス会日本管区総会議」が開催された。ヴァリニャーノを議長として、その右に日本準管区長のペドロ・ゴメス、京都から帰って来ていたオルガンティーノ、会議の書記に選出されたルイス・フロイス、有馬教会の教区長ベルショール・デ・モーラ、巡察師の伴侶として来日したフランチェスコ・パシオ、八良尾のセミナリヨ校長ペドロ・ラモン……左方にアントニオ・ロペス、アルフォンソ・ルセーナその他が参加した。

この重大会議において、四十数項目の議事に入る前にまず問題になったのは、関白秀吉が、今後どのような態度に出るかということであった。秀吉が現状を維持して穏やかに自分たちに対処するか、あるいは死去するか、あるいは戦争のために日本がまたしても混乱状態に陥るか、その見通しがたたなければ、今後の布教方針もたたない。南蛮船は出帆すべきか、またヴァリニャーノはこれに乗船すべきかどうかが検討された。

その際、ヴァリニャーノは日本の状況をローマに報告するにあたり、日本人修道士たちを連れて一緒に日本を離れたいと提案した。しかしながら、この提案は「その間に関白秀吉が死去し、あるいは日本国が戦争のために一層混乱に陥るやもしれず、巡察師が安全に日本に滞留できるためには、日本人修道士たちは（日本に）引き留めておかねばならない」として、参加した在日バテレンから反対された。

そこで、彼らの反対の理由は、ヴァリニャーノが秀吉に謁見した後、秀吉の態度が一変し、すべてが不安になったからだとされているが、一番の問題は、日本人司祭を養成しようとするヴァリニャーノの考えに対し、在日イエズス会宣教師の中から強い抵抗があったためだと思われる。

日本布教長トルレスの後任となったカブラルは、ヴァリニャーノに対して「私は日本人ほど傲慢、貪欲で偽善的な国民を見たことがない。生活に困った時だけは従順に働くが、生活ができるようになると勝手に振舞う。日本人修道士はラテン語も知らないくせに日本の異教徒の前でとうとうと説教し、私らパードレを見下している。彼らにわれわれと同じ知識を持たせたらどんなに威張るか」と語るなど日本人を蔑視し、日本人司祭を養成することに徹底して反対した。

いずれにせよ、こうしてヴァリニャーノの第二次遣欧使節の計画は、結局のところ、在日バテレンの反対によって断念せざるを得なかった。

ペドロ・ラモンのヴァリニャーノ批判

ヴァリニャーノは、一五八二年に日本の少年貴族四人をヨーロッパへ派遣するに際し、「うち二人は大なる領主の子孫で、一人は日向の王の孫、また一人は有馬の王とドン・バルトロメウの孫または甥である。彼らは豊後の王と叔父である右の領主が閣下の手また教皇聖下の足に接吻するため遣わす」として、「我らは日本人がヨーロッパにおいて知られるため、また彼らがキリシタンの教えの広大なることと、教皇ならびにヨーロッパの諸侯の光栄と威厳を知り、貴宮廷とローマの宮廷とを見て、日本に帰った後その見聞を語り、日本において我らのなさんとするところ、および我らの説くところの教えのいかなるものであるかを国人に悟らしむるに至らんことを期待する」と述べている。

ところが、ヴァリニャーノがゴアに滞在していた折、あろうことか、同僚であるペドロ・ラモンが、イエズス会の総長に宛「遣欧使節の少年たちは、日本ではただの非常に貧しく哀れな者たちにすぎない。それなのにローマでは彼らを日本の王侯などと称して待遇されたと聞き、恥ずかしくて顔を覆いたくなるほどです」「伊東マンショは豊後国王の親戚のまた親戚に過ぎず、孤児として見捨てられていた。また他の少年たちもヨーロッパでいうごく身分の低い貴族で、貧しい殿の子息たちである。そして使節を遣わしたという大友宗麟、大村純忠、有馬晴信の三大名は、この計画をほとんどあずかり知らなかった」などとする、ヴァリニャーノを痛烈に批判する書簡を送った。

しかしながら、伊東マンショは第十一代当主日向国主伊東義益の妹・町方の息子であり、また義益には息子の義賢と祐勝と娘の阿虎がいた。そして義益の死去後、先代の父・義祐が再び当主に復権した。その義祐の側室の子が伊東祐兵であり、そのことから、祐兵はマンショの腹違いの叔父という関係にあった。千々石ミゲルは有馬義貞、大村純忠の弟である千々石直員の子どもであり、ミゲルもまた、有馬晴信や大村喜前とは従弟の関係にあった。波佐見出身の原マルティノは、マルティノの姉が大村純忠の息子のひとりと結婚していた。また兄は、大村領のある城の城主であったが、何という城であったかは不明である。中浦ジュリアンは、西彼杵半島の中浦城の城主小佐々純吉の息子であったが、ジュリアンが生まれた翌年に純吉は戦死した。そして純吉の弟である純佑が小佐々の家督を継いだ。そのジュリアンがいつ洗礼を受け、また中浦姓を名乗るようになったか分からないが、有馬セミナリヨに入学していた。

こうして伊東マンショや他の三人の身分に関しても問題なく、また、ヴァリニャーノとともに大村純忠がこの計画をまとめていることからもペドロ・ラモンの批判は当たらない。しかし、遣欧使節がヨーロッパへもたらした大村純忠・有馬晴信・大友宗麟の九州三侯の書状は同一人物の筆跡であり、同行した日本人修道士（ロヨラ）によって書かれたものと思われ、大村関係の諸文献に千々石ミゲルをヨーロッパへ派遣したという記録が見いだされるが、大友・有馬関係の諸文献には何一つそれらしいことは記載されていない。とすれば、大友宗麟と有馬晴信はこの計画をあずかり知らなかったというラモンの指摘は正しかったかもしれない。

また当時、在日イエズス会員のあいだでは、日本での布教方針について、対立する二つの見解があった。前日本布教長カブラル、現日本準管区長コエリョ、その秘書兼通訳であったフロイスらのポルトガル人グループ、それに対し、巡察師ヴァリニャーノ、都教区長オルガンティーノらイタリア人を主としたグループのそれであった。

一五七七年七月に来日したペドロ・ラモンは、来日早々、カブラルによって府内の司祭館の上長に抜擢されている。そしてペドロ・ラモンは、ヴァリニャーノと対立して日本を去ったカブラルに対し、強いシンパシーを抱いていた。よってペドロ・ラモンの意図は、ヴァリニャーノの布教方針に反対するカブラルの側に組するものであったと思われる。そしてまた、ラモンが引き起こしたこの問題について、ヴァリニャーノは後々までスペイン系托鉢修道会からの批判に悩まされ続けることになる。

ただし、ヴァリニャーノ自身、幼少時に教会に入った日本人同宿は、成人すると何かと不満を抱くようになり、多くの者が教会を離れてゆくことを憂慮していた。その理由の一つは、同宿の地位が不安定であり、昇進の道がないことだと指摘している。そしてまた、日本人の聖職（候補者）は、信仰心が浅く、気ままで、無口であり、無知であり、感情を現わさない。さらに彼らは豪胆に見えるかと思うと、実際には辛抱強くもない。物怖じしないかと思うと臆病でもあると述べ、ほとほと匙を投げている。だがヴァリニャーノには、日本人の同宿、修道士がどのような性格であれ、いかなる欠点を持っているにせよ、彼らなくして日本の教会、日本のイエズス会は存続し得ないという強い確信があった。

なお、一五八三年十二月十七日付、インド管区長ヴァリニャーノからエボラの大司教に宛てた書簡に「かの国民（日本人）は生来思慮ありまた才知を有する故、収穫ははなはだ多く、各地方に二百近くの聖堂があり、キリシタンは十五万人を超え、その数は日々増加している。わが教えはすでに大いなる信用を得ているが、欠けたものはこの事業を維持進捗せしむる確実な方法である。我らはカサ、およびコレジヨを合わせて約二十のレジデンシアを有し、ここにわがパードレ、およびイルマン八十余人と、日本の少年貴族のセミナリヨ二カ所がある。わが会員、セミナリヨの少年、および聖堂の管理その他必要な用務に当たる使用人で、我らが日本で養う者が通常千五百人を超えている。しかして悉く新規である故、建築装飾その他臨時の経費がはなはだ多いが、我らは当地に収入を有せぬため大いに不足を感じる」と記されている。

本来なら、これら教会、および教会の関連施設は日本人信徒の献金によって運営されるべきところ、キリシタン領主たちの実収入は乏しく、また一般信徒は貧しくその余裕などなかった。このことから、ヴァリニャーノの第二次遣欧使節の計画は、スペイン国王、ローマ教皇、およびヨーロッパの諸侯からの資金援助を引き出すこともその目的の一つであったと思われる。

なぜ三木パウロはコレジヨを退学したのか

既述したように、ヴァリニャーノは第一次遣欧使節の成功を見て、第二次遣欧使節を計画しようと考えた。そして今回は、キリシタン大名の名代としてではなく、教会側から送ることとし、選ばれる者は皆、ノヴィシアドにおける修練期を終え、有馬のコレジヨで勉強している者たちであった。結城了悟は「彼らのうちに、パウロ三木が数えられたであろうか。その年（一五九二年）のカタログによれば、すでに長崎に住んでいるが、それだけではっきり私たちはわからない」（『九州キリシタン研究』）と記している。

一六二八年にイタリアで出版された『日本の殉教者パウロ三木栄光ある死に関する短報：ペドロ・ゴメスによるイエズス会総長宛一五九七年書簡より』には、パウロが「天草のコレジヨに学んだ」と記されているが、一五九二年、一五九三年のコレジヨの学生名簿にはその名が見当たらない。こうして一五九二年のコレジヨ学生名簿に三木パウロの名がないことから、三木パウロは天草に移って間もなく天草のコレジヨを退学していることが分かる。だからして、結城了悟は「日本人修道士の第二次遣欧の計画がとん挫したことと、三木パウロのコレジヨ退学が関係あるかどうかはわからない」としている。

しかしながら、じつはヴァリニャーノは、来日早々の早い時期にこの第二次遣欧使節の計画を公言していたと思われる。有馬から移った天草コレジヨで学ぶ修道士たちは、伊東マンショらからヨーロッパでの話を聞かされ大いに渡欧を夢見て、その一人に選ばれることを期待していた。そしてそのために、伊東マンショは有馬セミナリヨで学んでいた十八歳になる弟の伊東ジュスト（虎次）にも、自分と同様にイエズス会に入るよう説得している。

一五九二年二月十四日付、伊東マンショからイエズス会総長宛の書簡（原文ポルトガル語）において、伊東マンショは、最初にまず、ヴァリニャーノに随行して秀吉に謁見した折、聚楽第で西洋の楽器を演奏して秀吉を喜ばせたこと。また秀吉から随身する気はないかと誘われたが、ヴァリニャーノ様たちに対する義理からイエズス会を離れられないと断った経緯を報告した。そして、その後「貴地へ渡る日本人イルマン達よりも余事は詳しくお聞き取りになりましょうから、これ以上書こうとは思いません。その貴地へ行くイルマン達のうちで、イルマン伊東ジュストのことを折り入って台下へお願いいたします。彼は私の弟です」と、弟・ジュストのことを紹介している（岡本知良『キリシタンの時代』）。

こうしてマンショは、自分たちがヨーロッパで見聞きし、経験したことを、ぜひ弟のジュストにも体験してもらいたかった。しかしながら、その書簡の追伸で「本書簡をしたためてから数日後に、パーデレ・ヴィジタドール（註・ヴァリニャーノ）及び他のバテレン達が、日本人イルマン達が今（貴地）へ渡るのは時期に達しないとお考えになりました。それ故にイルマン伊東ジュストは行きません。私も彼もそれを甚だ残念に存じます」と記している。

一五九二年三月十日付、カルデロンからトレード管区のフランシスコ・ベナビデス神父宛に天草から発信した書簡にも次のようにある。

「（前文略）巡察師ヴァリニャーノ神父がここで開いた会議の機会にこのことがよく表われ、そして、神がこの布教の働きが進むことを望んでいるのは明らかとなりました。

この国の布教の方法として次のことが適当と考えられました。すなわち、数人の我らの日本人のイルマン達がヨーロッパへ行くことで、このようにいろいろの修道会の聖なる生活を見て、そして、イエズス会をもっと深く理解し、ローマでは教皇座と教会の権威を見れば我らのことをもっと完全にこの経験を通じて理解することができるでしょう。同時に、我らの総長は日本のことについて、もっと詳しく知ることが出来るでしょう。

（中略）そちらに行くと思いますが、神父様（註・ヴァリニャーノ）とその学校の神父とイルマン達は、彼らに会って慰められるでしょう。そして、もし敬愛するエルナンド・ルセロ神父が、神父様が書いたようにまだ院長であるならば、神父様方に対して、また、この日本人のイルマン達に対する私の愛によって一つの願いをしたいのです。すなわち、私が向こうへ行って受けるはずであった愛の印を私が尊敬するイルマン達に示してくださるように（そのイルマン達を愛するのが当たり前のことで彼らを長い間育てました。今、向こうへ行く人は皆、このコレジヨから出ます）。私が長く愛しているその学校のイルマン達の祈りによる助けを心からお願いします（後略）。

　神の恵みで四人の日本の貴人（註・伊東マンショら遣欧使節）がイエズス会に入りました。このコレジヨのそばにある修道院におります。彼らがヨーロッパへ行った時、神父様はスペインでお会いになったと思います。」

　このカルデロン書簡からも、第二次遣欧使節の派遣生として、カルデロンが長い間育てた〝コレジヨ〟の中から選ばれたとある。このことから、その候補の一人として、当然三木パウロも入っていたはずで、パウロはヨーロッパでの出来事を、メスキータ神父、および四人の遣欧使節から聞かされ大きな期待を抱いていた。だが、カルデロンはこの書簡の追伸で「この手紙を書いてから日本のイルマンたちがヨーロッパへ行くことがしばらく延期されました。」と記している。この一文からも第二次遣欧使節は実現に至らなかったことが分かるが、その理由は述べられていない。いずれにせよ、こうして第二次遣欧使節の計画は水泡に帰した。そして、その夢が潰えたことが大きな失望となって、そのことが三木パウロのコレジヨ退学の一番の理由だったのではないかと思われる。ここらの決断力、潔さは父・判大夫譲りのものがあったのかもしれない。

　またその後、伊東ジュストは棄教し、イエズス会を去って日向の飫肥へと帰っている。イエズス会の記録では、伊東ジュストはイエズス会に向かないことを理由に脱会させたとされているが、ジュストはこのとき、渡欧の夢が叶わなかったことが原因で、また日本人司祭の養成に否定的な在日バテレンに対する不信感を強めたものと想像される。同様に、のちにイエズス会を離れることになる千々石ミゲルと不干斎ファビアンも、日本人修道士を司祭に叙階することに反対する在日バテレンに対する不信感をあらわにしている。

ただし、これまで三木パウロがコレジヨを去った理由は、ラテン語の習得を嫌ったためだとされているが、ラテン語は、中世のヨーロッパでは長い間、教会でも学問の世界でも標準的な言語として用いられてきた。そのため、セミナリヨやコレジヨの教育課程において、ラテン語の習得は必修とされ、ラテン語の成績で生徒たちの能力を評価した。しかし彼らは、ラテン語の習得にはずいぶん苦労したようで、宣教師の記録には、ラテン語を速やかに理解できないセミナリヨ、およびコレジヨ生徒の様子が多く書き残され、多くの脱落者を生み出す要因ともなった。

しかしながら、一般のヨーロッパ人でも使わないラテン語の習得が、日本人信者を獲得する上で果たして何の意味があり、何の効果があったのだろうか。

また一五九二年二月七日、安土セミナリヨ以来、それまで道を共にして来た伊地智文太夫の嫡子・伊地智マンショが河内浦のコレジヨで死去している。マンショの死は、パウロにとって大きな喪失感をもって受けとめられたことが想像される。

こうして三木パウロは、カルデロンのもとを去ったが、そのことは司祭への道を閉ざされることでもあった。だが、三木パウロにとっては神父になることより説教師として、いかにして人びとにキリスト教を理解させ、そして一人でも多くの人びとをキリスト教へ導くか……。ただそのことが、神から自らに課せられた一番の使命だと考えたのではなかろうか。

長崎でゴメスの助手となる

秀吉の命によって長崎の教会と修道院が破壊された後、司祭たちは二か所に身を寄せていた。その一つはミゼリコルディアで、ごく小さな礼拝堂が一つ備わっていた。他は一五六九年、ヴィレラによって建てられたトードス・オス・サントス教会（現・春徳寺）で、長崎から四分の一里ほど離れており、そこには準管区長ペドロ・ゴメスが数人の司祭や修道士と身を寄せていた。

一五九二年のイエズス会名簿に「三木パウロは、長崎に近いトードス・オス・サントスの修院にいたこと、当時二十六歳であったこと」が記録されている。そして、トードス・オス・サントスの修院に住んでいたペドロ・ゴメスの助手としてゴメスを手伝っていた。そのゴメスはあまり日本語は出来なかったが、「彼の規範は多くの説教より効果的であった」（結城了悟）。そんなゴメスのもとにあって、パウロはゴメスから多くのことを学んだと思われる。後にまた、ペドロ・ゴメスも三木パウロの殉教に関する多くの書簡を残している。

一五九二年のカタログ（名簿）によると、「パウロはラテン語をあまり好きではなかったが、日本語と日本文学は優れていた。またこの時、パウロは二十六歳だった」とあり、「長崎における殉教当時三十三歳であった」というフロイス報告書と合致しないが、イエズス会入会後六年という記述とは合致する。

また、長崎で過ごした二年間にはすでに教理の説教をしていたが、パウロの説教を時々聞きに来ていた一人に、長崎奉行寺沢広高の弟・半三郎がいた。

その半三郎の兄である広高は、イエズス会の教会や修道院を破壊するだけでは満足せず、イエズス会士に対する悪意を現し始めた。また秀吉の大の寵臣で、キリシタン宗団の大敵である施薬院全宗は、伴天連たちはなぜ関白殿の命令に反して長崎にいるのかと寺沢を問いただした。これに対し、寺沢は「予は関白殿の意向をよくわきまえているが、殿は使節に随伴して来たポルトガル人が滞在することを許したのであって伴天連たちが日本に残留することを許したのでは決してない」と答え、長崎の死者たちが葬られていた一基の大十字架を撤去するように命じた。また、彼の役人たちは聖ラザロの病院やトードス・オス・サントスの教会と修道院までも取り壊す相談をし始めた。その他、役人たちはいろいろの口実をつけてゴメスらを脅迫した。そのため、一五九二年十一月終わりごろゴメスは長崎を離れ、志岐の島へ移った。

同九二年十二月、秀吉が都から長崎に帰還したが、秀吉が自分たちの近くにいることを知れば、新たな迫害が生じることを怖れたキリシタンたちは、準管区長は長崎からいっそう離れた志岐の島にそのまま留まる方が良いと話し合った。そのためゴスメらは、シナからナウ船が入港する一五九三年六月まで志岐の地にそのまま留まった。

そこで、三木パウロがゴメスのもとを離れ、いつ大坂に向かったかの確かな記録はない。ただ、「一五九二年十一月の終わりから一五九三年六月まで、ペドロ・ゴメスは他の同僚とともに（志岐の島に）身を寄せていた」とあることから、ペドロ・ゴメスに同行した他の同僚の一人として、その中に三木パウロも入っていたかもしれない。そしてパウロは一五九三年の終わりか九四年ごろ、オルガンティーノに呼ばれて上坂したと思われる。また、それまでの三木パウロに関する記録はほとんど見当たらないが、大坂において、パウロの宣教活動には広い道が開かれ、次第にパウロの人間性とその活躍が記録されるようになる。

一五九三年六月、シナ（マカオ）からの定航船（ナウ）が長崎に入港した。その結果、秀吉は南蛮貿易の期待から、再び長崎に教会を建て、司祭たちがそこにいてもよいとの許可を与えた。

一五九二年十月九日、ヴァリニャーノは日本に心を残しつつ長崎を出帆し、マカオに向かった。そして一五九三年、マカオに着いたヴァリニャーノは、アジアのイエズス会員の司祭養成にとって重要な倫理神学課程の研修のため、その養成コースをマカオのコレジヨ内に設けた。もともとは日本人神学生のために計画していたものだが、秀吉の伴天連追放令によって日本のコレジヨでは実現できなかったためであった。

一五九四年、司祭養成のための第一陣として、河内浦のコレジヨで学んでいた二人のポルトガル人修道士と、にあばらルイスら日本人修道士三人が、翌九五年には三人のポルトガル人修道士と木村セバスチャンら二人の日本人修道士がマカオに送られた。

マカオに滞在した日本人五人のうち、木村ミゲルは、その理由は不明だが、その一年後に日本へ帰され、徳丸マテウスはマカオで死亡した。山田ジュリアン、にあばらルイス、木村セバスティアンはマカオに残って、一五九八年に副助祭に叙階された。

秀吉の朝鮮出兵

一五九一年八月、愛妻淀どのとの間に誕生した愛児・鶴丸を亡くした秀吉は、関白職を姉の長男である秀次に譲り、太閤を称した。そして数年来、内外に向かって豪語していた明国（シナ）征服を決意し、それに先立ち、有馬晴信の兄・波多信時の領地である肥前国の名護屋の辺地に兵站基地とすべく壮大な名護屋城を築城した。そこで明国征服に際し、まず明国に隣接する朝鮮を征服する必要があった。そのため、秀吉は小西行長に朝鮮出兵の先鋒を命じ、総勢十五万八千七百人という大軍を朝鮮に送り込んだ。文禄の役である。

当時日本にいた南蛮のバテレンたちは「唐入り」に着手した秀吉に対して、日本中に不満が充満していたことを赤裸々に描写しているが、フロイスは「日本中に不安と慨嘆が充満し、そのために誰か強力な武将が秀吉に向かって叛旗するに違いない」と予言した。しかし、権力をほしいままにした猫（秀吉）の首に鈴をつけることを名乗り出るネズミは一匹も現れなかった。

一五九二年五月、小西行長は、総勢一万八千七百余の兵と七百隻を超える船団を率いて朝鮮に向かった。そして釜山に上陸した行長軍は、この城塞を難なく陥落させた。その当時、朝鮮は長く平和な時代が続き、人びとの戦に対する備え、士気はたるみきっていた。行長軍は、次に東萊城に向かった。朝鮮人はこの東萊城を最大の防御陣として、約二万の兵が集結していた。

一方、行長の渡海に遅れること一週間のうちに、慶尚南道の港に続々と日本兵が上陸し始めた。行長軍には新たな兵員も加わって、激しい戦闘の末東萊城を攻略した。翌日にはその東南の機張、水営の二城を陥れ、忠州に向かった。快進撃を続ける裏面で講和の道を探っていた行長は、忠州において朝鮮国王からの降伏の返書を待った。

忠州での戦いは小西勢が数的には劣勢であったが、朝鮮兵は日本軍の鉄砲と日本刀の威力の前にあえなく戦場を放棄した。忠州で防御兵が完敗した報が入ると、首都漢城（現・ソウル）の朝廷は右往左往するばかりで、国王は平壌（現・ピョンヤン）へと逃避した。こうして漢城は無傷のまま陥落した。首都漢城に集合した秀吉の重立った武将たちは、各自が分担（征服）する区域を決めた。その結果、小西行長は明国と国境を接する平壌が割り当てられた。平壌に到達した行長は、同所での厳しい冬を前にして麾下の有馬・大村・五島・平戸・天草・栖本・大矢野の諸侯らに、明国との境の海岸線に居を構えさせ、守城の態勢をとった。

他方、秀吉は首都漢城占領の報に接して、あまりの歓喜のため茫然自失の態となった。そして自らも朝鮮に渡ろうとしたが、朝鮮海峡の波穏やかな時期まで延期するよう止められた。

また、秀吉は名護屋に滞在中、現在は前田利家から封禄を与えられていた高山右近を召喚するように命じた。そして引見した右近を見ると優しく言葉をかけ、特に位が高く、かつ親しい貴人以外には迎え入れることのない茶室に彼を招いた。

一五九三年二月、明国は平壌の行長軍に向け、四万の大軍を差し向けた。このため、激しい戦闘が開始された。のちに修道士ファンカン・レアンを伴って渡海したグレゴリオ・デ・セスペデスは、この戦いにおける天草久種の様子を記録している。

「天草のドン・ジョアンは、(戦闘)当日、何びとにも劣らぬ働きぶりを示した。彼はアゴスチイノ(行長)の眼前できわめて凛々しく勇敢に戦い、自分の乗馬が倒されると、すかさず率いていた代馬にまたがって奮戦した。だがまたその馬も倒されたので非常な危険に陥った。もし彼の家臣が、敵の刃から彼を守っていなければ、彼は落命していたことであろう。その家臣は実に忠実で、己が生命よりもドン・ジョアンの生命を重んじ、敵の攻撃を身をもってくいとめた。そして彼は死に、ドン・ジョアンは助かったのであった。この日、ドン・ジョアンの家臣三十名あまりが殺された。彼も矢傷を五つ負いはしたものの、いずれも軽症であった。彼の名は、(この奮戦によって)一同の間で有名になった。彼はただちに戦地から日本に宛て、自分の生命を助けてくれた家臣の妻に食料と禄を与えるようにと書き送った」(『日本史』第三部五二章)。

こうしてセスペデスは、平壌での戦いにおける天草久種の奮闘ぶりを伝えている。しかし実際は、フロイスが「小銃は日本製が優れているが、大砲類は明・朝鮮のものが優れている」と記すように、行長軍は明軍の大砲の威力の前になす術がなかった。そのうえ、飢えと寒気にも苦しめられ凍死者が続出した。そして、ついに行長軍は平壌から退却し、漢城へと向かった。

このとき、豊後の大友吉統(よしむね)(秀吉から「吉」の一字を与えられ、義統から吉統に改称した)は、平壌城の戦いで明の大軍に包囲されていた行長から救援要請を受けたが、行長が戦死したとの家臣からの誤報を信じて、担当していた二城を放棄して撤退した。しかし行長は自力で脱出し、その結果、吉統は窮地の味方を見捨てて敵前逃亡したとして秀吉の逆鱗に触れ、領土没収のうえ追放され、毛利輝元のもとに預けられた。戦況を見誤って、吉統に撤退を進言した志賀パウロ親次ら大友の重臣も有していた領地や身分を剥奪された。

漢城に立て籠もった行長軍と明軍は、一進一退の攻防を展開し、戦局は膠着状態に陥った。名護屋から漢城の軍状を視察するために派遣された三奉行、増田長盛、石田三成、大谷吉継は戦況はどうにもならない苦境に陥っていることを知らされた。日本軍は食料が底をつき、このため、釜山を中心に南部海岸に城を築いて防御を固めるため、ついに漢城から撤退した。

伊東祐勝の死去

豊臣秀吉の朝鮮出兵に関連して、三木パウロとは安土セミナリヨ時代の同期生であった伊東祐勝(ゼロニモ)の死去についても書きとめておきたい。

秀吉は島津を征伐した後、日向国半国を伊東祐兵に与えた。祐兵は伊東義賢・祐勝兄弟の姉である阿虎を娶っていた。その後祐兵は、義賢と祐勝の兄弟に、伊東一族直系としての身分相応の生活が出来るだけの土地と収入を与えた。そして文禄の役にあたり、二人の兄弟は伊東祐兵に従軍し、朝鮮へと渡航した。

ところが、朝鮮に渡った祐勝は、どういう原因か分からないがその一年後に発病してしまった。自らの死期が近まったことを悟った祐勝は、義弟の伊東マンショ（祐勝はマンショの姉を妻にしていた）の勧めによって出陣前に総告白していたが、改めて告白して死にたいと釜山浦を出港し、日本へ向かった。祐勝の乗った船は途中、激しい嵐に遭遇して長門の国のある港に到着した。そして祐勝の病状はさらに悪化して、そこから先へは進むことができなかった。そこで祐勝は家臣たちに向かって、自分の死後は、キリシタンの様式に従って顔を天に向け身体を伸ばして埋葬するように、そして枕元には十字架を置くように命じた。同時に、祐勝は「自分の持っている船は教会に寄付し、五十タラスを教会に渡し、自分の霊魂のために祈ってもらいたい」と遺言した。

祐勝はまた、戦争で捕虜にしたさまざまの朝鮮人男女を連れて来ていたが「男子（の捕虜）は伴天連様にその身を委ね、女子（の捕虜）は予の妻に渡し、その女子らが日本語で話せるようになり、日本で生活手段を講じ得るまで、予の家で養い、その時が来れば彼女たちに自由を与えるように」と命じた。こうして祐勝は臨終に際し、いろいろのことを打ち明け語ったが、家臣たちは彼が信心と敬虔のうちに息を引きとったことに驚嘆した。

既述したように、遣欧少年使節の一人として最初、安土セミナリヨで学んでいた祐勝が選ばれる予定であったが、伊東マンショが代わって、大友宗麟の名代として正使の役を務めることになった。その後祐勝は数年間をセミナリヨで過ごしたが、自分の嗜好が教会での勉学より戦や武術の方に向いているとして退学してしまったが、祐勝がいつ、どこで退学したかは不明である。

フロイスは「祐勝は、当時子どもであったにもかかわらず、セミナリヨで受けた教育の成果によって、大いなる救霊と希望のうちにその生涯を閉じた」と記している。そして祐勝の遺骸は、その遺言によって伊東マンショのいる天草の学院（コレジョ）に運ばれた。

一五九三年七月、祐勝が死去した少し後に、兄の義賢も発病し、釜山浦から壱岐に渡る船中において死去し、その遺骸は壱岐の島の長徳寺に葬られた。日向国主となった伊東祐兵は、秀吉の「伴天連追放令」が出された直後に棄教し、キリシタンへの迫害を強めていた。熱心なキリシタンで知られた義賢（二十七歳）、祐勝（二十四歳）の兄弟が同時に発病したことについては、第十一代当主伊東義益の直系である義賢を藩主に担ぎ出そうとする動きがあり、義賢の家臣らは、それに先手を打った祐兵の家臣によって二人は毒を盛られたという疑いを抱いたとも言われている。

ところが、「ローマに赴いた伊東・ドン・マンショの従兄弟で日向の本来の国主なる伊東ドン・バルトロメウとその兄弟ゼロニモが、朝鮮から病気で帰り死去した次第」（『日本史』第三部四三章）を最後として、フロイス『日本史・全十二巻』（中央公論社）の記録は終わっている。その理由は、この後、ヴァリニャーノに伴われてフロイスがマカオへ移ったためであった。

第五章　フランシスコ会宣教師の来日

ドミニコ会ファン・コーボの来日

二十六聖人の殉教にはいくつかの伏線があった。

その当時、植民地政策においてライバル関係にあったポルトガルとスペインの領土紛争を避けるため、ポルトガルとスペインは一四九三年、教皇アレキサンデル六世の調停によってトリデシーリャス条約を締結し、大西洋上のベルデ岬諸島の西方三七〇レグアを通る子午線を境に東西の領域に分け、ブラジルを除いて世界の西をスペインに、アフリカ、インドなどを含む東をポルトガルの範囲と決めた。

ところが、当時は地球が丸いという実感がまだ薄かったので、ポルトガルが東、スペインが西へ進んだとき、二者はどこかで再び出会って衝突する運命にあった。そして、その政治的衝突の場がフィリピンであった。一五六五年にメキシコから来た最初のスペイン人が上陸したとき、マカオのポルトガル政府は抗議を申し入れたが成功しなかった。また、宗教上の衝突の舞台となったのが日本であった。ポルトガル―インド経由から東へ進んで行ったイエズス会と、メキシコ―フィリピン経由で西へ進んで行ったフランシスコ会・ドミニコ会・アウグスチノ会の宣教師は、いつか日本で衝突する運命にあった。

また、一五八〇年にポルトガル王位の相続争いに乗じて、スペインが武力をもってポルトガルに侵入し、スペイン国王がポルトガル王を兼任した（ポルトガルの王位に正式に就任したのは、一五八一年四月）。

ただ、ポルトガルの国家としての独立は保証されたが、そのときから緊張感が強まり、両国のこのような心情の対立と緊張は、在日宣教師間の緊張を増すこととなった。

京都の所司代前田玄以法印は、太閤に対し、病弱で故国を出てから三十年以上もなり、帰国することもできない老バテレン（オルガンティーノ）を一人ぐらい都に住むことを許したらどうかと申し出た。秀吉はこの願いを聞き届け、これを許した。そこで、オルガンティーノは前田玄以の忠告に従って、京都の町の一軒の家を手に入れ、そこに祭壇を設け、二人の修道士とともに住んだ。また長崎から派遣されてきた三人のバテレンと五人の修道士は、太閤のいる伏見を避けて、堺、大坂などを拠点として、夜明け前に出かけ、日が暮れて帰るというように細心の注意を払いながらひそかに美濃、尾張、北陸まで、見捨てられた信者のもとを訪れた。だが、そのようなイエズス会の布教方針を批判し、公然と宣教を開始した人びとがいた。新たにマニラから渡来したフラーデ（托鉢修道会員）の宣教師たちであった。

一五九二年二月、豊臣秀吉は明国（シナ）征服に乗り出し、総勢十五万八千七百人という大軍を朝鮮に送り込み、佐賀の名護屋城に在陣（一五九二年六月～一五九三年九月）した。時を同じくして、五月二十九日、秀吉はスペイン領のフィリピン総督宛に服属を要求する使節を送った。これは、フィリピンに往来してその地の事情に通じた商人の原田喜右衛門が、秀吉の近臣・長谷川宗仁を介して、スペイン人のマニラ防備は弱体であるから、フィリピン征服が容易であることを具申したことにあった。これを見てびっくり仰天したフィリピン総督は、ロペ・デ・リャーノという一スペイン人を伴わせ、ドミニコ修道会の神父ファン・コーボを使節として日本に送り、真偽を確認させることにした。

ルソンからこれら二人の使節が到着したとの知らせが長崎の町に伝わると、ポルトガル人たちは幾人かの司祭たちとともに大いに喜んで、一行を出迎えに赴いた。一行はヴァリニャーノ、およびペドロ・

ゴメスから深い愛情を持って迎えられたが、彼らのその態度から、ポルトガル人やイエズス会の司祭たちを信用していないことがすぐに察せられた。彼らは何のために来日したのか説明しないばかりか、ポルトガル人に対する不満ばかりをぶちまけた。それればかりか、名護屋に秀吉を訪問した折、秀吉の面前においてポルトガル人の悪口を並べ立てた。このとき、日本に滞在していたファン・デ・ソリースが通訳を務めた。

話はさかのぼるが、一五九二年当時、長崎には数人のスペイン人がいたが、その中に商人のソリースがいた。彼はマカオの陪席判事から、財産を失った罪によって、告訴され、六十クルザード近くの資産を差し押さえられた。そこで彼はゴアへ控訴したが、陪席判事は、ソリースが差押えの解除宣言を得るために、一定の積立金の保証人を立て、解除宣言を得るまでの間、日本に赴き、己が金子でその積立金を稼ぐことにするという条件で、保釈に同意した。

もう一人のスペイン人は、フィリピン経由で来た老人であった。この男は、金に変えた相当額の財産を所持していた。そして薩摩に赴いたソリースは、この老人の同意を得て、シナに渡って大金を稼ごうとした。ところで、そうした不法な航海はポルトガル人にしてみれば多大の損失をもたらすものであったから、彼ら二人に保証金を差し出させた。そしてソリースは、この供託した金を取り戻そうとして、ポルトガル人たちとソリースの間で激しい対立が生じた。

ただし、その間の経過は話が込み入っていてよく分からず複雑、かつ長文になるので省くが、結果としてソリースに対する厳しい裁きとなって決着した。

ところが、ソリースは秀吉との謁見の場において再びこの話を持ち出し、ポルトガル人はスペイン国の船が日本に渡航するのを妨害し、先にマニラから来た一老人を殺して我らの金銭まで奪ったと偽りの悪口を告げた。マニラから来た使節たちもそれが事実であると証言し、それに加えて種々、ポルトガル人への悪口を並べたてた。

そのため、秀吉は烈火のように憤り「長崎（註・秀吉の直轄領）をポルトガル人たちはまるで武力で占領したかのように振る舞っているが、これ以上尊大にならぬようこの問題を解決する所存である」と述べ、「今後、長崎の港にポルトガルの定航船（ナウ）は入港させてはならぬ」と厳命した。そして肥前唐津国の城主で、一五九二年以降、長崎奉行を兼ねていた寺沢広高に対し、イエズス会のすべての修道院と教会を破壊し、その材木をすべて名護屋に持って来るように命じた。

以上、すべてのことについて多くのキリシタン諸侯たちから報告書が届けられたが、イエズス会の司祭、およびポルトガル人やキリシタンたちはなんら手の施しようがなく、大いなる混乱と苦悩の中で過ごすことになった。と言うのも、みんなを代表して四人のポルトガル人が秀吉に面会を求めて長崎港を出発したちょうどその時、秀吉はすでに都に向かっていることを知らされたからであった。八月二十九日、秀吉は生母・大政所が重篤との知らせを受け、名護屋を出発したがこの日、大政所は薨去した。大政所の葬儀を終えた後、秀吉は自分の隠居城として伏見城を建築することを命じ、自らは再び名護屋へと赴くことにした。

一方、秀吉から長崎の教会を破却するよう命ぜられた寺沢広高は、家臣を伴って長崎を訪れ、情け容赦なく修道院と教会を破壊してしまった。

フロイスは、この出来事から理解できることとして「かねて日本巡察師ヴァリニャーノは、日本での布教事業に多くの異なった修道会の者が従事する場合に、いかに注意と節制が必要であるかを強調してきたが、それが正しかったのである。その証拠に、我らイエズス会の勧告を受け入れようとせず、単身で渡来し、事を決めようとし、たとえイエズス会の司祭やキリシタン宗門に対して悪しきを望む意図がなかったにせよ、結果的には、それによって今までの最大の損失をもたらしたのである」と述べている。

また、この問題に関して、長崎奉行寺沢広高は、ポルトガル人はルソンから来た船の妨害などは全くしておらぬこと、そうした目的でスペイン人から金銭を奪ったりはしていないこと、金銭に関してはソリースがマカオで保証金として差し出したものであって、それを支払う義務があることが分かり、この問題はすでに解決済みのこと、そしてコーボらが秀吉に対して述べたことは虚偽であるとして、ルソン使節に対して不満を述べた。そのことを知ったコーボは、長崎滞在四日目にして、ある大雨の日に、密かに出発して薩摩の国に行き、そこからルソンに向けて船出した――と、フロイスは記している。

そしてまた、何とも哀れなことに、コーボはルソンへの帰途台湾で遭難し、現地人に殺害されてしまった。

遣外管区長バプティスタの来日

翌一五九三年、フィリピン総督は第二次使節団としてペドロ・バプティスタ（スペイン人）を長とする四人を日本に送ることにしたが、バプティスタは、マニラのフランシスコ会管区の日本における遣外管区長（コミサリオ）として日本に向かった。

同年八月、マニラからのルソン総督使節としてフランシスコ会の司祭、ペドロ・バプティスタが平戸に着いた。長崎のイエズス会準管区長ペドロ・ゴメスは、一人の神父を派遣して飲料、その他を送り、厚い好意を示した。その後、バプティスタ一行は太閤から派遣された長谷川宗仁に案内され、名護屋城で太閤に謁見した。

この謁見のとき通訳を務めたのが、ゴンサロ・ガルシアであった。ゴンサロの出身はゴアとされているが、父は無名のポルトガル人で、母はゴアのカナリン族のインド人であった。だが彼の幼少期、父が行方を眩ましたため、ゴンサロはイエズス会がバッセイン市に開設していた孤児院で育てられた。青年になって、一五七二年にその師であったセバスティアン・ゴンザルベス神父と一緒に日本へ渡り、共に平戸へ任命された。ゴンサロはゴンザルベス神父を手伝うかたわら、日本語を習い、何度もイエズス会に入会することを願ったが、その希望は叶えられなかった。その当時、未婚の母の子どもは修道会や司祭職に受け入れられなかったためであった。

そのような折、一五八二年、偶然平戸に寄港したスペイン船に信心深いフランシスコ会の神父が乗船していた。この神父との出会いを通して、ゴンサロはイエズス会への入会を断念してマカオへ行き商人となった。そして四年間ほどマカオで働いた後マニラへ移って、一五八八年にフランシスコ会に入会した。入会のための特別な許しを与えてくれたのがバプティスタであった。

一五九三年、バプティスタはマニラの総督の使節として任命された。このとき、日本語ができるゴンサロはバプティスタと一緒に日本へ渡り、秀吉との謁見では通訳を務めた。それ以来、ゴンサロはバプティスタの右腕のような存在となった。

だがこの謁見の際、秀吉は強硬な態度でルソンの降伏を要求し、フィリピン総督に宛て「ルソンは非常に近く、予の拇指（手のひら）下にあるのだから、我が国と永久に親交を結ぶように本国のスペインに書き送れ」と命じ、バプティスタは「陛下が仰せられたことはすべて了解した」と答えた。そして、日本とマニラ間の友好と貿易の契約を結ぶための外交交渉が進展する間、自国に戻ってから土産話ができるように、都の市の壮大で豪華な建造物を見物することを許可していただきたいと日本滞在を求めた。

これに対し、「非常に虚栄心の強い太閤様は、大いに好意を示し、そのうえ（都の市）を見物するのに必要な費用を進んで与えようと付言した」（フロイス）。

先にヴァリニャーノは、イエズス会以外の修道会が日本布教を目指すことを禁じた。イエズス会以外の修道会が来日することによって、無用の混乱をきたすことを怖れたためであった。一方、フィリピンまで来ていたスペイン系托鉢修道会士は、日本における伝道に参加することを切望していた。彼らは、秀吉の「伴天連追放令」以後、日本国内に潜伏しているイエズス会は、臆病風に吹かれて、キリストの使徒としての使命を果たしていないと批判した。そうして滞在を許されたバプティスタは、太閤からの布教許可を得たと勝手に解釈した。

バプティスタ布教を始める

一五九三年九月初め、京都に着いたバプティスタら四人の托鉢修道会員は、聖歌隊席や高い祭壇のある主礼拝堂のついた教会を建てて説教やミサを行うなど、公然と福音を宣教し始めた。

これに対し、京都所司代の前田玄以法印は、イエズス会の日本管区長ペドロ・ゴメスに宛て「このたびルソンからキリシタンの僧侶四人が使者として日本へ渡来した、太閤殿下の仰せに対するお返事がルソンから来るまでの間は逗留してよいと伝えたが、ルソンからキリシタンの僧侶が渡ってくるようにとは仰せになっておらず、キリシタンの教えを弘めることは禁ずる。ルソンに帰ってから日本のことを話したいのなら日本の都を見物するのもよかろう。滞在中は宿泊や食物の心配はしなくてよろしい」という書簡をしたためた。

こうして前田玄以は、バプティスタら四人のキリシタンの僧侶に対し、秀吉は、彼らの滞在は許可したが、キリシタンの教えを弘めることは禁じたとしている。しかしながら、果たしてバプティスタは太閤の意向を理解したかどうか。そのことに関し、名護屋城において秀吉との通訳を務めたゴンサロ・ガルシアは「ある時は彼の不完全な日本語から問題を引き起こした」としてイエズス会の宣教師から厳しく批判されている。このことからも、バプティスタはゴンサロの通訳を通して、秀吉から布教許可が与えられたと誤解して受け取ったとも考えられ、秀吉との謁見を通して、日本における布教が禁じられたとは承知しなかったバプティスタは、これを無視し、布教を推し進めた。そうしてイエズス会のバテレンがほとんど全員九州へ退いたあとだったので、彼のもとへはおびただしい見捨てられた日本人信徒が参集した。

バプティスタはまた、日本人同胞からも見放されていたレプラ（ハンセン病）の傷口の膿のうえに接吻するなど、彼らにあたたかい愛の手を差し伸べた。それはそれまでのイエズス会のバテレンたちにはなし得ない、聖者のみがなしえる神々しい所作であった。こうして感動の嵐が都の一角にわきおこった。また太閤秀吉の甥である秀次は、終始キリシタンに好意を持っていた。そして秀次は床林コスメを遣わして、当時京都に進出していたバプティスタらフランシスコ会士たちに施しを与えたりした。

因（ちな）みに一五八二年、山城に始まる秀吉の検地によって領国と収入を召し上げられた八尾の池田丹後守は美濃国に移って、豊臣秀次の父・武蔵守に仕えたが、彼の俸禄と地位は河内国で有していたものより倍増した。また三好氏の秘書であった床林コスメは、一五六五年松永久秀・三好義継によって将軍足利義輝が殺害された後、小西隆佐とともに、都を追われて飯盛に向かうフロイスに途中まで同行した（フロイス『日本史』）。そして主君の三好義継が信長に討たれた後、羽柴秀次に仕えて彼の秘書となった。

その床林の一族は、あげてバプティスタのもとに馳せ参じ、生涯、托鉢修道会員の楯となることを決意した。こうして床林は「京都におけるフランシスコ会士に奉仕した最初のキリシタンの一人」となったが、床林コスメの娘はレプラを患っていた。

また、バプティスタとともに托鉢修道会の布教を進めたジェロニモ・デ・ジェズースは、バプティスタらが捕縛された際、長崎から大坂への途上中だったため難を避けたが、その後ジェズースはマニラに送り返されたとき、激情のうちにイエズス会を強く非難した。

「聖遺外管区長（バプティスタ）は、日本で福音の神の教えを説く方法に関して、イエズス会のパードレの進む道とは反対の道を進むべきであるとした。イエズス会は上に立つ者を求めた。頭を捕えれば、その家来を捕えることができるからである。しかしながら、経験によって、既に示されてしまったように、頭を失えばその家来をも失うのである。われわれは知っている。大友宗麟の豊後と、高山右近の高槻領のキリスト教徒が、その領主が亡くなり、あるいは破滅した後に失われてしまったことを。聖遺外管区長は、これと反対に、われらの主キリストの言葉『貧しき者に福音を宣べしめ我を遣わして』に一致するように貧しい者を求め、貧しい者を悦ばせた」と。

そして「大きな取引と商品をもったイエズス会（のパードレ）、金銭をもたない跣足（せんそく）徒歩のフラーデ（フランシスコ会）、人にかつがれる輿に乗って外出するイエズス会（のパードレ）、跣足で歩く修道士、刀や槍で武装した家来を連れ、立派な馬に乗っている人びと、ぼろを着て歩く人びと、これらの事から、日本人の間に疑問がおこった。第一の疑問は、すべての者が同一の神を有し、同一の幸福を願っているのだろうか、ということであった。……」と。

これに対し、オルガンティーノは「もし（太閤様）の禁教令がまったく無視されていることが彼（太閤様）の耳に届いたとしたら、実際に迫害が起こることは確実で、これがためにフランシスコ会の司祭たちだけでなく、イエズス会全体とすべてのキリシタンたちが生命と財産とのこのうえない危険に曝され、また非常に多くの汗をもって長年にわたって教化されたことが一瞬にして帰するにほかならない」として強く警告した。

しかしながら、一五九四年にはマニラから新たに三人のフランシスコ会の宣教師が来て、オルガンティーノの憂慮をよそに、京坂地方の布教活動を活発化させ信徒を一万人にと増やした。

南蛮ブームの到来

一五九二年に太閤秀吉が朝鮮に大軍を送るため、自ら陣営を肥前国名護屋へ進めたことによって、南蛮ブームといえる現象が生まれた。

上方から大勢の貴人たちが、国王（秀吉）に随伴して名護屋に赴いたとき、彼らの多くは長崎において巨大な南蛮船を眺め、色彩鮮やかな南蛮服、珍しいアフリカの黒人に接し、多大の感興を覚えた。そして彼らは、ポルトガル人たちとの交際にも馴染み、キリシタン宗門にも関心を抱きはじめた。また、ポルトガル人たちの風習や服装を見て面白がったが、特にロザリオを帯や首に吊るし、聖遺物やデウスの御絵の入ったものを吊るしているのを見て奇妙に思った。このようにして彼らの多くは、ポルトガルの友人たちを通じてたくさんのロザリオ、聖遺物、またこれらを真似て都で作られた他の多数の品々を手に入れたが、十字架は特に愛好された。このようにして、都においても、彼らは十字架や聖遺物を首に吊るして往来した。そうして貴人たちのみならず、重立った者までがポルトガル人の服装を真似た。そして国王のもとや、新関白となった甥の秀次のもとへこのような姿で参上した。そのため、彼らの何人か連れ立って政庁に姿を現すと、日本人なのかポルトガル人なのか容易には区別がつかぬほどであったという。

二十一世紀の今、パン、カステラ、金平糖、テンプラ、ボーロといった食物や、ジュバン、サラサ、メリヤス、ボタン、ビロウドなどと服装関係の言葉が日用化していることから、衣食を主として、日常生活に南蛮の品々が広く普及したことが想像される。このようにして日本人がポルトガル人の風習に関心を示した理由の一つとして、オルガンティーノは、巡察師ヴァリニャーノがインド副王使節として、二十五名のポルトガル人たちを率いて関白殿（秀吉）を訪問するため都へ赴いたとき、日本人一同はポルトガル人たちの愛想のよさ、親切、礼儀正しさに驚嘆し、それ以来、ポルトガル人たちに対して、非常に好感を抱くようになったためだとしている。

余談になるが、南蛮ブームを象徴するひとつとして「南蛮屏風」が挙げられる。天草コレジヨ館には一五九一年八月、長崎に入港したポルトガル船ロケ・デ・メロの船を歓迎に出迎える「南蛮屏風」（神戸市立博物館蔵）の複製が展示されている。そこで、狩野内膳が描くその絵の中に、宣教師たちに交じって、ひと際背丈の高いヴァリニャーノ（織田信長は初めてヴァリニャーノを見たとき、あまりの背の高さに驚いたという）とともに、ロレンソ了斎の姿が描かれている。ところが、そのロレンソのすぐ後ろに、イエズス会のそれとは違った修道服を着た裸足姿の二人のフランシスコ会の修道士が描かれている。しかし、フランシスコ会の来日は一五九三年なので、彼らは、一五九一年にはまだ日本に入っていなかった。

このことについて、結城了悟は「狩野内膳は肥前名護屋で活動中に、秀吉を訪問したフランシスコ会の修道士を写生し、後に京都で南蛮屏風を製作するときに絵に描き入れたと考える」（『ロレンソ了悟』）と記している。ただし、現在河浦町の温泉施設「愛夢里」に展示されている狩野内膳描くところの同じ

上　南蛮屏風（六曲一双・右隻）。長崎に入港した南蛮船を出迎える宣教師たち
下　入港した一行を迎えるロレンソたち

構図の「南蛮屏風」にはヴァリニャーノの姿はあるが、ロレンソ了斎は描かれていない。そのことから、狩野内膳は最初の絵を描いた後、ロレンソ了斎、およびフランシスコ会の二人の修道士を加えてこの絵を描き直したのではないかと考えられる。

そのロレンソは、一五九二年二月三日、長崎のトードス・オス・サントスの修道院で没した。肥前国平戸の生まれ、六十六歳。一五五一年、山口においてフランシスコ・ザビエルによって洗礼を授けられ、以後、イエズス会の同宿・修道士として二十九年間を過ごした。その間、三木パウロの父・三木判大夫はロレンソの説教によって受洗したが、そのことによって、ロレンソは三木パウロが安土セミナリヨに入学するきっかけを作った人でもあった。

迫害前のキリシタンの状況

「一五九四年九月二十九日付、都発信、オルガンティーノからイエズス会総長宛」書簡の中で、オルガンティーノは「我らは都にすでに二年居住している。私（オルガンティーノ）とイタリア人のフランチェスコ・ペレス、それにヴィセンテ洞院、パウロ天草、ジョアン・デ・トルレスの三名の日本人修道士、その他の同僚を合わせると三十人になる」と記している。

そして、オルガンティーノは「我らの考えからすれば、かの国王（関白殿）は、福音の光によって我らを支持することから遠く隔たっているようには思えない」として、「彼は二年前にある人びとの虚偽の情報に基づいて破壊するよう命令した諸教会と司祭館の再建許可を長崎に居住している司祭たちに与えた」。また「とりわけ国王（関白殿）の甥で後継者の方（秀次）は、我らのすべてに対して好感を抱いており、私に対しても、特別の好意を抱いている。このことは、二カ年間に彼が私に米二百俵を贈ったことによっても証明される」。都の所司代（前田玄以法印）についても同じことが言えるとして、すばらしい才能を有する彼の息子（前田左近）は、二カ月前に洗礼を授かったが、そのとき彼は十五歳であったと記述している。

翌「一五九五年二月十四日付、イエズス会総長宛」書簡の中でも、オルガンティーノは「本年聖なる洗礼を授かった者は、およそ五百名にのぼった」として、「彼らの中の最初の者は都の所司代前田玄以法印の息子で十六歳になる前田茂勝と、彼の甥にあたる前田主水であり、二人とも関白殿の近習である」と報じている。

またオルガンティーノは、前田玄以は息子や親戚の者たちがキリシタンを信仰していたことを知っていたが、あえて彼らを咎めようとはしなかった。一つには彼は、彼ら（二人の息子たち）がどんなに立派な道を歩んでいるかを正しく認めていたからであり、一つには太閤の禁教令にもかかわらず、密かな説教によって、大いなる効果が得られるかを認めていたからだ。そして「彼は、現世での統治者としての地位を追われないように我らに対して怒っているふりをし、また我らが彼の意見を斥けているかのように我らに対して叱責しているのである」と。

さらにまた、太閤の寵臣の一人である都の所司代の異教徒（石田三成）も我らに対して同じ感情を示して、彼は書状や使者を通じてイエズス会の成功をどんなに喜んでいるかを示し、同時に「現在のところ、イエズス会は都において何らの騒ぎも起こさないでほしい。自分はその時期が到来したら、我ら（イエズス会）の事情を太閤のもとでもっとも信頼が置けるようにするであろう」と伝えてきたと記している。

そして最後に、オルガンティーノは「この年報を終えようとした頃、パウロ左京亮殿という備前国の青年が私を訪問するために当地に来た。彼を我らの修道士ヴィセンテ（洞院）がその説教によって、大坂で日本人の迷信からキリシタン信仰へ連れて来たのである」と記している。備前、美作、備中三カ国を領する宇喜多秀家の従兄である宇喜多左京亮であった。

そのころ、京坂地区ではオルガンティーノが公然と布教活動を開始し、また伏見の築城工事のため全国から多くの武士や職人が京都や大坂に来ていたので、京都の宣教師たちは多忙な毎日を送っていた。そうして一五八七年の秀吉の「禁教令」以来閉鎖されていた大坂の教会を再建した。

ペドロ・モレホンの上坂

天草コレジヨの教授で、志岐画学舎の院長であったペドロ・モレホンが、いつごろ大坂に移ったかは不明だが、佐久間正訳の『日本殉教録』には、「大坂の教会の最初の神父はセスペデスであったが、間もなく彼の代わりにモレホンが呼ばれ、修道士はパウロ三木、二人の同宿はヤコボ喜斎とジョアン五島であった」と記されている。

そこで、志岐にあった画学舎は一五九三年に有馬領内の八良尾にあったセミナリヨと合併している。そのため、モレホンはその直後か一五九四年に同宿であったジョアン五島（十六歳）を連れて大坂に移り、大坂の教会の院長となったと思われる。そして天草のコレジヨで別れて以来、モレホンと三木パウロは再び大坂の教会で居を共にすることになった。

そのモレホンは日本の精神と文化をよく理解し、また日本語が非常にうまく、この国の歴史、諸宗派、習慣と秀吉のキリシタン迫害の理由等をよく知っていて、一六一四年、徳川家康の「禁教令」によって日本から追放された宣教師たちのうちで最も尊敬された者の一人であったとされている。また一六二二年「元和の大殉教」で殉教し、のちに福者となったカルロ・スピノラは、しばしばモレホンを称賛し、「彼（モレホン）は他国人に対して差別待遇をしなかったし、非常によい修道者ですから、彼は神の御栄えとイエズス会の発展の他には何も求めません。」「信心深い立派な規範を与え、皆についていつもよく話しています……。彼が言うことは真実です。それはいつも正直に話すことを大切にしているからです。」と述べている。

上坂したモレホンは、堺のキリシタンである豪商の日比屋了珪（日比屋兵右衛門の父）と個人的知己となった。さらに、当時前田利家の扶持を受けて都に定住していた高山右近とも密接な協力関係を持ったとされている。

また三木パウロは、そのモレホンの伴侶・補佐役となった。そしてパウロは、モレホンの指導のもと、説教することに非常な熱意を表し、説教師としての評価を大いに高めていった。

三木パウロは、捕縛される十日か十二日前に、一人の異教徒が犯した罪のため処刑場に連れて行かれる様子を見て、彼を救うために、役人の中に入って首を刎ねられる所まで説教しながら一緒に歩き、また役人らは、そのような時の態度に反して三木パウロに罪人に教化する時間を与えた。そして死刑場に着いたときその罪人に洗礼を授け、彼はイエス、マリアを唱えながら死んだ。

三木パウロにとっての使命とは、変転極まりない明日をも知れない時代にあって、現世からの救済を求める人びとをキリスト教へ導くという、ただその一点にあった。

フロイスは「イルマン（三木パウロ）が抱いていた救いへの情熱の報酬として我が主は彼にこの幸いなる運命を与え給うた」と述べている。

フロイスの再来日

一五九二年十月九日、インド副王使節としての役目を終えたヴァリニャーノは、フロイスを伴って長崎からマカオへと向かった。ところが、フロイスは三年近くマカオに滞在した後、再び長崎に帰って来ていた。再来日したフロイスは、一五九五年十月二十日付「一五九五年度・年報」をしたためたが、一五九三年九月、秀吉はお拾(ひろい)(のちの秀頼(ひでより))が誕生したとの吉報を受けた。このため秀吉は、小西行長に対し、膠着状態に陥っていた明軍との戦局を打開するための和平交渉を行うように命じ、名護屋を引き揚げた。

そうして「秀吉が名護屋を去って都へ帰ったことから、各地では、これまで中止されていたキリシタンの教義の説教が再開され、それを聴くために毎日少年たちがある場所に集められた。このキリシタンの教義を伝達すべき任務は、徳を備え、またそのために正しく教育を受けた人びとによって、幾つかの教会内で行われた。彼らにはまた、すべての祝日に、残りのキリシタンたち一同を召集したり、またこの祝日のために活字印刷された霊的な書物を先に読む習慣があった。彼らはまた、臨終の人びとを助けるべき方法について、日本語で刊行された小冊子(『ヒイデスの導師』)を利用していた」と記述している。

また、「キリシタンの教義がいっそう進展するように、十カ条に要約されたある小冊子が刊行されたが、その中にはそれぞれのキリシタンが等しく信ずるべきことや行うことが簡単明瞭に説明されている。この小冊子は、この人たちに非常に好評で、これまでこれほど大きな喜びを得たものはなかったように思われる。それゆえこの(小冊子に)よって生じた効果は明らかに注目すべきである。だが同じ日本語によって刊行された他の小冊子、すなわち告白の仕方、ロザリオの唱え方、その他のキリシタンの信心の務めを果たすべき方法についての小冊子からも、これらキリシタンの間で少なからぬ効果をあげている」と記している。
そのことに関し、一五九三年十二月二十七日、小西行長らの要請によって朝鮮に渡ったグレゴリオ・デ・セスペデスは、行長の娘婿である宗義智や黒田官兵衛の城塞を訪れ、説教や垂訓を説く以外にも、印刷された十章からなる、信仰に関する本質とキリスト教について日本語でまとめられた本を読ませた。特に官兵衛は、この本を読み、祈り、外出する時もその本を手放さなかった。官兵衛は「自分の信仰への決意を思い出すためだ」と語っている（朴哲『グレゴリオ・デ・セスペデス』）。

こうしてセスペデスは、河内浦のコレジヨ付属の印刷所で作成されたこの十章からなる小冊子を朝鮮に持ち込んだと思われるが、現在残る印刷物の一覧に「十章からなる日本語でまとめられた本」は見当たらず、キリシタン迫害期にこの本は焼失したものと思われる。

また、天草の学院（コレジヨ）にはイエズス会の同僚がおよそ五十人居住しており、その三つの司祭館（註・大矢野・栖本・上津浦）には六人が居住していた。イエズス会の同僚たちの任務は、キリシタンの教義を少年たちに教え、説教によって人びとを助け、多くの混乱や不和を正し、人びとを邪悪な生活の汚濁から引き揚げることなどであった。告白は一万七千、あるいはそれ以上聴かれた。このことでは、既述したように、これらのキリシタンの間に配布されていた霊的な小冊子がたいへん役だった。また各地域に設立された諸信心会（コンフラリア）も少なからず効果をあげたことなどがフロイスの「一五九五年度・年報」に記述されている。

関白秀次の処刑

一五九三年六月七日、石田三成、増田長盛ら三奉行は、明使を伴って名護屋に戻った。秀吉は明使を引見し、明使に和議七カ条を示した。しかし秀吉の和議の条件は、戦争の実態を無視したずいぶんと高飛車なものであった。

一、大明の皇女を日本の天皇の妃とする。
二、勘合貿易を再開し、商船の往来を可能にする。
三、日本・明両国大臣の間で和議の誓約を取り交わす。
四、朝鮮八道のうち南の四道を日本へ割譲する。
五、朝鮮王子の一人を人質として日本へ差し出す。
六、(加藤)清正が生け捕った二王子は朝鮮に返還する。
七、朝鮮宮廷の臣は今後日本の命に逆らわないように誓紙を出す。

既述したように、九月十五日、秀吉は男児誕生の報を受け、明国との和平交渉を小西行長に任せ、名護屋を出発して京都に向かった。そこで行長は、明国の沈惟敬とはかり、この無謀で悲劇的な戦争を終結させるため、秀吉に向かっては明国が降伏したかのように、明国の朝廷に向かっては、日本が明国に降伏したかのように報告し、和議を講じようとした。そして、秀吉の使いとして内藤如安を北京に派遣した。

丹波一国の領主であった内藤忠俊は、一五六五年にフロイスから洗礼を受け、洗礼名ジョアンにちなんで、如安と改称した。一五七三年、織田信長と室町幕府第十五代将軍足利義昭との間で戦が起きたとき、如安は義昭に味方した。このため如安は、義昭とともに毛利氏の領内である山口へと追われた。その如安は、一五八八年に行長が肥後へ移されたとき、彼に従ったキリシタン武将の中にその名がなかったことから、いつごろ行長の家臣となったのかは不明である。

話は変わるが、フロイスは都の奉行である前田玄以法印について、「彼は太閤様と昵懇の間柄にある臣下の一人で、太閤様のもとで私たち（イエズス会員）のことについて少なからず尽力し、まるで己がことを処するかのように親身になってくれた人である」と評している。

ただし、『日本史・豊臣秀吉篇Ⅰ』の中で、フロイスは、秀吉の「伴天連追放令」が出された後、オルガンティーノら司祭が都を去るにあたって、一人のキリシタンに、秀吉の側近である都の奉行前田玄以を訪問させた。彼は事情を聴いて激昂し、自らの身分も顧みず、司祭からの使者に対し、「（予は）大坂で関白を殺したい。この挙に手ぬかりはないから（伴天連たちは）安心されよ」と語ったと記している。とんでもない話で、記述の信憑性のほどが疑われる。

ところが、フロイスは同様のことは秀吉の甥の孫七郎殿（秀次）にも言えるとして、孫七郎は、秘書のコスメ（床林）に答えて「関白殿は自分に何ら相談も通知もすることなく伴天連たちを立ち去らせてしまったが、伴天連たちは明らかに、関白に何か言いたかったに違いない。だがおそらく、逡巡し、あるいは自分たちのために仲介してくれる者がいなかったので、あのように去って行ったのであろう」と語った。そして孫七郎殿はオルガンティーノ師に宛て、鄭重な書状をしたためさせたが「この若者（孫七郎殿）は伯父（秀吉）とはまったく異なって、万人から愛される性格の持ち主であった」として、彼は優れた才能を有し、気前の良い人で多くの資質を備え、機敏、怜悧、かつ稀にみる賢明さの持ち主であり、多くの優れた徳を備え、そして「（彼は）私たちキリシタン宗門を重んじて公然と称賛した」と述べている。

そこでフロイスは、一五九五年十月二十日付「一五九五度・年報」とは別に、特に『年報補遺』をしたため、「この事件は世俗のことではあるが」としながら、秀吉による新関白豊臣秀次の処刑という、痛ましくかつ異様な事件の顚末を長々と書き付けている。

最初に、フロイスは「太閤様とその甥関白殿の不和の発端の根源の次第」として、秀吉と秀次が不和にいたった原因を詳しく報じている。

ただ、その中で、フロイスは「関白殿には唯一つ、著しい汚点があった」として、秀次の嗜虐性癖を指摘している。秀次にとっては、人間の血を流すことは何でもないことで、人間を虐殺するにあたってもその手段は非常に戦慄的であった。彼は日々一定の刻限になると、欲望を満足させるために、あるいは気晴らしのために、死刑の宣告を受けた人びとを殺害した。その方法もいたって残酷で、身体をずたずたに切り刻み、小鳥もそれ以上に細かくは引きちぎれぬほどであった。ある時には、哀れな男たちを生きたまま標的にすることもあった。またある時には、婦人を殺戮し、身体の内臓や子宮を調べたりした。そして、太閤から「身分の貧しい下人の血を流し、野蛮にも自ら手を汚していることは、はなはだ不名誉なことであり、関白の品位に、いともふさわしからぬ所業である」と詰問されたとして、この秀次の悪徳が原因となって、日本全土に大いなる邪悪と弊害が生じたと述べている。

しかしながら、秀吉による関白秀次殺害の一番の理由は、秀吉の側室である淀君によってお拾が誕生したことにあった。フロイスは、お拾の誕生について、鶴丸誕生のときと同様に、それが太閤の実子であったかどうか「この点についてある人びとは疑念を抱いていた」などと、下世話な話まで拾いあげている。

そして秀吉は、我が子・お拾（秀頼）に関白職を継がせようと、甥の秀次から関白の称号と天下を取ることを断念させるため、自らに対する反逆を企てたとの口実でもって、秀次に対し、追放人や亡命者の隠れ家のある紀伊国の高野山の僧院へ赴くよう命じ、そして秀次は、秀吉によって派遣された福島正則らによって四人の近習ともども切腹に処せられた。だが、それでも秀吉の憤りはとどまるところを知らず、秀次の（聚楽）の御殿に住まっていた妻妾ら二十八人の貴婦人と秀次の二人の男児と娘は、処刑場である鴨川まで荷車に乗せて連行され、その場で刑吏によって斬首された。

個人的な話になるが、京都に在住していた十代の終わりころ、京都木屋町三条にある瑞泉寺という名刹の離れを間借りしていたことがあった。瑞泉寺は、森鷗外の小説にも登場する「高瀬川」が角倉了以によって開かれるに際し、鴨の河原で処刑されたという秀次の妻妾、子ども三十一人の墓石が発見されたため、その霊を祀るために建立されたという由緒あるお寺であった（当寺には、関白秀次の肖像画が残されている）。

お拾の誕生によって、大きく運命を狂わされたもう一人の人物がいた。秀吉の正室北政所の甥で、秀吉の養子になっていた秀俊である。秀俊は、将来秀吉の後継者になることを約束されていた。だが、お拾の誕生後、秀吉によって小早川隆景の養子に出された。そして小早川家を継いだ秀俊は、以後、秀秋（金吾）と名乗って筑前、築後、肥前三十三万石の大名となった。

アビラ・ヒロンの来日

一五九四年八月二十七日、スペイン人商人アビラ・ヒロンは、フィリピンの第三回使節であるフランシスコ会の宣教師四人（一人は途中で死亡）が乗った日本船に便乗して平戸に到着し、初めて日本の土を踏んだ。それから最後の消息が途絶える一六一九年三月十五日までの約二十五年間、彼は長崎に居住し、その間、彼の日本渡来から約半世紀前の一五四九年、三好長慶の京都占領から筆を起こし、安土・桃山時代に主役を演じた織田信長、豊臣秀吉の活躍を述べ、江戸時代に入って徳川家康の晩年、一六一五

（元和元）年三月までの報告、すなわち『日本王国記』を著した。

そこで、キリシタン時代に書かれた日本に関する記録、書簡、報告類は、その大部分がカトリックの宣教師の手によるものであった。その間にあって、アビラ・ヒロンの『日本王国記』は宣教師ではない普通の人間が書いた数少ない記録として、またその内容から見ても極めて価値が高いとされている。

アビラ・ヒロンは『日本王国記』の中で、「一五九四年にマニラから四人のフランシスコ会の修道士がやって来たが、それはアグスティン師、マルセーロ・デ・バデネイラ師、ジェロニモ・デ・ジェズース師らであった。それに、この年わたしも同じ船で日本に来た」。そして翌九五年の六月、日本で一種の騒乱が持ちあがったとして、太閤の命によって高野山に追放された関白秀次が切腹に至った顛末を報じている。

面白いのは、これに続けて「この九五年に起こったことであるが、都に一団の盗賊がいたが、その中の幾人かは捕えられ、拷問にかけられた。これら十五人の頭目は、頭目一人ごとに三十人から四十人の一団を率いているので、彼らはいわば一つの陣営だった。十五人の頭目は生きたまま、油で煮られ、彼らの妻子、父母、兄弟、身内は五等親までが磔に処せられた」と記している。

これに対して、ペドロ・モレホンは「これは九四年（文禄三年）の夏である。油で煮られたのは、ほかでもなく、石川五右衛門とその家族九人か十人であった。彼らは兵士のようななりをしていて十人か二十人の者が磔になった」と注釈を付している。石川五右衛門は伝説の人物として、その実在が疑われていたが、モレホンの注釈によってその実在が確かめられた。

このようにして、日本の国情に通じていたモレホンは『日本王国記』のほとんど各ページごとに訂正の注釈を付して、「この書は著者みずからは正確であるといっているにも関わらず、彼の日本に関する

弦書房

出版案内

2024年 春

『小さきものの近代 2 』より
絵・中村賢次

弦書房
〒810-0041　福岡市中央区大名2-2-43-301
電話　092(726)9885　　FAX　092(726)9886
URL　http://genshobo.com/　E-mail　books@genshobo.com

◆表示価格はすべて税別です
◆送料無料(ただし､1000円未満の場合は送料 250円を申し受けます)
◆図書目録請求呈

新刊

渡辺京二×武田修志博幸 往復書簡集

名著『逝きし世の面影』を刊行した頃（68歳）から二〇二二年12月に逝去される直前（92歳）までの書簡220通を収録。その素顔と多様な作品世界が伝わる。　2200円

風船ことはじめ

松尾龍之介

一八〇四年、長崎で揚がった日本初の熱気球＝風船が、なぜ秋田の山中に伝わっているのか。伝えたのは、平賀源内か、オランダ通詞・馬場為八郎か。　2200円

新聞からみた1918《大正期再考》

長野浩典　一九一八年は「歴史的な一大転機」の年。第一次世界大戦、米騒動、シベリア出兵、スペインかぜ。同時代の人々は、この時代をどう生きたのか。　2200円

近現代史

◆熊本日日新聞連載「小さきものの近代」

小さきものの近代 1

小さきものの近代 2

渡辺京二最期の本格長編　維新革命以後、鮮やかに浮かびあがる名もなき人々の壮大な物語。　3000円

話題の本

生きた言語とは何か 思考停止への警鐘

大嶋仁　言語には「死んだ言語」と「生きた言語」がある。言語が私たちの現実感覚から大きく離れ、多用されるとき、私たちの思考は麻痺する。　1900円

生き直す　免田栄という軌跡

高峰武　獄中34年、再審無罪釈放後38年、人として生き直した稀有な95年の生涯をたどる。釈放後の免田氏が真に求めたものは何か。冤罪事件はなぜくり返されるのか。

◆第44回熊日出版文化賞ジャーナリズム賞受賞　2000円

◆橋川文三 没後41年

三島由紀夫と橋川文三

宮嶋繁明　二人の思想と文学を読み解き、生き方の同質性をあぶり出す力作評論。　2200円

橋川文三 日本浪曼派の精神

宮嶋繁明　『日本浪曼派批判序説』が刊行されるまで（一九六〇年）の前半生。　2300円

橋川文三 野戦攻城の思想

宮嶋繁明　『日本浪曼派批判序説』刊行（一九六〇年）後

究」で絶筆・未完
000円

◆渡辺京二の本

［新装版］黒船前夜 ロシア・アイヌ・日本の三国志

◆甦る18世紀のロシアと日本　ペリー来航以前、ロシアはどのようにして日本の北辺を騒がせるようになったのか。
2200円

肩書のない人生 渡辺京二発言集2

昭和5年生れの独学者の視角は限りなく広い。一九七〇年10月～12月の日記も初収録。渡辺史学の源を初めて開示。

2000円

◆石牟礼道子の本◆

石牟礼道子全歌集 海と空のあいだに

解説・前山光則　一九四三～二〇一五年に詠まれた未発表短歌を含む六七〇余首を集成。
2600円

石牟礼道子〈句・画〉集 色のない虹

解説・岩岡中正　未発表を含む52句。句作とほぼ同じときに描いた15点の絵（水彩画と鉛筆画）も収録。
1900円

［新装版］ヤポネシアの海辺から

対談 島尾ミホ・石牟礼道子　南島の豊かな世界を海辺育ちのふたりが静かに深く語り合う。
2000円

日本におけるメチル水銀中毒事件研究2020

水俣病研究会　4つのテーマで最前線を報告。これまでとはまったく違った日本の〈水俣病〉の姿が見えてくる。
2000円

死民と日常 私の水俣病闘争

渡辺京二　著者初の水俣病闘争論集。市民運動とは一線を画した〈闘争〉の本質を語る注目の一冊。
2300円

8のテーマで読む水俣病【2刷】

高峰武　水俣病と向き合って生きている人たちの声に学ぶ、これから知りたい人のための入門書。学びの手がかりを「8のテーマ」で語る。
2000円

◎FUKUOKA Uブックレット◎

⑨かくれキリシタンとは何か オラショを巡る旅

中園成生　四〇〇年間変わらなかった、現在も続く信仰の真の姿。
【3刷】680円

㉑日本の映画作家と中国 小津・溝口・黒澤から宮崎駿・北野武・岩井俊二・是枝裕和まで

劉文兵　日本映画は中国でどのように愛されたか。
900円

㉒中国はどこへ向かうのか 国際関係から読み解く

毛里和子・編著　不可解な中国と、日本はどう対峙していくのか。
800円

㉓アジア経済はどこに向かうか コロナ危機と米中対立の中で

末廣昭・伊藤亜聖　コロナ禍によりどのような影響を受けたのか。
800円

近代化遺産シリーズ

北九州の近代化遺産

北九州市地域史遺産研究会編　日本の近代化遺産の密集地・北九州市を門司・小倉・若松・八幡・戸畑5地域に分けて紹介。

2200円

産業遺産巡礼《日本編》

市原猛志　全国津々浦々20年におよぶ調査の中から、選りすぐりの212か所を掲載。写真六〇〇点以上。その遺産はなぜそこにあるのか。
2200円

九州遺産《近現代遺産編101》

砂田光紀

世界遺産「明治日本の産業革命遺産」の九州内の主要な遺産群を収録。八幡製鐵所、三池炭鉱、集成館、軍艦島、三菱長崎造船所など101施設を紹介。【好評10刷】2000円

熊本の近代化遺産 上 下

熊本産業遺産研究会・熊本まちなみトラスト

熊本県下の遺産を全2巻で紹介。世界遺産推薦の「三角港」「万田坑」を含む貴重な遺産を収録。

各1900円

筑豊の近代化遺産

筑豊近代遺産研究会

日本の近代化に貢献した石炭産業の密集地に現存する遺産群を集成。巻末に300の近代化遺産一覧表と年表。

2200円

考える旅

農泊のススメ

宮田静一　農村を救うことは都市生活を健全にする。「長い休暇を楽しむために働く社会」にしませんか。
1700円

不謹慎な旅　負の記憶を巡る「ダークツーリズム」

写真・文／木村聡　「光」を観るか「影」を観るか。40項目の場所と地域をご案内。写真165点余と渾身のルポ。
2000円

イタリアの街角から　スローシティを歩く

陣内秀信　イタリアの建築史、都市史の研究家として活躍する著者が、都市の魅力を再発見。甦る都市の秘密に迫る。
2100円

近刊

＊タイトルは刊行時に変わることがあります

平島大事典　鹿児島の南洋・トカラ列島の博物誌　稲垣尚友【2月刊】

満腹の惑星　木村　聡【2月刊】

福祉社会学、再考　安立清史【4月刊】

◆出版承ります

歴史書、画文集、句歌集、詩集、随筆集など様々な分野の本作りを行っています。ぜひお気軽にご連絡ください。

☎092(726)9885
e-mail books@genshobo.com

知識の僅少のゆえに数多くの誤りがある」と指摘している。

このことに関し、『日本王国記』の訳・注者である佐久間正は「当時彼ら（ヨーロッパ人）にほとんど知られていなかった日本の社会生活や文化史に関してアビラ・ヒロンほど熱意を示したものは極めて稀である」。そして「この書の資料としてアビラ・ヒロンみずからの体験、観察が挙げられるが、日本人の人情、風俗、習慣や長崎における数多くの殉教報告は、彼みずからの観察と経験であるが、ことに一五九七年二月五日の二十六聖人の殉教、一六一四年の大殉教および宣教師のマカオとマニラへの追放が詳細に述べられている。彼はしばしば自分の目で見た証人であることを表明している。記録に多少の誤りがあるとしても、彼のその言葉を疑い、根拠のないものである、という者はあるまい」と解説している。

また、『日本王国記』の中で「聖遣外管区長（ペドロ・バプティスタ）が日本に着いたのは、太閤様が名護屋にあって、朝鮮へ第二の艦隊を派遣している時だったので、そこへ彼を訪れて、使命を彼に伝達した」として、太閤を訪れた際のバプティスタのことが記されている。

名護屋城を訪れたバプティスタは一室に招じ入れられ、そこへ太閤がやって来て、彼の間近のところへ腰をおろした。そして「それほど身分もあり（バプティスタは一五九一年から九三年までマニラの修道院長だった）、尊敬を受けている人物でありながら、なぜそういう風に貧しげな装いをしているのか。汝のつぎを当てたり、裸足でいる姿を見るだけで恥ずかしい気がする。この上は、汝に何枚かの着物を進呈しよう」と言って、小姓に言いつけ、大きな盆の上に、幾そろいかの着物を持ってこさせた。すると通訳を通じ、バプティスタは「自分たちは修道士であって、修道の誓いを立てている者だから、いかなることがあっても、現在身につけているものか、これと同じもの以外は、他の衣服を身につけるわけにはいかない」と語った。

この返答に、太閤は大いに感嘆して、彼らの戒律についていろいろなことを訊ね、さらに、いつマニラへ帰るつもりかと訊ねた。するとバプティスタは「もし殿下がここに留まってよいという許可を与えてくださるなら、この日本に留まりたい」などといろいろ理由を並べ、そして「殿下のお国に留まることができたらこんな喜ばしいことはない」と答えた。これに対し、秀吉は「汝らが好きなようにするがよい」と語り、「それに汝らは極めて貧しい者たちだから、生活の資として知行を授けることにしよう」と答えた。これに対するバプティスタの答えは、「知行も自分たちには必要ではない。食べるために、与えていただく少量の米と、一軒の家と天主堂を建てる場所だけで、自分たちは満足である」というものであった。

太閤はこれをすべて承諾し、「自分はここで朝鮮に艦隊を派遣することで多忙を極めているので、汝らは都へ上がるがよい。そうすれば、自分が手紙を書く人びとが汝らの世話をしてくれるだろう」と語ったという。そこで、バプティスタらは都へ上がって太閤の帰りを待ったが、それもそう長いことではなかった。太閤が都に到着すると、バプティスタらは太閤を訪ねた。すると「太閤から、我らが希望した場所、都の真ん中に敷地を与えてもらったので、ここに天主堂一つと、住居をいく軒かと二つの病院を建てたが、その一つはサンタ・アナ、もう一つはサン・ホセ病院で、我らはここに住んで、わが主のために数々の奉仕と勤業を行ったのであった」として、アビラ・ヒロンは、バプティスタの立場を好意的に記録している。

天草コレジヨの副院長であったディオゴ・デ・メスキータから、一五九四年十月二十六日付、天草発信、イエズス会総長に宛てた書簡にも「太閤（秀吉）は、フラーデ（托鉢修道会員）たちに都のなかに、はなはだ広く、修道院も教会も建てられる地所を与え、フラーデたちはキリシタンのみならず異教徒たちからも喜捨を受け、太閤自身からも食料を支給されて、大きく美しい建築を行いつつある」と述べ、「バプティスタらが来たことを拒むことはできないのみならず、むしろ有益である」と報じている。また、メスキータは「バプティスタの使節は当初から太閤より布教の許可を受けていた」としているが、「太閤（秀吉）のバプティスタらに対する態度ははなはだ不明確で、当初は彼らの伝道を禁じたが、その後に態度を緩和し、彼らの伝道を黙認するどころか援助するまでになった」（松田毅一）。

しかしながら、在日バテレンに対する秀吉の好意的態度を一変させる事態が生じた。「サン・フェリーペ号」事件である。

再び「天草の学院とその司祭館について」

フロイスは、一五九六年十二月十三日付、長崎発信「一五九六年度・年報」をしたためているが、秀吉のキリシタン迫害は十二月八日から始まったが、この迫害の情報は、この段階（十二月十三日）ではまだ長崎のフロイスのもとまで届いていなかった。

そこで「一五九六年度・年報」の冒頭で、フロイスは「日本国の専制君主太閤様は、その統治における熱心さと知恵によって、すべての混乱と騒擾を収拾したので、すべてが以前のような平和と平穏さをまたたく間に取り戻したようである」と記している。

また本年八月十三日、日本の初代司教ペドロ・マルティンス師のナウ船が来航したが、マルティンスが長崎港から教会へ着くまで多数のキリシタンが集まって、十字架やその他の恒例の儀式をもって司教を歓迎したと、司教マルティンスの来日を報じている。

そのころ、小西行長は肥前の名護屋へ一時帰国していたが、彼は、特別に名護屋へ派遣されていた原マルティノと長時間にわたって会談した。その間、マルティノは一部の宣教師らから、行長は布教に熱心でないという指摘がなされていることに関し、行長の見解を求めた。それに対し、行長は自分の立場を縷々説明した。そして「私は、太閤の性格や、胸中を熟知しているが、しばらくは太閤を刺激せず、抑制して潜伏しておればおるほど、その目的をかなえるべき機会がいっそう好都合になる。私は今、さまざまな用務に忙殺されているが、いずれ機会が来れば全力をあげるつもりだ」などと述べたとフロイスは記している。

さらに、この「一五九六年度・年報」の中で、フロイスは「長崎と大村の修道院、および同地の司祭館について」「有馬の修道院、および有家の神学校と諸司祭館について」「天草の学院と司祭館について」「下の（他の）幾つかの布教について」「都について」として、各地のイエズス会の活動を詳しく報じている。その中から「天草の学院と司祭館について」のみ紹介したい。

「天草の学院には本年（一五九六年）、イエズス会の司祭二十三人、修道士十七人の計二十三人が住んでいた。昨年十月に、準管区長は十五人をイエズス会に受け入れたが、その中の五人はヨーロッパ人であり、十人は日本人で、これらの人びとと一緒に修練期が始められた。これらの人びとに、イエズス会の勉学課程を終えて修練の第三期に進んでいる古参の修道士たちが加わって、全員で四十五人になった。学院の中では、日本人の修道士たちに対しては、人文課程の購読やカトリックの信仰に関する要綱を読み終わった後に、仏法と言われている日本人たちの諸宗派や誤謬についての書物が課せられる。それは日本人修道士たちが、仏僧や他の異教徒たちと行う討論に際して、彼らを反駁することが出来るようになるためだった。また日本の諸々の書物を読み、人格を形成するための道理が教えられた。そして学院のこれらの修道士たちは、それぞれに割り当てられた受け持ちの村を持っており、そこへ定期的に赴いて人びとにキリシタンの教理を教え、またこの練習によって自分たちを来るべき説教に備えている」とある。

そのことから、伊東マンショら遣欧使節の四人らも担当の天草の村々を廻って、村民や子どもたちと親しく語り合っていたことが想像される。

そして「学院の中の離れた場所で、ラテン語と日本語のための印刷所が設けられていたが、今年（一五九六年）はトリエント公会議で定められた『カテキズモ（教理問答書）』がラテン語で刊行され、それは神学校（セミナリヨ）で読まれている。また『コンテムツス・ムンヂ』という小冊子がラテン語と日本語で刊行された。またイグナティウス師の『心霊修業』がラテン語で出版された」とある。

また、「天草から三、四里離れた久玉（註・久玉にはカサがあった）という地方で、ある司祭はキリシタンたちのいる多くの地を訪れるよう気遣った。昨年は二千人が告白し六十二名の大人の洗礼があったが、その中の二名は、日本国の最大の国主たちの一人である徳川家康の地位の高い家臣である」とする記述がある。「久玉から三、四里離れた天草」とは、狭義の河内浦（現在の河浦町）のことを指し、このことからも天草コレジヨは河内浦にあったことが立証される。

因み（ちな）にポルトガル宣教師ルイス・ピニェロによって執筆された一六一二年から一六一五年にかけて日本で生じたキリスト教の迫害と殉教事件を報じた『日本切支丹迫害史』（一六一七年マドリッド刊・天草コレジヨ館所蔵）の中にも、「En Cavachinoura Reyno de Fingo, Colegio」（肥後地方の河内浦にはコレジヨがあった）とはっきり明記されている。

迫害の始まりとその原因

一五九七年三月十五日付、イエズス会総長宛「長崎における二十六殉教者に対する報告」の第一章において、フロイスは、秀吉のキリシタン迫害によってフランシスコ会の六人の修道者、イエズス会の三人、十七人の日本信者の栄誉ある殉教の始まりと原因をよく理解下さるようにと、この事件の発端から話を進めている。

十年前、この国王が宣教師を追放し（「伴天連追放令」）、日本退去を命じたときに準管区長（コエリョ）は他の神父たちと相談のうえ、誰も日本を退去しないことにした。また、秀吉の命令をある程度尊重しているとと思わせて、バテレンを領地に匿っているキリシタン領主たちに迷惑をかけぬように、バテレンは皆、長衣やカッパを着ず、出家した日本人が着る長い着物を身に着け、以前のように教会を司牧することにした。

もし、国王がバテレンが日本に留まっていることを知っても、命令に逆らう露骨な活動をしない限り、おそらく国王は素知らぬ顔をするであろうと判断した。その理由は、毎年、中国から来るポルトガル人のナウ船が日本にとって大きな利益を生み、また、神父たちはポルトガル人への説教をしたり相談に乗ったりして、ポルトガル人と日本人との間の貿易が平穏に行われるのはバテレンたちの計らいの結果であると認識していたためである。そのため、バテレン追放の後、都にも大坂にも家を建て、四人の神父と修道士が住んでいても教会を建てず、ただ、ミサを捧げることや秘跡を授けるために家の中に小聖堂を設け、人びととの対応には外側に座敷を設けた。

このような状態に教会が安穏としているとき、突然迫害が始まった。それらには三つの主な理由があった。第一は、今から四年前、マニラからフィリピンの総督の使節という名目で日本の王（秀吉）に派遣した四人のフランシスコ会の裸足の修道者が来日した。その後、他の三人も来日した。彼らは、他会の修道者の渡航を禁じるイエズス会に与えられたグレゴリオ十三世の教書に違反するものではなく、また、同じことを命ずるスペインの国王にも背いていないと思っていた。

国王は彼らとその使節を迎えたが、日本でキリスト教の教えが弘まることを望まないので国に戻るようにと言った。そこで彼らは、帰国前に殿下が都で完成させた偉業を、帰国後それを報告できるように見学したいと言ったので、国王はこの依頼を快く承諾して、彼らに生活費を渡すように命じた。この許可を得た彼らは都に上り、そこで数か月間、一人の未信者貴人（長谷川宗仁）の家に滞在した。長谷川はもう一人の友人である原田喜右衛門と一緒に修道者たちが日本に渡航するきっかけとなり、彼らを保護していた。この二人は彼らの許可なしに誰も日本からマニラに渡航できないように国王から許可を得ていたので、そのことによって巨額な利益を得ていた。

その後、修道者たちは家を建てるための小さな土地を求め（「堀川妙満寺」跡）、聖福音を宣教しないという条件のもとに敷地を提供され、彼らはその条件を受け入れた。しかし、熱心さのあまり彼らに加わった数人のキリシタンの助けを得て、長谷川たちの忠告にも関わらず、教会や家を建て始めた。長谷川たちは、教会を建てる許可を秀吉から得ていないことを知っていた。従って、イエズス会の神父（オルガンティーノ）たちが言っていたように、ただ、相応に設備した聖堂と人びととの対応に座敷を造れば十分であり、もし秀吉が知ったら必ず憤怒するであろう聖歌隊席を備えた教会を造るべきではなかった。

イエズス会が育てた数人の信者も彼らに加わり、不十分な知識にも関わらず伝道師となり、洗礼を望む貧しい者に説教し始めた。彼らはその熱意と日本の諸事情にうとかったので、あらゆる人びとに向かって公然と説教しなければならないと思っていた。

このような修道者たちの振る舞いを見て、彼らは自分たちだけではなく、イエズス会とイエズス会の神父たちが育ててきた教会を危険にさらすことになると思い、オルガンティーノは彼らに行動を慎むよう忠告したが、修道者たちは熱心さのあまり耳を傾けなかった。

さらに、迫害の動機にもう一つが加わった。一五九六年に四国の土佐の国にフィリピンからメキシコに向かうナウ船がマスト、および櫂もなく随所に破損した状態で大嵐によって漂着した。その船には数人のフランシスコ会、ドミニコ会、およびアウグスチノ会の修道者が乗っていた。

一艘のナウ船がその港に漂着すると、その地の領主長曾我部元親は秀吉に知らせを送り、その船が難破して豊富な積荷を有していることを報告した。それを耳にした秀吉は、その積荷に欲を出し、すぐに都の四奉行の一人である増田長盛をそこに派遣して、積荷をひとつ残さず没収するように命じた。増田長盛は土佐まで行って言われたとおりに役目を果たし、彼が戻ったとき、後述するような迫害が起こった。

第三の主要な理由は、施薬院全宗という人物であった。秀吉の侍医であった彼は、日本におけるデウス（神）の教えの最大の、そして強い敵であった。彼は現在、日本で起こっている迫害に乗じて、教会と神父たちに害を与える機会を決して逃さなかった。彼は、以前坊主であり、キリスト教の教えが弘まることによって日本の仏教が衰退することを怖れ、バテレンたちに対し、一層の憎悪を抱いていた。

この施薬院は、増田長盛がスペイン人たちの財産を没収し持ち帰ったその時に、キリシタンたちを秀吉に告訴した。また増田長盛も船に乗っていた人びとについて色々と悪口を言い、彼らの中には宗教を述べるという口実で密偵として修道者も派遣されていたとつけ加えた。それゆえに施薬院と増田長盛が秀吉に伝えたことから、この試練の火の手があがった。

この試練が十二月八日から始まったが、長崎には二十八日、堺の一人の商人から「秀吉がバテレンたちに立腹し、都にいた人びとの鼻と耳をそぎ死刑にするように、また、その他の者はすべて日本から追放するように命じた」という手紙が届いた。その手紙では、秀吉の怒りがイエズス会に対してであるか、フランシスコ会の修道者に対してであるかが判然としなかった。その後、数人の信者から手紙が届き、イエズス会員にとって問題がなかったといってきたが「都にいる同僚から手紙がこないうちは安心することができなかった」と、フロイスは述べている。

以上、このようにしてフロイスは、イエズス会の立場から迫害の始まりとその原因を述べている。そして「もし秀吉が自分の命令が無視されることを知っていれば怒るに違いない」として、「オルガンティーノはこのことを修道者たちに忠告したが、修道者たちは熱心さのあまり耳をかさなかった」と記している。しかしバプティスタは、秀吉が許可を与えたと思っていて太閤を自分たちの保護者として崇めていた。当然、フロイスの見解に対し、フランシスコ会士からは彼らの言い分があったと思われ、双方が相手の立場を理解していなかった。

「フロイスもペトロ・バプチスタもマルティンス司教あるいはヴァリニャーノも皆、その時代の子であって、その言葉には受けた教育、抱いている理想、住んでいる社会情勢の影響が明らかである。従って、議論される問題について、ただ一人の人物の言葉を挙げて解釈するのは、歴史研究には適せぬことである。偏見なしに耳を貸して結論を出すべきである」（結城了悟）。

大坂の司祭館

一五九五年一月二十四日、長らく平壌城に抑留されていた内藤如安は、ようやく北京に入ったが、北京における如安と明との交渉は難航した。明の宮廷は、秀吉に貢はおろか封さえも許すべきではないという強硬論が支配していた。これに対し、如安は「朝鮮を侵略したのは明国に朝貢しようとしたのを朝鮮が妨害したからだ」などとする苦しい弁明を重ねたあげく、沈惟敬のアドバイスを受け、秀吉が侵略行為を謝罪して降伏し、明国皇帝の臣下となることを懇願するという「関白降表」なる文書を作り、明側に提出した。明国はこの提案を受け、

一、日本兵は一人残らず帰国する。

二、貢を与えない。

三、朝鮮を侵すことなきを誓い、日本は朝鮮と修好してともに明の属国とすること。

を要求した冊封使を秀吉のもとへ遣わすことにした。

このようにして、先に和議の七カ条を提案した秀吉と明国の主張には大きな食い違いがあり、その結果は、火を見るより明らかであった。この交渉は、日朝両国を欺いて行長と沈惟敬が仕組んだ計略とされ、後世の史家・徳富蘇峰から「行長の行動は、面従腹背、誤魔化しでしかなかった」と批判された。では、外交交渉によって和睦の道を探る以外にどんな選択肢があったと言うのだろうか。もしも徹底抗戦を叫ぶ加藤清正の路線を選択していれば、日本兵、そして朝鮮国民双方にとって、よりいっそう悲惨な状況を招いたのではなかっただろうか。

一五九五年、ジョアン・ロドリゲスは司祭に叙階されるためマカオに向かった。

翌九六年八月十四日、インド副王大使の資格を有するイエズス会のペドロ・マルティンス司教が日本

最初の司教として長崎に着いた。このとき、司祭に叙せられたロドリゲスも一緒に帰国した。また、明の冊封使節とともに九州に着いた小西行長は、マルティンス司教が長崎に着いたことを聞き〝よく艤装した早船〟で長崎を訪れ、日本最初の司教の祝福を受けた。そして太閤のもとへ赴くというマルティンスと謁見について協議し、日本語に熟達し、太閤の寵愛するロドリゲスを太閤との謁見の打ち合わせのため伏見に派遣することにした。

その一方で、かねてスペイン人の日本進出を快く思っていなかったポルトガル人司教マルティンスは、ローマ教皇の命令に反して日本で布教に従事しているフランシスコ会員の日本からの追放（「日本退去令」）を決議した。

一五九六年、大坂の市にまだ正式ではないが新たに一つの司祭館が造られたとの記述がある。そこで、オルガンティーノはアンドレ小笠原というキリシタンの名義で地所を買い入れ、イエズス会の司祭館とした。そしてオルガンティーノは、アンドレの邸にジョアン・ロドリゲス神父を通詞として住まわせ、修道士の三木パウロと同宿の五島ジョアンを置いた。ところで、それが大坂に最初に建てられた司祭館なのか、あるいは、一五九六年に新たに造られた司祭館がアンドレ小笠原の邸だったかを示す確かな記録はない。

小笠原家は代々、武家故実の礼法家として知られていた。家主のアンドレ小笠原（小笠原少斎清秀）は馬術、弓術を教えて自分の弟子の家々を渡り歩いて生活していたが、秀吉のキリシタン迫害が始まると自分の職を捨ててイエズス会の世話を申し出た。そして彼の家は表向き、太閤の通詞であったジョアン・ロドリゲスの宿舎として、彼はまた、自分の父母、妻子とともに過ごしていた。そして、彼の大坂の邸には多数の身分高いキリシタン武士が集まり、宗教的議論を戦わせる場ともなった。

そのアンドレ小笠原の司祭館に、三木パウロ、五島ジョアンとともに、客人の接待係であるディエゴ喜斎も呼ばれた。ディエゴ喜斎は一五三三年ごろ備前国（現・岡山県）に生まれ、信者になった時期は明らかでないが古い信者であった。既婚者であったが、妻は信仰を棄て、家を出て行ってしまった。二人の間にはジョアンと呼ばれる息子がいた。ディエゴは晩年、その身を神に捧げようと剃髪して大坂のイエズス会の司祭館に入って同宿として勤めた。

ディエゴは謙虚で礼儀正しい人であった。その仕事は受付の係で、来客の接待などにあたっていた。それとともに、宣教師たちが送る手紙なども書いていた。すでに日本語で翻訳されていた聖書の「イエスのご受難」を、自分のきれいな文字で書き写し、小さな小冊子にしていつも着物の懐に持っていて、暇な時にはそれを読んでイエスの御苦しみについて黙想することが彼の楽しみであった。このようなディエゴの静かな態度は神父やイルマンの活躍に大きな助けとなった。

「サン・フェリーペ号」事件

一五九六年七月、サン・フェリーペ号はフィリピン・マニラ湾のカビテ港を出、アカプルコ（メキシコ）を目指して太平洋横断の大航海に就いた。しかし七月の末から八月、九月の南シナ海で次々に発生する猛烈な台風に遭遇した。この船には、司令官のマティアス・デ・ランデーチョ以下二百三十余人が乗船していた。そのなかに、アウグスチノ会神父二人と、メキシコに行く修道士二人、ドミニコ会の船付神父（チャプレン）一人、フランシスコ会のフェリペ・デ・ヘススとファン・ポーブレという修道士二人が乗っていた。

九月五日、山城国伏見付近において大地震が発生する。秀吉が築いた壮大で華麗な伏見城の天守閣の上半分が崩れ、二の丸が倒壊した。この大地震による死者は一千人以上とも言われている。

十月十九日、甚大な被害をうけたサン・フェリーペ号は土佐の浦戸の砂洲に漂着し、翌二十日に座礁沈没した。そこで、この地の領主長曾我部元親は、船の積荷と乗組員を引き揚げさせた後、難破船の知らせを都の四奉行の一人である上京の奉行・増田長盛のもとに送った。

十月二十四日、サン・フェリーペ号の司令官ランデーチョは、フランシスコ会員のファン・ポーブレ、フェリペ・デ・ヘスス、および乗組員のアントニオ・マラベルらに六千ペソ以上の高価な進物を携えさせて、太閤秀吉のもとへ派遣した。彼らは太閤から、船を修繕する許可と危害から守られることを保証する保証状を賜ることを期待した。

十月二十五日、長曾我部の使者が大坂に着いた。

十月二十五日か二十六日、長曾我部元親の使者が大坂の秀吉のもとに達した同日、またはその直後、明国王からの国書を携えた明使節一行と、朝鮮の使者を含めた三百人の冊封使が大坂城の秀吉に謁見した。秀吉は当然自分が提示した七つの和議の条件が受け入れられるものと思い込んで、これを上機嫌で饗応した。このとき、明国冊封使とともに上洛した行長は、明国冊封使に対して、事前に秀吉の面前では日本軍撤退の要求はしないようにと口止めしていた。

しかしながら、明使から明皇帝の国書の内容を知らされた秀吉は激怒した。そして行長を呼びつけ、首を刎ねると息巻いた。これに対して、行長は「これは石田三成以下、三奉行同意のうえだ」と弁明につとめ、さらに「明との交渉がうまくいかなかったのは朝鮮が邪魔したからだ」と、その責任を朝鮮に転嫁した。そのため、秀吉は行長を許したが、行長の権威は失墜した。そして秀吉は、怒りにまかせたまま、行長に対して再び朝鮮出兵を命じた。いわゆる「慶長の役」である。またこの結果、面目を失った内藤如安は、小西領である肥後の宇土へと退いた。

十月二十七日、長曾我部元親の急使によってサン・フェリーペ号の漂着を知らされた秀吉は、明使への怒りが冷めやらないまま、サン・フェリーペ号の積荷没収を命じた。

十月二十九日、ランデーチョから太閤への進物を携えたポーブレたちが大坂に着き、ここでフランシスコ会のバプティスタと出会い、太閤への引見を依頼する。バプティスタは善処を約束し、司令官ランデーチョに宛て「安心するように」との手紙を送る。はじめバプティスタは、この問題を楽観視していた。またこのとき、ランデーチョからの進物がいかほどの物だったか分からないが、太閤に献上できるほどの進物ではなかった。そのため、バプティスタは床林コスメから相当額の金子を用立ててもらい、太閤への贈物を準備した。そしてバプティスタは、このことがよほど気にかかっていたと見え、長崎への殉教の旅の途中で書いた手紙の中で、床林コスメから借りた金子の返済に関して何度も言及している。

十一月一日、バプティスタらは立派な贈物をもって上京の奉行である増田長盛と会見し、サン・フェリーペ号の問題で太閤に相談したいことを話し、太閤に依頼したことの覚書を渡した。

十一月二日、増田は、司令官ランデーチョ自身が来ていないことを理由に、太閤はスペイン人らの謁見を拒絶したことをバプティスタに告げた。そして秀吉は、彼らの贈物を受理する代わりに、増田を土佐に派遣し、船の積荷をすべて没収するように命じた。バプティスタの落胆は大きく、「太閤様は屋敷が崩れて大きな損害を受け（一五九六年九月五日の大地震）、今はさらに欲が深くなっています」と記している。

後日、あるスペイン人が「イエズス会の一人の神父から、もしこの問題をオルガンティーノ師に知らせておれば、彼が問題を解決したでしょう」と聞かされたことをバプティスタに話した。そのスペイン人に対して、バプティスタは「オルガンティーノ神父は隠れていて、人前に出る勇気がなかったのに、どうして解決できたでしょう」と答えた。

十一月三日、増田は、伏見から浦戸に赴く。

十一月六日、増田は大坂で韓国に向かう小西行長と話し、サン・フェリーペ号の積荷の没収に行くことを伝える。

十一月十二日、増田長盛が浦戸に着き、船の積荷を没収する。サン・フェリーペ号の航海長フランシスコ・デ・オランディアが、船荷を没収された腹立ち紛れに、箱の中にあった「世界地図」を示しながら、長盛に向かって、スペイン国の支配はこの世界全部に及ぶほど強大なものだと語った。そこで、長盛は「どうやってスペインはそのように多くの領土を獲得できたのか?」と質問した。それに答えて、航海長は「最初に宣教師らを派遣して、現地の人びとをキリシタンに改宗させ、その後キリシタン信徒の協力を得て、スペイン艦隊が攻め込んできてその国を占領するのだ」という意味の発言をしてしまった。

十一月十四日、マルティンス司教とロドリゲス神父が京都に着く。

十一月十五日、ペドロ・バプティスタがマルティンス司教と話し合う。ただし、ジェロニモ・デ・ジェズースによれば、来日したマルティンス司教はフランシスコ会士の国外退去を命じ、ポルトガル船の乗組員、および長崎の住人に対し、フランシスコ会の教会でミサや告解することを禁じ、同会士に対しては僅かの食物しか与えてはならぬと命じた。そして都にいたバプティスタは、マルティンス司教から国外追放を命ぜられたとしている。

これに対し、マルティンス司教から国外追放を命ぜられたバプティスタは、フランシスコ会士が日本に入国したことの正当なる理由を述べた後、「台下が無理に、我々に寄進を与えることを禁じて我々を飢えさせようとされるならば、我々は木の葉を食べても、正当の通知によって、教皇聖下と国王陛下の命令があるまでは日本を退去しないものとご承知願いたいと答えた」と、ジェロニモ・デ・ジェズースは述べている。

十一月十六日、バプティスタは再度、マルティンス司教と話し合いに行き、その後マニラ総督に送った許可証の写しをもって、ジョアン・ロドリゲスとともに前田玄以法印のもとを訪れた。

その許可証には、カスティリアの人びとが自由に、誰も死刑の罰のもとに彼らに迷惑をかけることなく、日本に来ることができると証明してあった。この証明書を見た玄以法印は、なぜ先に、自分のところへ持参しなかったのか。もし、先に自分にその許可証を見せていたならば、奉行（増田長盛）が船（浦戸の浜）のところまで行くことはなかったはずだと言い、問題をすぐに知らせなかったことを非常に怒っていた。

この日、インド副王使節の資格で上洛したマルティンスは、伏見において秀吉と大よそ三十分間会談する。マルティンスはその後京都に留まり、信者たちに堅信の秘蹟（聖霊を受ける）を授けたが、彼のもとへは昼夜を問わず遠方からも信者が駆け付けて、休息している暇もなかった。

十一月二十五日、増田長盛はサン・フェリーペ号の船荷を他の船に積み込む。

十二月二日、増田長盛、船荷を積み移した船でランデーチョたちとともに浦戸を出る。

十二月七日、京都を発し、大坂に至った司教マルティンスは、大坂から淀川を二里下って入江まで行ったが、逆風のため、そこで翌朝まで待った。

十二月八日（聖母マリアの汚れなき御孕りの祝日）のこの日、マルティンス司教が長崎に向かって堺を発つ。オルガンティーノと他の神父たちは、司教マルティンスを見送った後、堺から大坂に向かいアンドレ小笠原の司祭館に滞在した。

またこの日、増田が伏見へ着き、秀吉と会談する。その際、サン・フェリーペ号は多数の兵士と武器を積み、しかも数人の宣教師が乗っていることを報告し、航海長が語った内容を秀吉に言上した。これを聞き、まだ朝鮮、および明国との交渉に怒りの冷めやらぬ秀吉は激怒し、宣教師は皆、スペイン国の侵略の手先だと見なした。そして京都奉行である石田三成を呼び、すべての宣教師と信者を処刑するように命じた。

後日、バプティスタは「太閤はスペイン人のナウ船の積荷を全部、奪い取ったが、船の警備のため大砲と鉄砲を持っていたので、恐らく、当地の信者の協力を得、日本を治めに来たのであろうと言われている。しかしこんな少ない人数で、大量の絹を積んでいるのに、それは考えられないことだ」と述べている。

また、フロイスは「秀吉はマニラに渡って交易を行っていた日本人たちから、スペインが今世紀に新しい諸国を侵略し、スペインの支配下に服属させたことを知らされた。そして秀吉は、バテレンたちについての以前の疑惑を新たに呼び起こし始めていたところだった」と記している。

迫害前夜

備前、美作、備中三カ国の領主宇喜多秀家（妻の豪姫は秀吉の養女で、前田利家の娘。関ヶ原合戦で宇喜多家没後、洗礼を受ける）の従兄にあたるのが宇喜多左京亮詮家（あきいえ）であった。一五九四年、その左京亮は京都の教会で洗礼を受け、たちまち熱烈なキリシタンとなった。同じく、左京亮の義弟で、宇喜多秀家の義兄であった明石掃部（かもん）（掃部の妻は秀家の姉であった）は、当時大坂城改宗の普請奉行として在坂中に左京亮からの熱心な働きかけによって一五九六年、大坂で洗礼を受け、ジョアンという洗礼名を授けられた。

十二月八日の朝、宇喜多（パウロ）左京亮が大坂の司祭館にやって来た。そして、オルガンティーノに対し、「かねてバテレンを敵視していた施薬院全宗は、『日本は神仏の国であるにもかかわらず、キリシタンたちは非常に自由にふるまい、神父たちは望むままに信者をつくっている。その振る舞いは有害で断じて我慢できない。私は彼らを国王（秀吉）に告訴して厳罰にする機会を待っていたが、昨日そのよい機会があったので、国王に事情を報告した。国王はその時非常に忙しかったので、私が訴えたことについて応答しなかったが、繰り返し話をしたら彼らを処罰するであろう』と述べた」と報告し、施薬院が秀吉に対してバテレンを告訴したことを、くれぐれも気を付けるようにと注意した。

それを聞いたオルガンティーノは、三木パウロに小西行長の弟・如清（註・如清の妻は日比屋了珪の娘アガタ）の屋敷に行って、秀吉の前でバテレンについての話があったかどうか確かめるように命じた。しかし如清は、そのことについては何も知らない。ただし、如清はこう答えた。「数日前、施薬院は私に、自分は小西行長のことを考えると残念に思う。（小西行長は）大いなる勇気を備え、また素晴らしい諸々の功績をたてた猛将であるので、彼は国王殿下から大いなる名誉と知行を賜るのにふさわしかったのに、すべての人びとの期待に反してもっとも不幸な結果に終わった。その原因は、彼が決してキリシタンであることを止めず、日本国の神仏よりもキリストの福音を重んじたからにほかならず、これらのことの報いとして、彼のこれまでのすべての功績は、今や国王から無に帰せられているのである」と、施薬院が語った言葉をパウロに伝えた。

その日、小西如清が大坂の家にやって来て神父たちと話しているところに、大坂奉行播磨殿（小出秀政）に仕えるキリシタンの一小姓が来て、「播磨殿が数日前に王（秀吉）がすべての神父を処刑させると打ち明けたので、手下の者の一人に命じて神父たちの家を捜索して、見張りを置くように命令した」と伝えた。そこにいた小西如清とアンドレ小笠原はその知らせを聞いて、オルガンティーノたちに播磨殿の役人が来る前に家を出て、秀吉の目的を確かめるため別の場所に隠れるように説得した。

これに対し、オルガンティーノは「我らの望みと光栄は我が主イエス・キリストの教えを述べ伝えるためどのような蔑みや死さえも受けることであって、いつも一千回死ぬことにも覚悟はできている」と答えた。そして「私たちが仕えている主（デウス）に対する愛のためにも信者の愛と救いのためにも遠く離れた国から来ているので、もし、その正当な光栄ある理由のために我が主がそのような死をお与えになるのなら、私たちは逃げはしない」と答えた。

しかし如清と信者たちは、もし、播磨殿の役人がやって来て、そこに四人の神父が一緒にいることが分かれば、秀吉は、京都には自ら滞在の許可を授けたオルガンティーノ神父しかいないと思っていたので、神父たちとキリシタンに激怒するきっかけとなるに違いないと、そのことを怖れた。そこでオルガンティーノとロドリゲスは小西行長の家に移った。行長は朝鮮に出陣中だったが、その家には奥方、息子、また他の人びとが住んでいた。行長の奥方ジュスタは、幼いときにオルガンティーノから洗礼を受けていた。そしてフランシスコ・ペレスとペドロ・モレホンは宇喜多左京亮の家に移った。

また、オルガンティーノとロドリゲスが小西の家にいるとき、行長の小姓の一人が、秀吉のお気に入りで、殆どつねにその側に仕えている楽人の親戚がいることを思い出した。そこで、その小姓は親戚宅に行ってこの問題について真相を尋ねることにした。その結果、その楽人は、あらまし次のように話してくれた。

既述したように、秀吉はすべての神父を死刑に処するように命じた。理由は次のようであった。

十二月八日、増田長盛が長曾我部元親とともに土佐（ルソンからの船の寄港地）から帰り、船の積荷の目録を呈上した。そして増田は、あの船に乗っていたすべての者がキリシタンであり、彼らの中には多数の修道会員がいたことを秀吉に報告した。また商品は少ないのに武器その他の軍事物資を多く積んでいることを告げた（多分、積荷の一部を掠奪したことの言い逃れとして、そう言ったと思われる）。そのとき秀吉は激怒凶暴さに燃えたって、こう答えた。「もし日本国において、キリシタンの教えが弘まるのは非常に悪いことだとすでに言ってきたことである」と。そして「我れはキリシタンのすべての布教を禁じたのに、長谷川（宗仁）はルソンから来たフランシスコ会司祭たちを保護し、教えを述べたり教会の設置を許可した」として、怒りを爆発させた。

そのとき、長谷川（宗仁）の一人の息子で、秀吉の侍臣の一人であった息子の右兵衛尉が父を弁明するために「私の父親は度々彼らに忠告し、殿下の命令に背いて教えを述べないように言っているが、彼らはその忠告を無視したので、私の父親は彼らの擁護者たちすべての名を書きとめています」と。すると秀吉はこう付言した。「その教えを宣べ伝えるのはルソンから来たフランシスコ会の司祭だけではなく最初に来た他会のバテレンもそのようにし、その中の一人の老人（オルガンティーノ）は、この政庁において病者たちを治療するという名目で人びとに洗礼を授けていることを承知している。従って両者（フランシスコ会、イエズス会）の司祭たちをともに処刑にして、長崎にいるバテレンたちも十字架にかけさせるであろう」と。

その場に、都の奉行の一人である前田利家が居合わせていたが、秀吉の怒りを鎮めようとしてこう言った。「殿下の怒りはもっともだが、このたびは彼らを殺さず帰国させて、もし再び来日したならばそのとき処刑すればよかろう」と。すると、秀吉は「汝がそう思うなら五人か十二人だけを処刑に処し、残りの者たちの鼻と耳をそいでから、牛車に乗せて都の市の中を見せしめのために引き廻し、本国に送還することにしよう」と答え、そして、長谷川右兵衛尉に対して「今夜月が出たら大急ぎで都へ赴き、予の命令を実行せよ」と命じた。

以上のような次第を、先に述べた一人の楽人が行長の小姓に語った。

こうして秀吉の決定が行長の小姓からオルガンティーノに伝えられると、そこにいた信者たちは、神父たちの潜伏を太閤が疑うならば、皆、司教とともに長崎に戻ったと返事する方がいいだろうという意見であった。

しかし、オルガンティーノは「他の神父たち各自はそうしてもいいが、自分は二十余年前から京都の教会を養成してきたので、もし、この時期に身を隠して信者を捨てれば、聖なる奉仕と名誉に対してもイエズス会から託された義務を果たさないことになる。従って、私は十字架刑にされようが、あるいは耳と鼻をそがれようと、また、役人の望み通りに処刑されることが確実だとしても、私は明朝京都に行く」と答えた。その話を聞いたロドリゲスも、自分も一緒に行って運命を共にすると言った。小西邸を辞した後、オルガンティーノは大坂のイエズス会の司祭館に戻り、（宇喜多パウロ）左京亮の家にいたフランシスコ・ペレスとモレホンを呼んで、自分の決心を伝えた。

十二月九日の朝、二人の神父と三木パウロに別れを告げた後、オルガンティーノは京都に向かった。ジョアン・ロドリゲスと修道士の天草パウロ、その場にいた三人の信者も覚悟して彼に伴った。この後、天草パウロは秀吉のバテレンとキリシタン処刑の真偽を探るため、情報収集にと大奔走することになる。

こうしてオルガンティーノは大坂を離れたが、大坂に居住している信者にとって、この別離は悲喜こもごもであった。彼らはもう二度とこの世でオルガンティーノ師を見ることはないと深い悲しみを禁じえなかった。その一方で、我が主なる（デウス）の導きによって輝かしい（殉教）の栄冠を得られるだろうことを喜び慰められた。

三木パウロらの名簿を記入する

十二月九日、都の四奉行の一人で、下京の奉行である石田三成によってフランシスコ会の司祭館を見張るために、京都と大坂のフランシスコ会の修道院に番人が付けられた。

大坂に残ったペドロ・モレホンとフランシスコ・ペレスは三木パウロとともに、また他の何人かのキリシタンたちも総告白するとともに、教会の祭服や家具を安全な場所に移すなど対抗手段を講じた。これらの準備を行っているとき、まったく驚いたことに、太閤の憤怒と凶暴さは、ただフランシスコ会の司祭たちに対してだけ向けられたものであるという情報がもたらされた。

その日（十二月九日）の夜、大坂奉行の役人がフランシスコ会の舘に赴いたという知らせがあった。ちょうどその場に、その年、ルソンから来日した学識のある若いマルティン神父がいた。またこのとき、バプティスタに呼ばれて長崎から大坂に着いたジェズースは事件の噂を聞いて、修道服を隠して一信者の家に隠れた。役人たちはマルティンの名と、ミサ仕えをしていた一人の同宿と二人の少年を名簿に記入し、そこに見張り人をつけたあとイエズス会の司祭館に向かった。

アンドレ小笠原の名義の大坂の司祭館を、大坂奉行小出播磨守配下の役人が訪れた。そのとき、家の中にはモレホンとペレスの二人の神父が潜んでいたが、アンドレ小笠原が他の信者とともに役人を出迎えて、「これらの宿舎は自分のものであり、それらの中の幾つかの部屋は、国王殿下の通詞をしているジョアン・ロドリゲスに貸していて、司教（マルティンス）が大坂を通過したときに、宿泊されたことがある。だが現在は、そこには三人しか住んでいない。すなわち修道士の三木パウロと、ミサ仕えをしていた同宿のジョアン五島と家事の手伝いをしているディエゴ喜斎の三人の剃髪者である」と答えた。

こうして彼らは、家の中にいた二人の神父たちの名は告げなかった。しかしながら、大坂奉行の役人が来る前に、モレホンたちはアンドレ小笠原とその同僚たちに向かって、自分たちも迎えに出て、名簿に記入するようにと強く願って「もし私たちが、太閤様のもとで死刑になることが決められているのなら、私たちが隠れているのは不可能である」、さらに、「このことを考えてオルガンティーノ師は我らをここに残したのだ」と語った。しかし、アンドレ小笠原とその場にいたキリシタンたちは、これらの懇願には決して耳をかさず、ただ、三木パウロら三人の名簿を記入させただけで奉行の役人たちを帰らせた。また役人たちは退去するに際して、近所の人びとにかの家々を見張っておくようにと命じた。それで、もしこのとき、大坂の役人たちがアンドレの家に踏み込んで二人の神父を発見していたら、モレホンらともども、アンドレ小笠原とその一族郎党は生命と財産を失っていたかもしれなかった。

その夜、宇喜多左京亮と明石掃部が大坂の司祭館にやって来た。明石掃部はキリシタンになったばかりであるが、すでにその純粋な信仰の立派な印しを表していた。彼ら二人は、迫害の嵐が静まるまで、二人の神父を大坂から三里離れた堺まで連れて行こうと二頭の馬を引いて来た。しかし、二人の神父は激しく抵抗して「自分たちは逃げも隠れもしない。キリストのために恥辱に耐えることは永遠の光栄を獲得することにほかならない。よって、この理由で死ぬことは大きな光栄であり、その覚悟をして故国を離れ、また、もし太閤が私たちを捕えて死刑に処するなら隠れていることは不可能であり、それゆえにこの家を出ていくことは、私たちを隠している家の持ち主が、また、逃亡に手を貸した人びとが処罰を受けるだろう」と語った。

宇喜多左京亮と明石掃部は、この返答に非常に感動したが、彼ら二人による様々な道理と熱心な懇願によって、ついに二人の神父は司祭館を出て二頭の馬に乗り、そのまま堺の左京亮の家に入り、その数日後、大坂市中に準備された他の家に移った。

都と伏見で起こった次第

十二月十日、オルガンティーノは京都から一里離れた所に着き、先に、情況を調べるために派遣していた天草パウロからの情報を待っていた。天草パウロは、数人のキリシタンと話した後、オルガンティーノのもとに戻って聞いたことを伝えた。そして、国王の怒りはただフランシスコ会に対するものであると思われ、当分の間、この事件の経過を見て、隠れている方が賢明だと思われた。従って、オルガンティーノは真っすぐイエズス会の司祭館には行かず、小西如清が都に持っている家に隠れることにした。

同日、秀吉から修道者の親戚、また、彼らに援助するキリシタン名簿を作成するように言われた長谷川右兵衛慰が都に着き、ただちに都にいたキリシタンのことを調べ、都に滞在していた高山右近をはじめキリシタンの名を記入し始めた。また、すでに石田三成の命令でフランシスコ会の司祭館には見張りが付けられているのに、イエズス会の司祭館には見張りが付けられていないことに気付くと、三成の家に行って不満を漏らした。この他、作成したキリシタンの名簿を見せ、もし誰かが逃亡すれば、国王から、自分の不注意のためであると思われないように、一同に対して見張りを付けようと三成に要求した。

このことで、三成は激しく怒った。第一、自分は下京の奉行であるのに（イエズス会とフランシスコ会の司祭館は下京にあった）、自分より身分の低い長谷川右兵衛慰が自分に知らせず、このことを先んずるべきではないとして、右兵衛慰がしたことを全部、潰そうと考えた。そして、職権をもって彼にこう答えた。

「そちは何を言うのか分かっていないし、国王の意向も分かっていない。国王はすべてのキリシタンたちを殺戮することを望んでいない。それをするとこの京都の町に住む二、三千人を殺すことになるが、多くの人が信仰を隠しているこの時代に、そちは誰がキリシタンで、誰がそうでないのか、確かに見分けることができるのか」。また、名簿の最初に記されていた高山右近について、三成は次のように言った。

「そちはいったいなぜ、この人を名簿の中に入れたのか、彼がキリシタンであることは新しい事実であるとでもいうのか。十年前、国王は彼に信仰を棄てるようにと命じたが従わなかったので彼を処刑にしようとした。だが、以前国王に尽くした幾多の功績に免じて死刑をとりやめ、領地だけを没収した。その後、慈愛の印しを見せ、数回にわたって彼に会見を許している。そうであるのになぜ、今新たにキリシタンとして彼を告訴するのか、拙者はそのようなことは承認しないし、この名簿は認めない。また、イエズス会の司祭たちの諸館に見張りを付けるのは適当でない。それらの館は、現在長崎に赴いている国王の通詞ジョアン・ロドリゲス神父のものである」と付け加えた。そして、最後に「国王は都の市の統治と、この事件の遂行をこの拙者に一任されたのであるから、そちはそちの道を歩め。拙者は何を行う必要があるのか正しくわきまえているつもりだ」と。これらの言葉を聞いた右兵衛慰は返す言葉がなく、狼狽し、恥じ入って三成の邸を去った。

その日、石田三成によって京都のイエズス会の修道院にも番人がつけられた。

同日（十月十日）、秀吉は伏見に赴いていたが、彼の面前に石田三成と増田長盛の二人の奉行、長谷川宗仁と息子の右兵衛尉、その他多数の人びとがいた。そのとき秀吉は、己の禁止令に反してフランシスコ会とイエズス会の神父が自由勝手に教えを述べ伝えたとして、二人の奉行を叱責し始めた。しかし彼らは申し開きするために、イエズス会によって多くの人が授洗したと秀吉に告げ口をした長谷川宗仁と右兵衛尉に対して自己弁護するために、こう答えた。

「そのような振る舞いがあったのは、フランシスコ会の司祭の者で、イエズス会の司祭たちではなかった。自分たちはこれを遺憾に思い、度々彼らに忠告していたが、フランシスコ会の司祭が長谷川の取り次ぎで殿下の許可を得ていると言って従わなかった」と。そしてイエズス会の司祭たちに関しては、「彼らは殿下の命令に背いて何も企てなかったし、自分たちは度々彼らを調査したが、その通りであることが分かった」と話した。

翌十一日、秀吉は石田三成を呼んで「すべてのバテレンらを死刑に処するように」と命じた。三成は「命じられたとおりに致します」と答えて退出した。その席に有名な故キリシタンの孫がいたが、彼は自分の祖母であるマリアと呼ばれるキリシタンが殺されることを心配した。そこで彼は、伏見から三千歩離れていた京都に住んでいた祖母のもとへ「今日国王は、すべてのバテレンらを殺してしまうように命令した。」とする書状を送った。この報せを受けた婦人は動揺するどころか晴れ晴れとした顔でデウスに感謝し、このような輝かしい（殉教）の栄冠を得られることを喜んだ。そして自分と運命を共にしたいと望んでいた十歳になるガラシャという娘と一緒に、十字架にかけられる際、身ぎれいであるようにと特別な下衣を用意させた。

ちょうどそこに居合わせた天草パウロは、この書状が渡されると、この書状を受け取ってオルガンティーノのところへ行って事の次第を報告した。オルガンティーノは、すべての事態において準管区長のペドロ・ゴメスに報告すべきだと考えて、次のような書簡をしたためた。

「昨日の夕方、マリアのもとへ伏見から書状が届いた。その書状によると、同日、石田三成はすべての司祭を処刑するようにと国王から命令されたということであった。我らはこれを聞いて、私たちは皆、歓喜して準備し始めた。神父、修道士、同宿、司祭館に勤めていた信者は皆、創造主なる神のために神父たちのあとに従って、共に命を捧げる覚悟を決めていた。

彼らの中で、あの（高山）ジュスト右近殿は、キリストの真の闘士として皆より秀でていた。その他にも立派な武士がいたが、政庁の四奉行の一人である前田玄以法印の二人の息子たちで、特に弟の前田茂勝は今まで私たちの側から離れたことがない。それ以外にも身分の高いキリシタンがいて、絶えず我らのもとへ書状や使者を送ってきて、いざという時には司祭であり師である私たちを助けるために駆けつけようと約束している。まだ入信まもない、信仰が熟していない信者たちの、このような熱意と大きな恵みは、我らが数日前にいとも尊くべき司教様から授けられた堅信の秘蹟のおかげであったと思われる」

ヴィセンテ洞院の覚悟

日本人の修道士であるヴィセンテ洞院はすでに五十歳、またはそれ以上の年齢になっていたが、非常に雄弁で、日本にいる修道士の中で一番優れた説教師であった。そのヴィセンテは、準管区長ペドロ・ゴメスの命令によって、都から一日行程にある奈良の市で栄えている仏教の諸宗派をもっと根底から研究するため当地に派遣されていた。

その彼のもとへ、仲間の修道士の一人から「もし他の司祭たちと一緒に殉教に加わりたいなら、ただちに急いで帰って来るように」と知らせがあった。ヴィセンテは本性は気が弱くて狭量（度量が狭い）の人ではあったが、この報せに接すると翌早朝に出発できるように準備した。

ヴィセンテに非常な愛情を抱いていた宿の主人は、これを見ると「命が助かるのに死の深淵に飛び込むのは、非常に愚か者のすることだ」などと、いろいろ理由を挙げて彼の説得に努めた。ヴィセンテは、宿の主人の恩情に感謝しつつ「自分が布教したキリシタンの掟のために死ぬことは辛いことではなく、非常に幸せなことだと思っている。また、イエズス会の他のすべての人びとが殉教の栄冠を受けて死ぬのに、自分一人だけが生き残ってどこかに隠れるとしたら、自分にとっての大きな恥辱である。それゆえもし国王が、福音の説教者たちを死刑に処するのであれば、特に説教師の中では知れ渡っている自分が第一番でなければならない」と答えた。

ヴィセンテの固い決心を知った宿の主人は、彼に馬と何人かの仲間を与えて送り出した。そして京都に非常に近い村落に到着したとき、ヴィセンテは感謝とともに馬と供の人びとを宿の主人のもとへ返した。それからなお旅を続けて、十二月十二日夕刻に京都へ到着し、信者たちによってオルガンティーノが居住している司祭館へ連れていかれた。

そのヴィセンテは、ペドロ・ゴメスに宛てた次のような書簡を送った。

「奈良にいる時この事件の便りが届き、私は犠牲を捧げるときに私の兄弟たちといっしょにいない場合のことを恐れて、道中、走るというよりも飛んで行くようだった。解決が延期されているのを見て大いに悲しみ、私は私たちの司祭館に入ろうとしたが、キリシタンたちはそれを無理に止めた。それは奉行所の代官が特に私を探していたからである。従ってオルガンティーノ師がいた司祭館に入った。イエズス会には他に多数の説教師がいるのに私が特に指名され、未信者は、私がイエス・キリストの寵臣であって福音の宣教の奉仕をしているものと思っていることは私にとってこれ以上の名誉はなく、残りの命を神の御前に謙遜に捧げ得るものは他にないことを神父様に申し上げる。今、望んでいるのは、このように死ぬ時まで迫害されることであり、もし出来れば、すでに捕縛されている修道者たちの仲間に入っていたであろう。しかし、目上が決めること以外には出来ないので、私を神の御旨に委ねる」

その数日後、オルガンティーノもペドロ・ゴメスに書簡を送り「奈良から着いたヴィセンテから、彼が死ぬためにどんな準備をしてきたかと聞いて、私たちはどんなに慰められたか分からない。彼は他の場合には、どんな危険も、あるいは死の印しも恐れるが、ただ目前に我がキリストを思い浮かべてこの時には恐れがなく、どんな拷問を想像しても、例えば、太閤が私の耳をそぎ、町中を引き廻しても心乱れることなく、主のために死ぬことが出来ることを非常に喜んでいると私に言った」と記している。しかしヴィセンテは、まだこの時点で、自分が教えを授けた三木パウロが処刑のターゲットになっていることまでは予想だにしていなかった。

同じころ、ペドロ・バプティスタのもとに、国王が彼らに対して死刑に処する命令を下したという情報が届いた。そのことを長崎のアウグスティン宛に書簡を送って知らせた。

「(十月十日) 我らは内外ともに監視がつけられて監禁されている。また我らキリシタンに対して死刑の宣告が下され、彼らの名が記帳された。我らは、一人の重立ったキリシタンから、我らはすべて明日処刑に処せられるはずだと聞いた。私は日の出前にミサを捧げ、それから修道士たちや他の五十名のキリシタンたちに聖体拝領をさせた。私はこれが最後の聖体拝領と思った。(中略) 石田三成の代官が来て、我らの伝道師であるレオン、パブロ、トマス、ベントゥーラ、ガブリエルを連行して牢獄へ留置した。この事件がどうなるかは分からない。噂によると、我らは殺されるか、ルソンへ送還されるということである。しかし我らは、ルソンへ帰るよりはキリストのために生命を捧げる方をよしとする。たとえ私がこれほどの善に相応しくないとしてでもである。我らのマルティン司祭も同じ精神と勇気をもっている。デウスは祝福せられ給え、と。」

迫害期における高山右近らの行動

オルガンティーノは大坂から都に到着すると、ただちに一人の修道士を高山右近のもとへ遣わして、秀吉の宣告を伝えさせた。この報告をうけた右近は、ついに司祭たちとともに殉教する機会が訪れたと考えて、喜びのあまり有頂天になった。そして彼はただちに馬を駆って、自分が扶持を受けている前田利家に別れを告げるため伏見へ向かった。伏見に着いた右近は、前田利家とともに密室へ行って己が心中を打ち明け、そして利家に、自分の死後の形見として、日本では茶の葉の保存に使う高価な二個の壺（その器は四、五千金に値していた）を贈った。

この話を聞いた利家は驚いて、「今、新たに貴殿の覚悟と決心を知り感嘆したが、私は太閤が司祭たちに激怒したときその席にいたが、太閤の怒りはルソンから来た神父たちと、その擁護者に向けられたものである。もし貴殿が彼らに多くの援助をしたならば、貴殿を自由にするため尽力しなければならないが、ただ、キリシタンでありイエズス会の友人であるだけなら、別に心配する必要はない」と諭した。そこで、右近は「太閤の前でイエズス会と修道会の区別については何も言わないが、私は数回、修道者の家にその教えを聴きに出掛けて、彼らの教えは私が受けたそれとまったく同じと分かった。しかし、いくぶんの疑問は残る。おそらく殿は、私を安心させようとそのように言われたのではないか」と答えると、利家は「太閤が自らの口で言われた言葉を疑う必要はない。太閤ははっきりとイエズス会の神父は処罰しないと言われた」と答えた。

この返事に納得して安心した右近は、前田利家から宮殿の玄関まで送ってもらった。利家は、その場にいた人びとに向かって、右近の有徳と英知と剛毅さを褒め称えた。

丹波国の亀山城主であった前田左近は、国王（秀吉）によってすべての司祭たちが投獄されてしまい（噂は次第に大きくなってゆくもので）、マルティンス司教もまた途中から召喚されたという報せを受けた。そこで、彼は真相の原因を見極めるため、家臣の一人は大坂へ、もう一人は都へ遣わして、すべての様子を詳しく報告させた。その後彼は、すべての障害を取り除いてキリストのために殉教するという栄冠を叶えるためにはどうすべきかと思いめぐらした。

この決断にあたり、パウロ左近は自分の両親と乳母に宛て「イエズス会の司祭たちがキリストの福音のために死刑に処せられるので、自分もキリシタンとして同じ縄目を受けようと決心した。自分が無謀で軽率に死に赴いたとは誰も思わないように」。そして「もし私のために葬儀をするつもりなら、葬儀の代わりに両親たち自身もまた、キリシタンの仲間に加わることを願う次第である。そうすれば両親たち自身は、自分の行為を理解されるだろう」という書簡を送った。

それから彼は、告白の恩恵によって、この殉教の立派な準備ができるようにと、密かに都のオルガンティーノのもとへ赴いた。その間に、大坂に遣わした家臣が帰って来て、事件全体の真相を報告したが、そのことによってパウロ左近は、喜びよりもむしろ悲しみを少なからず味わった。

彼の弟である前田茂勝も殉教を決意し、まだ打ち明けていなかった両親に対して、自分はキリシタンであることを明言し、それと同時に、自分が師と仰ぐオルガンティーノ師と一緒にキリストのために殉教を決意したことを知らせようとした。

京都奉行である父の前田玄以法印は、二人の息子の話にビックリ仰天しつつ、己が妻を前にして「迫害はマニラから来た宣教師に対してだけであって心配することはないと思うが、もし国王がすべてのキリシタンたちを死刑に処するよう命じたなら、予が自らの手で息子の首を刎ねようと思う。その時はお前もすべての女々しい狼狽を捨てて、男らしい勇気を示してほしい」と、やっとこれだけの言葉を発したが、その父性愛から涙を流しつつ、二人の息子を非道で残酷な奴だと呼ばわりながら、息子に対しての愚痴をこぼした。

また、細川ガラシャは十字架上で殉教するのに必要な衣装を用意していた。そして彼女は、いつでもイエズス会の司祭たちの処刑について確かな情報が入ったら、たとえ深夜であろうとも、侍女たちと一緒に跣足で走って刑場へ駆けつけようと決心して、その時を待っていた。

ただし、フロイスは「このような殉教への熱望が、すべての人びとの中にあったわけではないことを認める。なぜなら信仰への熱が冷えてしまっている連中もないわけではなかったからである。そして潜伏した人びとの中にはまったく見つからなくなった者もあり、またこの殉教の嵐の中で背教のわずかな印しを示した者もいる」などと記している。

アンドレ小笠原が示した情熱

太閤の怒りの最初の便りが大坂に届き、イエズス会の仲間が数人処刑されるだろうという情報がもたらされると、アンドレ小笠原は自分の望みが叶えられる時が到来したと喜んだ。そしてアンドレの家でアンドレ小笠原、大坂奉行の秘書・ヴィクトル野田源助、前田左近、明石掃部ら数人の間で、誰が第一人者になるであろうかという議論が始まったが、アンドレは当然自分が受けるべきであると論証し、二番目にヴィクトル野田源助の名が挙げられた。その後アンドレ小笠原は、三木パウロ、さらに同宿のジョアン五島とディエゴ喜斎とともに喜びに溢れて話し合ったり、刻々とその運命を待ち受けながら殉教のための準備をしていた。

アンドレ小笠原の父はギンセンと呼ばれ、八十歳くらいで純粋な気高い心の持ち主であった。アギンセンは六カ月ほど前に息子に勧められて受洗したが、信仰には浅くまだ精通していなかった。アンドレは出来れば父も殉教の準備するように次のように言った。「父上は信者になったばかりでまだ殉教者になるとはどんなことかお分かりにならないでしょうが、それは信者にとって神が与え給う最大の恵みの一つであります。即ち、拷問と死を通してその栄光に導かれることです。この冠を受ける人はそれに相応しく準備し、敵が来たときには武器を捨てて、いかなる侮辱あるいは拷問にもひざまずいて、天に向かって手を合わせ我が主の愛のため忍耐と謙遜をもって死を受けねばならない」と。

その言葉を聞いたギンセンは顔色を変え、激怒して「そんな子どもだましのような話をするな。そんな臆病なことでどうする。第一、自分の目の前で神父が殺されるというなら、こちらから先に敵を攻撃して七、八人を殺さずしてどうする。もし今度、あの悪人どもが神父を殺しに来たら、私は刀も腕も折れるまで戦い、刀の柄しか手に残らぬまで戦う。もし名誉の戦いをして殺されるなら、これこそ殉教というものじゃ」と立ち上がって刀を抜き、敵と戦う仕草をして見せた。アンドレは殉教の本当の意味を知らない父に呆れつつ、敵が来てそのような凄惨な事態にならないよう、当分の間、ギンセンを家から離れさせようと「我らの小笠原家は礼儀作法、馬術、弓術を教職とする日本で有名なことはご存じのはずである。数日前に、我が主は私に息子をお与えになり、もし私が死んだら、貴方の孫であるその子が一族の種として残るように、今その子とともにどこかに隠れるようお願いしたい」と懇願した。

この言葉にギンセンはさらに激怒し、「思慮分別のない愚か者め、私に向かって何ということを申すのか。若いお前が先に死んで老いぼれの私が生き残ったならどんな顔をして人びとの前に出られようか。お前がもし、家族のために潜伏したいならそうするがよかろう。私は敵たちの頭を潰した後でなければ、殉教者にならぬことに決めた」と言った。

アンドレはそれを聞いて悲しみ、現在の不運に泣き、同時に笑う他はなかった。そのとき、アンドレの妻は自分のため、および姑のため、磔にされるときに着る相応しい着物を繕っていた。また家族の中の他の者たちは、神にその幸せなときを与え給うことを祈りながらロザリオや聖骨箱入れを繕うのに余念がなかった。それを見たギンセンが何の準備かと訊ねたので、皆は「神のために命を捧げるので、喜んでその印しを持って死ぬために準備している」と答えた。これを聞いたギンセンは息子が言ったことを理解し、「それではお前たちが申すように、お前たちと一緒に死にたい」と言って刀を置き、ロザリオを手にして祈り始めた。

後年、小笠原少斎は丹波国で細川家に仕え、細川ガラシャ生害の際、ガラシャを介錯して自らも殉死した。細川家に仕えた少斎の息子・小笠原玄也（加賀山隼人の娘嫁）もまた、加賀山隼人と同じく転宗を迫られたが、一六三二年、細川家が熊本に移されて間もなく殉教した。

秀吉はなぜフランシスコ会の司祭らだけを処罰したのか

オルガンティーノをはじめとするイエズス会の司祭たちは、他のキリシタンとともに殉教を受け入れる用意をして、公儀の役人が来るのを今か今かと待っていた。ところが、主（デウス）の計り知れない深慮によって、石田三成の心にイエズス会員とそのキリシタンたちを救おうという望みを起こさせた。彼は都の奉行で、また国王の寵臣であるので、かねてイエズス会は日本の習慣に倣って三成を訪問したりして友好関係を築いていた。それゆえ彼は、キリシタンの諸侯やその他の人びとの示唆によらず十二月十二日、自発的に秀吉のもとを訪れ、次のように意見を述べた。

「昨日殿下は私にすべてのバテレンたちを死刑に処するよう命ぜられました。そこで私は、バテレンたちの名で誰たちを咎めているのか知りたいのですが、ポルトガル船と一緒に来日したバテレンをも殺されるべきであるなら、彼らによって犯された罪状をも明らかにするため、ご教示いただきたい」と。するとと秀吉は、これに対して「土佐へ漂着した船で来航した者どもによって、メキシコとルソンはスペインに征服させられたことを汝は知らないのか。彼らは、同じ方法と理由で日本国を支配下に置こうとして、日本国の諸地域を探偵するために、また布教によって民衆をひきつけるために、自分らの修道士を先遣したのである。その後に彼らは強大な艦隊を率いて来航し、先に準備を整えていたキリシタンたちの力をかりて日本国をも侵略しようとしている。予が災いとなるキリシタンの宗門を禁止してから十年になるが、イエズス会の者らは予の命令に従って潜伏している。ところが新米のフランシスコ会の者たちは、あえて予が望まぬことを布教し、日本国を転覆させ滅亡させようと企てているではないか」と答えた。そして「予は何もイエズス会のことで立腹しているのではない」と付言した。そこで、石田三成は「殿下の仰せの通り、（托鉢）修道会員は殿下の忠告を受け入れようとしなかったが、イエズス会員は殿下の命令に服して長崎に引退している」などと、イエズス会のバテレンを弁護した。

そこで、秀吉は「予らの通詞（ジョアン・ロドリゲス）はこの噂を聞いて心配したであろうから早船で長崎まで人を送って、まったく心配する必要はないと伝えよ。また都に居住しているかの老人（オルガンティーノ）にも、心配しないで安心するように伝えよ」と命じた。そしてまた、長崎にいる司祭たちや司教、および司教と一緒に来日したすべての人びとをも許した。

さっそく三成は、このことをオルガンティーノら司祭たちに伝えさせた。三成からの言葉を聞いた彼らは皆驚き、一人の異教徒（石田三成）が国王の面前において我らの弁護を引き受け、それを成功させたのも、デウスの御摂理によるものだと感嘆した。そしてフランシスコ会の人たちの運命に悲しんだが、全教会をこのような大きな危険から守ったことに感謝した。しかし信者の多数は、望んでいた殉教の冠が奪われたことを悲しんだ。

またこの後、オルガンティーノは三成への感謝の書簡と少量の伽羅木を届けさせ、三成は快くそれを受け取ったが、三成がイエズス会に味方したのは、口にこそしないが、厳しい朝鮮での戦いにおいて苦闘している盟友・小西行長への深謀遠慮があったものと思われる。

一つの疑問が残る。すなわち、なぜ、秀吉はフランシスコ会、およびその信者に処刑の宣告を出したのに、イエズス会と彼らがつくった教会に対して何もしなかったのだろうか。イエズス会は福音を布教して、三十万人の信者を世話している。またコレジヨ、修練院、院長のいる家が四カ所、多くのレジデンシアと十五人のイエズス会員の他に百人以上の神学生、伝道のために準備しているセミナリヨなどの大きな施設がある。この疑問への答えとして、フロイスは「私見を加えれば、三つの理由がある」として、次のように述べている。

第一は、イエズス会は、既述のように国王を立腹させないようにと絶えず振る舞った態度である。その態度は国王の心を非常に和らげたため、ある領主たちは自らの諸領国に教会を建設することを望むようになり、我らはまったく太閤様と和解したのと何ら変わらなくなっていた。

第二は、ペドロ・マルティンス司教が到着して国王を訪問した際、東インド副王の書簡が司教によってもたらされたことである。これによって国王の手兵はまったく引き留められている。

第三は、国王がポルトガル人と交わした通商である。彼はこの通商によって非常な利益が日本国にもたらされると考えたので、これが理由で彼は我らに対して長崎に滞在し、また教会を建設する許可を与えたのであろう。しかしもし国王が我らすべてを同じ処刑に処したら、この通商は容易に引き裂かれてしまうだろうことを認めていた。

以上のことは、国王が石田三成に対して自ら語った言葉である――と。

そして「準管区長ペドロ・ゴメス師はこのことについて非常に尽力し、また、政庁の殿たちの我らに対する好意を保つために彼らとともに尽力したことも否定できない。このことによって前田利家殿と石田三成に見られたように、主なるデウスは我らを守護するための道具であるかのように、彼らを利用し給うたのである。」と記している。

ただし、政庁の殿の好意と協力を得るため、イエズス会は相当の金品を費やしただろうことが想像される。


処刑の宣告後、長崎とその地域で起こったこと

秀吉はこの事件において、フランシスコ会への処刑の意向を宣告した後、長崎奉行寺沢広高（広高は一五九四年にペドロ・ゴメスから洗礼を受けたが、秀吉のキリシタン弾圧が強まると棄教し、一転してキリシタン迫害に転じた）の弟で、彼の代理をしている半三郎に公書を送り、近日中にフランシスコ会のバテレンらを都から名護屋へ護送するので、彼らが到着すると長崎まで連行し、彼らを磔刑するように命じ、またイエズス会員は処罰せず、長崎に自由に滞在する許可を与えたが、長崎の周囲で宣教することを許さず、またその目的のため、一人のバテレンも長崎から都へ出発してはならないと命じた。

これらの文書を受け取った半三郎は、ジョアン・ロドリゲスらを呼び寄せて、ポルトガル人と仲間以外に日本人は誰も教会へ行かぬように、またキリシタンたちによるいかなる集会、また異教徒たちの注意を引くような他の外的な行事はしてはならないと厳命した。そして、もし命令を守らなければ、イエズス会のバテレンもキリシタンたちも、太閤のもとで生命とすべての財産を失うことになろうと諭した。さらに、長崎にいる自分の代理の役人に託して、長崎に滞在している三人のフランシスコ会の司祭たちに、ポルトガル人の船でマニラに引き上げるよう忠告した。

そんな中、ペドロ・ゴメスは、有馬晴信と大村喜前と会って、彼らの領国に滞在しているイエズス会会員たちに関してどのようにしたらよいか相談した。すると、二人は「少なくとも時代に相応した態度を守るべきである。キリシタンの信心は、キリシタンたちの救霊のために必要なものは欠かさぬという程度にして、なるべく個人の家の中にとどめて潜伏するがよい」と答えた。

それとは別に、有馬晴信に対して、有馬領内にはセミナリヨがあり、そこには百人以上の神学生、十五人のイエズス会員、その他多数の勤める人がいるが、有馬領の高来は訪問者も多く、政庁、および太閤の耳に達する恐れがあるので、ここから離れた天草（コレジヨと修練院が移されていた）に移転させ、また修練生も共に、天草へ移転するよう申し入れた。しかし晴信は、今までセミナリヨは自領内にあったし、神の御前にその功徳を得て迫害が終わるまで高来に置くことを望むと言って同意しなかった。そこで、ゴメスはいろいろ理由をあげて晴信を説得したが、彼は「自分は今、朝鮮へ出発するが、後のことは領国の統治を引き受ける伯父（註・安富ジョアン得圓）に任せているので安心するように」と言って、セミナリヨの天草移転については承諾しなかった。

朝鮮国にいる小西行長は、日本での迫害が始まったとの情報を受け、ただちにペドロ・ゴメスに使者を遣わし、問題の確かなことを知りたいが、もし必要とするならすべてに尽力したいと伝えてきた。長崎の周囲にいる殿たちも、異教徒とキリシタンとを問わず、ペドロ・ゴメスに見舞いの言葉と援助の提供を申し出た。

一方、石田三成は秀吉の意向が分かると、己が代官を都から伏見へ呼んで、フランシスコ会の司祭たちと親密にしていたキリシタンたちの名簿を作って提出するように命じた。代官は都へ帰ると司祭たちから彼らの名前を求め、百七十人の名簿が提出されたが、代官にはこの人数は多すぎると思われたので、フランシスコ会の司祭たちと同居していた信者の名だけ挙げるよう命じた。そのため、三成のもとには四十七人の名簿が提出された。しかし三成は、それでも人数が多すぎると思ったので、名簿に名が記載されていた人びとに、彼らがフランシスコ会の司祭たちと親密にしていたことの真偽を調べさせて、もし彼らがそれを否定したならばその名を除き、肯定したときは自ら署名するように求めた。再び京都へ戻った代官は、フランシスコ会の信者の名簿から多数の名を削除して十五人だけを選んだ。

三木パウロら、京都へ送られる

十二月三十一日、秀吉は大坂に到着すると、大坂で捕らわれていたフランシスコ会司祭とその仲間たちを都へ護送し、石田三成に引き渡すよう町奉行に命じた。そのとき、大坂のイエズス会の司祭館には修道士の三木パウロ、同宿ジョアン五島と客人の接待係のディエゴ喜斎がいた。彼らは十二月九日、大坂の役人に名簿を記入された以後、監視人によって監禁されていた。しかし太閤がイエズス会に対しては処罰しないと言ったし、また京都の司祭館は監視を解かれていたことから、大坂の司祭館も監視が解かれるだろうと安心していた。だが、大坂奉行は、キリシタンたちに対してあまりに勝手を許していたことが秀吉から厳しく咎められたため、国王の許可なしに監視を解除することをあえてしなかった。そのようにして大坂奉行は、三木パウロとジョアン五島、ディエゴ喜斎をも京都へ送ろうと考えた。そのようにしたのは、彼がイエズス会から賄賂をもらったという嫌疑を持たれないようにするためか、彼の友人である長谷川宗仁がイエズス会も同じ刑にすることを望んだため、その頼みに応じて行ったかは明らかではない。

一月一日、イエスの聖名の祝日に、大坂奉行はフランシスコ会司祭のマルティンと二人の同宿、一人の伝道士と一緒に、イエズス会の三木パウロとジョアン五島、ディエゴ喜斎を都に送った。彼ら三人はこの迫害の当初から死ぬ準備をしていたので、その通達を歓喜して受け入れた。三木パウロは「私は今三十三歳で、それは我が主（キリスト）が亡くなった時の年齢である。今日はイエスの祝日であるが、私は相応しくないがイエズス会の者である。今日は水曜日で、処刑は金曜日であると言われているので、せめてもこの小さなことにおいて値打ちのない者であるが、私のためにそのように辛苦を受けた我が主・キリストに倣ってすることが出来るのは嬉しいことである」として、殉教の冠が得られることを喜んだ。

彼らが京都へ到着したとき、オルガンティーノは石田三成のもとへ人を遣わし、何とかしてイエズス会の三人を釈放できないかと頼んだ。彼らは大坂奉行の手違いによって、国王の意思に反して捕縛されたのだから、彼らは当然除名されるべきだと訴えた。すると、三成は「自分はこの不幸な事件を気の毒に思うが、その方策は見つからぬ。もし彼ら三人のことを話して、彼らが大坂の通詞（ジョアン・ロドリゲス）の家にいたと知れば、国王は、京都以外にイエズス会の家はないと思っているので、おそらく立腹してイエズス会員をすべて処刑するように命ずるだろう。従って、小を捨てて大を取り、彼らの犠牲によって皆が救われる方がよいと思う。しかしながら、大坂奉行と談判し、彼が彼らを保釈するならば、それについて見ぬふりをする。また、殿下は彼らの両耳と鼻をそぐように命じているが、私は代官に片耳だけを切るよう命じている。イエズス会員は今こそ潜伏して、騒がず、熱意を見せぬように注意せよ。そうでなければ私は援助することができないだろう」と答えた。

そこで、一部のキリシタンたちは、自ら進んで大いなる金銀を賄賂として贈り、大坂奉行のある役人を自分たちの意向へ引き入れようと努めた。だが件の役人は、容易に柔軟されていたこれまでと違って、賄賂の品々を見ても、石のように硬くこれを拒んだ。そのことを知ったオルガンティーノは、それらのキリシタンたちを咎めて「彼らキリシタンたちの熱心さと厚情は称賛されるかもしれぬが、今回の場合には何もしないがよかろう」と諭した。この問題の発起人となったキリシタンとは、高山右近と前田玄意法印の息子たちであった。

三木パウロは、イエズス会の仲間たちの助命嘆願が水泡に帰したことを知ると、デウスに大いなる感謝を捧げて、以前にもまして熱心に殉教の準備を始めた。そしてキリシタンの仲間たちに宛て、自分を助けようとして彼らから受けた尽力に対して自分は心苦しく思うと言って、次のように言葉を返した。

「あなた方が私に抱いている愛情は、これ（パウロの助命）にあるのですか。あなた方はデウスのこの無限の恩恵（これについては、あなた方はデウスの無限の善を喜び、また称賛しなければならなかった）を私から取り上げることを望む、とでも言うのですか」と。そして「私は我が主が与え給うた御恵みに感謝し、慰められて死ぬゆえに心配しないように」と伝えさせた。

パウロの言葉は、イエズス会の人びとに大きな慰めと感化を与えたが、他方、そのような立派な修道者である神の僕（しもべ）を失うことは皆の悲しみをさらに深くした。

同じくこの日、バプティスタは「キリストのため生命を捧げるのは神から与えられる非常に大きな恵みです。私はそのように思い、神が大きな恵みをお与えになるように望みます。この望みを受けることができれば日本に来たのは幸いなことです。素晴らしい年の始まりになります」と述べ、ついに殉教が現実になることを主イエスに感謝した。そして捕らわれた者は皆、京都の牢屋に入れられた。

こうして遣外管区長バプティスタとヨーロッパ人の二人の司祭、唯一のメキシコ人であるフェリペ・デ・ヘススら三人の修道士、フランシスコ会の教会に出入りしていた十五人の日本人信者、それに加えて、三木パウロらイエズス会の三人の計二十四人が処刑者名簿に挙げられた。

二十四人が片耳をそがれ、牛車で引き廻された次第

明けて一五九七年一月二日の夕刻、石田三成から代官のもとへ「フランシスコ会の者たちと、その仲間たちに対する国王の命令を次の日に実行せよ。ただしイエズス会の三人については除外し、大坂奉行の役人の権限に委ねよ」という書状が届いた。しかし、その役人は三木パウロら三人を釈放することができず、その夜、彼らを捕縛したまま牢に入れた。三木パウロは最終的な判決を聞いて、命の許す限り、神の御言葉を弘めようと決心した。そしてその夜、牢内において、牢番たちや入牢中の異教徒たちに聖なる信仰の奥義について説教を始め、また聖なる主の御受難について特別な感情をこめて説教した。彼は説教を一晩中語り明かして、それを聴いていた一同は、彼の熱心さに呆気にとられるとともに感動し、

二人の監視人が密かに彼に近づいて洗礼を授かることを約束した。
一月三日、粗末な食事を済ませた後、二十四人全員が後ろ手に縛られたまま牢から引き出され、徒歩で上京の一条のある特別な通りまで連行され、その場で左の耳たぶをそぎ落された。秀吉は鼻と一緒に両方の耳をも切り落とすよう命じたが、石田三成は、ただ左耳の一部を切るに止めるように指示した。三成がそのようにしたのは、おそらく後で彼らの命を救えるという、いくらかの希望をつないでいたからだと思われた。

こうして刑吏たちが二十四人の耳をそいで地面に投げ捨てたとき、アンドレ小笠原と一緒に京都へ連行された三木パウロらに付き従って来たヴィクトル野田源助は、イエズス会の三人のそがれた耳の一片を拾って、オルガンティーノ神父のもとへ持って行った。オルガンティーノは深い尊敬をもってそれを手にとると、同情と喜びのために多くの涙を流して「これは日本におけるイエズス会とその初穂である。見よ辛苦の結晶を。見よこの新しい教会の精華を。私はこれを慎んで我が主イエス・キリストに捧げる」と。オルガンティーノのその言葉は、その場に居合わせた多くの人びとの涙をさそった。

耳そぎが終わった後、刑吏たちは日本の古くからの風習に従って、牛車ごとに囚人三人を乗せ、見せしめのため町中を引き廻した。外国人を引き廻すという、この珍しい光景を見物しようと数知れない多くの人たちが諸街道だけでなく、窓口や屋根上にも集まって見ていた。また、牛車の列の先頭には細長い一枚の板が押し立ててあり、囚人たちの罪名と処刑の宣告が書いてあった。

「これらの者ども、呂宋(ルソン)より使節として渡来したが、予が先年来厳しく禁じているキリシタン宗門を弘布するため都に滞在した。この理由によって予は、彼ら一同をキリシタンの掟を信奉した日本人たちともども死刑に処する。追ってこれら二十四名の者は、長崎において磔刑に処せらるべし。予は将来にわたってこの宗門を禁止するゆえ、一同はこれを心得よ。もし予の布告に従わぬ者があれば、一族全部が（死罪の）仕置きを受けるものと覚悟せよ。慶長元年十一月十日」

彼らキリシタンの中で、遣外管区長のペドロ・バプティスタは、キリストのため苦しみを受けるという希望と情熱に燃えて仲間を励まし、また、この光景を見物するため集まったキリシタンたちを慰めるために、あるときはスペイン語で、あるときは日本語で身振り手振りを交えて大声で説教した。その場にいた見物人の讃嘆の的となったのは、フランシスコ会の司祭たちのミサ仕えをしていた三人の同宿で、最年長は十四、五歳で、最年少者は十二歳であった。三人とも天使のような顔で喜びに溢れ、後ろ手に縛られながら、晴朗な声で「主禱文（パーテル・ノステル）」や「天使祝詞（アベマリア）」その他の祈りを唱えていた。

その後、彼らは再び牢屋へ連れ返された。彼らが牛車から降りたとき、三木パウロはフランシスコ会の司祭たちのもとへ行って彼らを抱き、「今日、神の御慈悲によって初めてこのような恩恵を受けました。このことは神父様方のお陰だと分かっていますので、心から感謝します」と述べた。監視人と車夫たちはそれを見て驚き、「このように振る舞う人びとは、どういう人であろうか。このように侮辱されて喜ぶ人がこの世の中にあるだろうか」と語り合った。

その夜もまた、三木パウロは数時間にわたって牢内で説教した。牢内には四、五人の罪人がいたが、この話を聴いて涙を流し、監視人もまた、自分たちにとってまったく新しい教えを聴いたと感嘆した。

一月四日、太閤の命令によって、二十四人は大坂へ移されることになった。その朝、京都を離れるため、ちょうど東寺の門前を通りかかった時、そこに床林コスメが別れを告げるために待っていた。バプティスタはコスメに出会って感激し、今は何もできなかったので、長い旅の宝物として胸にかけていた十字架を取ってコスメに与えた。

余談になるが、現在、バプティスタの生家は大切に保管され、その一部が記念礼拝堂になっているが、一九六八年頃、結城了悟神父はバプティスタの生家を訪れたが、その生家にある小聖堂内の祭壇の上に置かれていたそれが「聖ペドロ・バプティスタが耳朶を削がれたとき、首に掛けていた十字架です」と教えられた。その象牙のキリスト像には切られた耳の血の跡が微かに見られたという（『二十六聖人と長崎物語』）。

因みに、イエズス会士であったフロイスは、この話は『日本二十六聖人殉教記』の中では取り上げていない。

第六章　二十六人殉教への旅

二十四人の長崎への護送

こうして二十四人は京都から駄馬に乗せられ大坂まで連れて行かれたが、大坂市中を見世物にされ、最後に一行は大坂から堺へ連行され、堺においても恥辱に満ちて市中を引き廻された。そして堺の牢に留め置かれていたが、一月八日、太閤は彼らを長崎へ護送して処刑するよう公の書状をもって命じた。

一月九日の朝、一行は堺を出発して大坂の牢に移送された。そして翌十日、行列が組まれて彼らの行列が開始されたが、秀吉は、大坂から長崎までの道を陸路で護送するように命じた。そのため、一行は陸上で都から長崎まで六十万歩もある道程の諸領国を通過せねばならなかった。秀吉が護送にもっとも容易な海路を選ばず陸路を選んだ目的は、そのことによって、諸領国の住民たちに大きな恐怖をもたらし、よって、以後は誰もキリシタンの洗礼を授かることを望んだり、バテレンたちを匿うことがないようとの見せしめのためであった。

そうして彼ら一行は、絶えず武装兵（二百人）たちに護衛され、また彼らの先頭には、長い棒の先端に、彼らを陸路で長崎へ護送するよう命じた宣告分を書いた板を持った一人の男が進んだ。そしてまた、一月初めの厳冬の中、寒気と雪と氷が薄い着物を着た流刑者たちを苦しめ、道中の艱難や辛苦は想像を絶するものがあり、こうして長崎までの長い旅が始まった。

また、彼らが通過する町村では異教徒たちは彼らを引き渡されるとき、彼らを哀れんで、罪なくして処刑されることに同情心を起こし、馬まで準備していた。徒歩で旅する彼らの脚はすでに腫れ上がっていた。さらに、行く先々の村には宿所を準備するため使者が送られていた。そして到着前に警護のため彼らを収容する場所を丸太で囲んだ。彼らを引き受ける人びとは一行の中の誰かが死んでしまったり、あるいは不測の事態でいなくなったりしたら、それは自分たちの責任だと言われないようにと、一行をまったく鄭重に取り扱った。

明石掃部との邂逅

大坂出発後、旅の最初の夜を兵庫で過ごした。翌日、須磨の関を越し高山右近の旧領地明石に到着した。その三日後の十四日、播磨の赤穂を発った一行は、翌十五日に片上（現・備前市）に着いた。肥前中納言宇喜多秀家から途中の道程の管理を任されていたのが、宇喜多家の重臣であるキリシタンの明石掃部（かもん）であった。

「太陰本月二十六日、私たちは肥前の国、片上（カタカベ）という所に到着した。私たちは我が主が昨日来私たちに対して示し給うた特別な摂理のおかげで、この道中の功徳を失うことを恐れている。播磨の国の赤穂郡という所から、この備前の国の川辺川（三日の行程）という所まで、私たちは明石掃部に預けられている」（三木パウロ）。

大坂の司祭館で三木パウロと何度か会っていた明石掃部は、その後領地に戻っていたので、殉教者たちが京都で耳を削がれたとき、そこにはいなかった。そして掃部は、パウロと出会うやいなや、彼の手をとって滂沱の涙を流して泣いた。

また明石掃部は、この地において処刑者に書簡を認めるための自由な時間を与えてくれた。片上から三木パウロは二通の書簡を大坂と京都の神父たちに宛て送った。その第一の書簡に「明朝早く岡山へ出発する」、第二の書簡に「播磨の国の赤穂郡という所から、この備前の国の川辺川という別の所まで（三日がかり旅）……」と記している。続けて「……私どもは明石掃部に渡されました。彼は私を見るやいなや手を固く握り、あなた方には説明できないほど感激して涙を流しました。彼は信仰を表すのに卑怯な態度を示さず、堂々たるもので、その信仰は堅固であることは申すまでもありません。彼は私どもの仲間入りができるよう、太閤が自分を取り調べてくれることを希望するといったほどです。その言葉は、彼の信仰を証明しましたので、私はたいへん慰められました」と。

この片上において、バプティスタも「私たちの係の役人であるこの善良な人（明石掃部）が密かに与える時間以外に他の時間がないので短く書きます」として、マニラ管区長ガロビヤス宛に書簡をしためている。

「ドン・マティアスの船（サン・フェリーペ号）が日本に着いたとき、彼は、私に、船の問題を取り扱うように願い、その解決のために必要なことをしたり、寄付したりすることを、手紙や紙によって自分の代わりに委任しました。彼の代わりに都に来た使者がクリストバル・デ・メルカドとドン・アントニオであって、彼が国王に謁見するためのメッセージと、船の方からの贈物を私に宛てて持ってきました。

私はクリストバル・デ・メルカドと相談した上で、一人の日本人から借りたお金で贈物を準備しました。その日本人は貧しい者ですし、私の頼みでお金を与えたので、今、彼にお金を返さなければなりません。従って床林コスメと呼ばれるその日本人に、あるいはその妻マリア、または娘のイザベルにお金を返すように願います。お金は彼が遣わす人、あるいは都にいるイエズス会の神父たちに渡し、彼らがそれを床林コスメ、または前記の家族の人に与えるでしょう。

他のことについては書きません。私たちは陸路で、百里くらい引き連れられ、誰にも話さないで歩くので、私たちのために祈って下さいという以外に、何も知らせることがありません。

借りたお金は百四ドウカドでした。神の愛によって、また、今、私がいるこのような状態を考えて、彼が行った善事に報いるように願います。　一五九七日一月十四日」

これに続けて、「前に説明したように神の愛のため床林コスメにお金を返すように願います。彼らが皆亡くなった場合には、コスメ（床林）は、サン・グレゴリオ管区が必要とすることのそのために施し、そのような必要がなければ、マニラで最も困窮している病院に、あるいは、そのような所がなければ我らの修道院の庭内に、または他の適当な所に聖母の小聖堂を建てるために使っても良いと言っています」と付記している。

小崎トマスの手紙

一月十九日、京都を出てから、すでに二週間が経っていたが、その日、殉教者たちは尾道から三原まで歩いた。そして三原城のどこかに一夜を過ごすために留められた。尾道から三原までの距離はそれほど遠くはなかったので、その日は皆早めに眠りに着いたが、小崎トマスには、京都に残っていた母親と二人の弟たちとの思い出が、再び脳裏に浮かんできた。そこで、トマスは時間を見つけ、母・マルタへの別れの手紙を書きはじめた。

「神の御助けにより、この数行をしたためます。パードレたち以下、われわれ二十四名は列の先頭を行く高札に書かれた判決文のように長崎で磔刑を受けるため、ここまで参りました。私のこと、また父上ミゲルのことをご心配くださいませんように。パライソ（天国）で、すぐにお会いできることを希望しています。お待ちしています。たとえ、パードレがいなくても臨終には熱心に罪を痛悔し、イエス・キリストの幾多の御恵みを感謝なすれば救われます。この世ははかないものですからパライソの全き幸福を失わぬよう努力なさいますように。人からどんな迷惑をかけられても耐え忍び、すべての人に大いなる愛徳を施されますように。私のふたりの弟・マンシオとフェリペを、どうか異教徒の手に渡されぬようご尽力ください。私は母上のことをわれらの主にお願い致します。母上から私の知っている人びとによろしく申し上げてください。罪を痛悔するのを忘れぬよう、再び重ねて申し上げます。なぜなら唯一の重大なことですから。アダムは神にそむき罪を犯しましたが、痛悔とあがないによって救われました。

十二月の月二日　安芸の国　三原城にて」

トマスはこのようにしたため、その手紙を父・ミゲルに渡した。

長崎で磔刑にされた後、殉教者たちの形見を求める一人の信者がミゲルの着物の懐に血でまみれたその手紙を見つけた。手紙には、父・ミゲルが自分の血をもって息子トマスが書いたことを示す署名がなされていた。

修道者たちの同宿ベントウーラからもキリシタンの父・シクストと、義母、および他の親戚に宛てた手紙がしたためられた。父・シクストには「信仰に不熱心であると聞いたが、もし貞潔を守って清純な生活をなさらぬなら、貴方の救いは困難です。どうか深い痛悔をもって罪を忌まわしく思われますように」と。義母宛てには「貴女をキリシタンの信仰に御導き出来なかったことは残念です。この世ははかなく短い夢のようですので、貴女がこの世のことに捕らわれていて、来世と救いのことを知らないのは私にとって悲しいことです。もしキリシタンにならなければ現世においてパライソ（天国）を見つけられないでしょうし、来世では地獄へ落ちるだろうと分かっていただきたいのです」と記した。

同行の二人が殉教者に加わる

オルガンティーノは長崎への旅のために、非常に徳のすぐれたペドロ助次郎という京都の熱心な信者に幾らかの銀を託して、殉教者の世話をするために遣わした。助次郎はその役目の危険を承知の上で大坂から捕らわれ人の列の近くを歩き始めた。

また、フランシスコという若い男も同様な目的で、フランシスコ会の司祭たちに付き添うために一緒について来た。京都で大工として働いていたフランシスコは、まだ八カ月前に洗礼を受けたばかりだが、マルティンス司教が彼に堅信の秘蹟を授けたときに、聖フランシスコに対する信心から、洗礼名をガヨからフランシスコに変えた。そして自ら殉教者たちの最期を見届けるために京都、大坂、堺とその道中で彼らに伴った。

ところが、三木パウロが片上から書いた手紙に「助次郎ペドロは非常に元気で、決して私たちの側から離れません。下関に着いたら便りを伝えるために彼を先に送ります」とあるが、殉教者たちが下関に着いたとき、助次郎はすでに捕らえられていた。その場所がどこだったかは不明だが、番人たちが助次郎の態度を見て、またお金を持っていると分かって不審に思った。そこで、彼と行動を共にしている大工のフランシスコを捕えて、汝はキリシタンであるか、否かと問うたところ、フランシスコははっきりとキリシタンの信仰を告白した。そのために助次郎も共に捕らえられ、二十四人の列に加えられた。その後殉教者たちを任された役人たちは、捕らえた二人を自由にする勇気がなく、番人から番人へと彼らを引き渡した。

この二人を加えた一行は、残りの道中を非常な喜びをもって歩み、デウスへの熱心な諸祈禱、その他の信心業によって自ら勇気を鼓舞した。そして彼らは死ぬ前に、キリストの御聖体を拝領したいという特別な望みを持ち始めた。この心の準備のためにあるときは三木パウロが、あるときは通訳を通じてフランシスコ会の神父たちが、日本人たちに向かって激励の言葉を与えた。彼ら殉教者はこれらの激励によって、自らを全心から聖主なるデウスに奉献するよう勇気づけ、また善きデウスの非常な恩恵を認めるよう駆り立てた。

毛利輝元の領地である町では、彼ら二十六人は一人の異教徒に任されていた。はじめこの役人は彼らを非常に厳しく取り扱い、暗い牢獄に入れた。それを見た三木パウロは彼に安心するように丁寧に伝え、あの人たちは誰も逃げも隠れもせず、それどころか全員歓喜して死を享受しに行くので心配に及ばないと諭した。これをきっかけとして、パウロはキリスト教の信仰のことについて語り、その信仰だけに救いがあると説いた。三木パウロの説教によって異教徒の頑固な心は解け、これまでの厳しさはやさしさに変わり、二十六人を丁寧に取り扱い、そのうえ己が心の歓喜と慰めの中でキリスト信者になった（ペドロ・ゴメス「一五九七年年報」）。

博多から名護屋へ向かう

一月末日に捕縛者一行は博多に着いた。その地にいた数人のキリシタンたちが捕縛者を訪問した。三木パウロは、片上で書いた手紙を届ける人をまだ見つけられなかったのでそのまま携えていた。そこで、彼に会いに来たディオゴ興善（註・末次興善と思われる）に、その手紙を長崎の神父に届けるように切に願った。また興善は、パウロから、道中ずっと自由に何の恐れもなく昼も夜も護送の役人やその他の人びとに説教したが、それでも満足できなかったと聞かされた。

その夜博多に滞在し、そこでもパウロは説教した。

その間、長崎奉行の兄・寺沢広高の代理者として名護屋にいた弟の半三郎は、彼らが近づいているという報告を受け、同じく、秀吉が送った命令を受け取った。それによると、二十四人が到着したらただちに磔にするため長崎へ護送せよとのことであった。そのため、半三郎は長崎の代官（広高は長崎に代官二人を置いていた）に使者を送り、彼らの到着の理由と処刑のための十字架を用意せよと命じた。

二月一日、博多を出発して名護屋から三里隔たった唐津に到着し、この地で寺沢半三郎に引き渡された。半三郎は、かつて長崎において何度か三木パウロの説教を聴いたことがあるので、変わり果てたパウロを見て、その不運を哀れんだ。その半三郎に対し、パウロは「ただ一つだけ汝に切望したいのは、長崎へ着いてから処刑される前に、告白して聖体拝領する短い時間を与えてもらいたい」と訴え、フランシスコ会の神父たちも同じことを要求した。半三郎はそうすることを約束したが、フランシスコ会の神父たちとの約束は果たされなかった。また半三郎は、十二歳の茨木ルドビコに「キリシタンの教えを捨てるならば、その命を助けよう」と約束したが、ルドビコは「つかの間の生命と永遠の生命を交換するのは意味のないことです」と答えた。

二月二日、バプティスタは長崎のフランシスコ会士に宛て最後の手紙をしたためている。その中で、バプティスタは太閤の命令に背いて南蛮の教えを宣べた科で投獄され、磔刑のために長崎へ連行されるまでの経過を縷々述べている。また「あなた方が殺されないようにポルトガル人が強いてあなた方を船に乗せたと聞きました。彼らのその善行が報われますように」とあるが、寺沢半三郎は、長崎にいたフランシスコ会員とフライ・ファン・ポーブレらをポルトガル船に乗船させ、マニラに追い返すようにと命じていた。

またバプティスタは、道の途中でジェロニモ・デ・ジェズース、オルガンティーノ神父、モレホン神父に手紙を書いた。ジェズースに対しては「(マニラ)管区長様への手紙は非常に大切です」として、また「太閤様がサン・フェリーペ号の船荷を没収しないように、太閤様への贈物を差し上げるために、我らの兄弟コスメ(床林)から百四十ドウカドを借りた。本来、この金は乗船している人たちが負うべきものだが、自分がコスメからその金を受け取った」と、ここでもバプティスタはコスメから借りたお金のことを記しているが、床林コスメから借りた百四十ドウカドが無事、コスメのもとへ届くかどうか、そのことをバプティスタがいかに案じていたかが察せられる。

二月三日、一行は柄﨑(武雄)に到着し、翌朝そこを出発したが、長崎から八、九里隔たった大村領の彼杵まで残りの道程を、酷寒の中を(後ろ手を縛られながら)徒歩で行くことを望んだ。

長崎へ到着する

長崎へ到着する前、道中で捕らえられたペドロ助次郎と大工のフランシスコは、二十四人とともに処刑されると告げられた。そのことを伝えられた二人は、「都を出発した時点からこのように大いなる幸せを受けようと熱望していた」として、殉教の光栄を受けられるようになった運命を、大いに喜んで受け入れた。

二月四日昼過ぎに彼杵へ到着したが、そこには準管区長ペドロ・ゴメスから遣わされたフランシスコ・パシオとジョアン・ロドリゲスの両神父が、告白の秘蹟の聖なる集まりと供養の聖ミサを挙行するために来ていた。しかし、半三郎がすでに長崎で待ち受けていたため、一行はただちに出発せねばならなかった。そのため、三木パウロらはキリストの聖体拝領を授かることが出来なかった。このとき三木パウロは、ロドリゲスを抱擁し、声を小さくして「自分は、この迫害によって日本国における教会は大いなる増加をたどるであろうと、デウスの御慈悲に大いなる信頼を寄せている。このことの証拠として、自分は大坂の牢屋の中において異教徒たち六人から聖なる洗礼を授けるよう強く求められたからである」と述べた。

その後ロドリゲスは、ペドロ・バプティスタを抱擁した。バプティスタは「私は、私たち（フランシスコ会）の仲間たちの名において、彼らの上長として、この時におよんで準管区長師およびその他のイエズス会の人びとに対して、私たちが加えた諸々の不愉快なことを寛恕して下さるよう心よりお願いする次第である」と述べた。これに対して、ロドリゲスは「同様にもし万一（イエズス）会の側からも何らかのことで損傷を加えることがあったとしたら、寛恕してほしい」と答え、二人は抱き合って、とめどない涙を流しあった。

それから一行は海路によって時津港に着いたが、寺沢半三郎は、この朝早く長崎にいたペドロ・ゴメスのもとに人を遣わし「処刑前にミサに与り、聖体拝領する許可を与えない。ただしイエズス会の三人にだけ告白する許可を与える。そのため神父を一人、浦上のサン・ラザロの癩病院まで行かせるがよい」と伝えさせた。そこでゴメスはパシオ神父を浦上の癩病院に遣わした。

二月五日、こうして半三郎の配慮によって、三木パウロら三人のイエズス会員は告白するために癩病院に入り、パシオ神父は最初にパウロの告白を聴いた。パウロは両手を縛られていて帽子を脱げなかったので、パシオに頼んで脱がせてもらった。パシオ神父は、京都上京の一条の辻で左耳を切られてまだ治癒しない耳の傷跡から流れた血の染み付いた着物を見て、憐れみと同時に深い信心と慰めを覚えた。

　三木パウロは生涯の総告白をして、誓願を立て、そして望んでいた他のことを終えると、準管区長やその他神父たちへの伝言をパシオ神父に頼んでこう言った。「私のことについては御心配下さいますな。御主キリスト様が私に大きな恩恵と喜びとを授けて下さいましたので悲しいと思ったことはないのです」と。そして、その場に居合わせたキリシタンに「(非常に明るい表情で)堅く信仰を守り、自分の魂の救いのことをおろそかにせず、この試練(殉教)の後に我が主の教えが大きく広がることを信頼するように」と説教した。

　ディエゴ喜斎とジョアン五島の告白が済むと、パシオ神父は二人を別々に呼んで、ペドロ・ゴメスから委託された権限によって二人に日本語で誓願を宣立させ、イエズス会の修道士として受け入れた。

　このサン・ラザロ病院にジョアン五島の老いた父が別れを告げに来ていた。ジョアンは「お父上、よくお気をつけ下さい。魂の救いよりも大切なことはありません。従ってそのことについて怠らぬようにお頼みします」と言って、自分のロザリオを父に渡し、頭巾代わりに持っていた縫い取りのある布を母への形見として預けた。父は「もっともだ」と言って、ジョアンに向かって「息子よ、この試練のときに勇気を出し、喜々として死ぬように、そなたが神の奉仕のため死ぬので、私もそなたの母も必要ならば主の愛のため一命を捧げる準備をしている」と答えた。

　その言葉を聞いたジョアンは大いに喜んだ。また、間もなく都へ上るという一信者に向けて、特に自分が数年間同宿として奉仕したモレホン神父に対して、「神の御哀れみと神父様の適切な指導のお陰で、神は今、私にこのような大きな御恵みを与え給うています」と伝えてくれるように頼んだ。

　ディエゴ喜斎は神に心から感謝し、なぜ、この日に神はかくも大きな二つの御恵み、すなわち、自分を受付係からイエズス会のイルマンとなし給うて、信仰の告白によって死を授け給うたか分からないと言った。こうしてジョアン五島とディエゴ喜斎の二人はイエズス会に入会したことと、栄光の死によって神の御前に召されることを深く喜び、デウスに感謝した。

この場にジョアン・ロドリゲスがいたが、ロドリゲスは彼らとともに残り、日本人を励まし慰めたり、また数人の告白を聴くため刑場まで彼らと一緒に行くつもりだった。

パシオ神父も、半三郎が三木パウロらに便宜を与えてくれたことに感謝するとともに、彼ら二十六人が十字架の下で死ぬのを見届けるため、その許可を得たいとして半三郎に頼みに行った。

二十六人の十字架の順序

三木パウロらが告白し、誓願を終えると護送人が付き、すでに到着していた半三郎が待つ刑場に向かった。

二十六人の処刑は通常の罪人の刑場で磔にするつもりだったが、ポルトガル人の懇請により海にあたる方に町が見える丘（西坂）に十字架を立てるための平坦地があり、半三郎はそこへ十字架を運ぶように命じていた。殉教者たちは、自分たちの十字架に連行される、というより、裸足のまま、各々の十字架に向かって迅速に走り寄ってそれを抱いた。茨木ルドビコは、どれが自分の十字架か尋ねて、それが示されると非常な信心と熱意を込めてそちらへ駆け寄り、その側にひざまずいた。この光景を見た半三郎は驚嘆し、かつ呆れ、このように大いに悲しむべき情景の中でこの晴れやかさはどこからきているのかと、十字架の側にいたパシオ神父に問うた。

一方、処刑場には半三郎の禁足令もものかは、四千人ともいわれる群衆が聖なる殉教に立ち会うため集まっていた。人びとは殉教者に近づこうとしたが、十字架から七、八歩隔てて役人たちが鉄砲と槍をもって一人も入れまいとしていた。入ろうとする者は遠慮会釈なく棒で叩かれた。

十字架にかけられた司祭たち（六人）の右側には、十人の日本人たちが並び、左側にはイエズス会の三人を含めて、残り十人が並んだ。以下、柱の順に東から二十六人の出身地・職業、捕縛地と略歴を記したい。

1　フランシスコ・ガヨ　伊勢、年齢不詳、ガヨは洗礼名。修道者の家の大工で、修道者の最期を見届けるために一緒に付き添っていたが、長崎の道中で役人に捕縛され、殉教者に加えられた。処刑されることが決まると、歓喜して準備し、修道会の神父の一人に告白し、伊勢に残した妻が信者になるようにと、その取り次ぎを願った。

2　竹屋コスメ　尾張出身。竹屋コスメは既婚者で、侍の家族の出であったが、イエズス会の仲間から洗礼を受けた尾張出身の古い信者であった。兄のレアンは「尾張キリシタンの支柱」であり、かつ日本で最も著名な刀剣師の一人であったが、コスメも刀剣師として生活し、他の時間には伝道師の役目を果たしていた。フランシスコ会の大坂の「ベレン修道院」が出来上がったとき、フライ・マルティンと一緒に大坂で説教者として留まっていて、そこで捕縛され都に連行された。

3　ペドロ助次郎　京都出身。イエズス会の三人を世話するため、オルガンティーノから遣わされたが、途中で捕縛された。十字架が置かれた場所に近くなるまで彼の処刑は確実ではなかったが、処刑の知らせを受けると告白し、主が我が望んでいたことをお与えくださったと喜び、処刑の準備をした。

4　小崎ミゲル　伊勢出身の弓矢師。いつ洗礼を受けたか明らかでないが、大坂に住んでいて、その後京都のフランシスコ会修道院の側に家を移した。弓矢をつくる仕事をしていたが大工の知識を持っていたので、バプティスタたちが教会を建てるとき、その仕事に協力した。他に学問のないミゲルは伝道師の務めを果たすことができなかったが、京都で捕縛され、長崎へ送られた。小崎トマスの父であるが、妻のもとには、まだ二人の小さな子どもが残されていた。しかし、ミゲルはその心配を心におさめて、十字架への道を歩んだ。

5　ディエゴ喜斎　備前出身、六十四歳。殉教者のうちで最も年長者であった。大坂のイエズス会家で客人の世話をし、信心深い話をして、彼らに感化を与えていた。また主キリストのご受難に対して大きな信心を抱いていた。そして自らの殉教を心から望んでいたが、それに相応しい人であったので、処刑前にジョアン五島と一緒に浦上のサン・ラザロの小聖堂でイエズス会に迎えられ、誓願を立てた。常に謙遜で静かな人で、西坂の処刑地においてポルトガル人たちが自分に見せる尊敬の心に対して耐えられない様子であった。ポルトガル人の一人が、ディエゴの腰につけていた布を形見として望んだとき、ディエゴは謙遜からそれを断ったが、手が縛られていたので彼に取られてしまった。

現在、岡山カトリック教会の片隅に、当時の老人たちが着る着物をつけ、首には大きなロザリオをかけたディエゴ喜斎の像が立てられている。

6　三木パウロ　阿波国出身で、津の国に生まれた。三十三歳。四、五歳で洗礼を受け、十歳か十二歳でオルガンティーノに託され、安土山のセミナリヨに入学した。少年時代から完徳の兆しがあり、誠実で率直な性格にして謙虚であり、彼の説教は人びとによく受け入れられた。よって彼が下地方（長崎）にいたとき、オルガンティーノ神父は管区長（ペドロ・ゴメス）に自分の所に派遣するように切に願った。その説教は大きな収穫を得ることが出来ると挙げていた。実際にそのようになり、この管区の最上の説教師の一人となった。彼の獄中からの手紙には、彼の穏やかな振る舞いとその温かい心が感じとれる。備前の片上からパウロはペドロ・ゴメス神父と長崎のイエズス会員に手紙を書いた。

「神のあわれみによってイルマン・ディエゴ、イルマン・ジョアンと私がこれらの修道者たちと一緒になって死刑に定められたのは、すべて期待以上の素晴らしいことでした……。私たちについて、また、私たちの心の準備についてご心配なさらないように。神の御慈悲によって喜びつつ生きます……。私たち二十四名の唯一の望みは、十字架に付けられる前に一度ミサにあずかりご聖体拝領をすることだけです……」。

「最高の学問をもち優れた知識人はパウロ三木であった」（結城了悟）。

7　茨木パウロ　尾張出身、既婚者で、烏丸レオンの兄。イエズス会の仲間から洗礼を受けた古い信者で、弟と同じように京都に移り住み、酒屋で生活を支えていた。鈴木パウロのように雄弁ではなかったが、簡単な説話で知人たちの中にイエスの教えを知らせ、彼らに教会に行くように勧めていた。京都で修道者の近くに住んでいたため捕縛された。「樽職人」また「技工」ともされている

8　ジョアン五島　十九歳、五島出身。一五七八年ごろに生まれたが、そのころ、五島列島で宣教が行われていたのは福江の城下町と奥浦地方だけであった。一五七九年に五島純堯の没後、後継者の純玄はキリシタン迫害に転じた。そのため、数多くの信者とともにジョアンの両親も長崎へ亡命した。十二歳ごろ、有馬のセミナリヨに入ったが、いつごろ志岐へ来たのか不明だが、志岐の教会に

おいて、モレホン神父の同宿として三年間勤めた。

一五九六年十二月九日から一五九七年一月一日まで、モレホン神父たちの身代わりとして捕らえられ、アンドレ小笠原の家に軟禁されている間に、イエズス会に入会することを正式に願った。三木パウロからモレホンへ宛てた手紙に「ジョアン（五島）とディエゴ（喜斎）は神父様からの言葉を受けましたし、神父様の祈りの助けを求めます」とある。十字架に付けられる前にその願いは叶えられ、喜びにあふれる顔をもって近づく人びとと仲間たちを励ました。パシオ神父から「間もなくすべてが終わるので張り切って行きなさい」と励まされたが、ジョアンは「神父様、ご安心ください。そのことに良く気をつけています」と微笑で答えた。それが最後であった。

9　茨木ルドビコ　尾張出身、十一歳か十二歳。烏丸レオン、および茨木パウロの甥で、父は信者でない彼らの兄弟であった。レオンはルドビコを自分の家に招いて信者になるまで導き、受洗後はフランシスコ会の修道院で同宿として育てられた。京都の修道院でルドビコに出会ったリバデネイラ神父は「明朗で、みんなを喜ばせるのが好きであったが、他の少年たちのように活発でなかったので台所の方の手伝いをしていたが、頼まれたことは几帳面にし、他の同宿たちと一緒に信心の勤めを良く果たしていた。病院を訪問するときは喜んでらい病を患っている人の世話をした」と記している。

大坂の奉行の役人が大坂の修道者の家の人の名簿を作りに行ったとき、ルドビコが年少だったので哀れんで命を救うために名簿に記入したくなかったが、ルドビコが執拗に懇願しつづけたので、その聖なる懇願により彼を名簿に記入した。こうして殉教者のうち最年少であったルドビコは、受洗から二年も経たない中、仲間と一緒に捕らえられて長崎まで送られた。

10　同宿アントニオ　長崎出身、十三歳。父は長崎に住み着いた貧しい中国人で、大工の仕事をしていた。彼はキリスト信者である日本人の女性と結婚した。そしてアントニオが誕生し、彼は岬の教会（サン・パウロ教会）で洗礼を受けた。父はアントニオをイエズス会の同宿として教会に捧げたかったが、彼がまだ若すぎたため受け入れられなかった。その後フランシスコ会の長崎の家に移り、一五九六年の春、修道会のマルティンとフランシスコ・ブランコがマニラから着いたとき、同宿として京都へ上った。バプティスタはアントニオを大坂の修道院に送ったが、アントニオはここで小崎トマスと一緒になった。

十二月九日、大坂の修道院にも番人が付けられ、アントニオの名も名簿に記入された。翌一五九七年一月一日に京都の牢屋に送られ、長崎への道を歩むことになった。そして西坂に入ると、両親が涙を流して出迎えていた。アントニオは微笑みながら泣かないようにと話し、自分は間もなく修道者たちと一緒に天国へ行くと言って両親を慰めた。こうしてアントニオは、中国人最初の聖人となった。

11　ペドロ・バプティスタ　スペイン人、四十八歳。一五九三年にフィリピン総督から使節として日本に派遣され、日本在住のフランシスコ会の上長となった。真面目で、非常に敬虔で学識があり、日本国で自分の修道会（フランシスコ会）を創立するために非常に熱心であった。また優れた説教家として、諸々の魂（の救済）に熱意を燃えさせていた。

12　被昇天のマルティン　スペイン人、三十歳。フランシスコ会司祭。マルティン・デ・ラアセンシオンはアルカラ大学で学び、神学者としてメキシコやマニラのフランシスコ会の神学生たちに哲学を教えたが、徳が高く、祈りの精神においても優れていたとされている。一五九六年に司祭のフランシスコ・ブランコとともにフィリピンから日本に渡り、日本語を勉強しながら「ベレン」と呼ばれた大坂の小さな修道院の院長に任命され、大坂で捕らえられた。日本に着いてからまだ一年も経っていない中での出来事だった。

長崎への道では、仲間を励ますために説教をつくり、ローマ字で記したその原稿を持っていた。その原稿は、処刑の後に一人の殉教者の着物の中から見つかった。マルティンは十字架にはりつけられた時、日本語で説教することはできなかったが、その立派な声で、主をほめたたえよと、詩編を力強く歌いながら死んでいった。

13

フェリペ・デ・ヘスス　メキシコ市の裕福な名門の生まれ、二十四歳。フィリピンに渡ったが、同地に司教が駐在しなかったので、叙階のためと両親に逢うために「サン・フェリーペ号」でマニラから渡る間に遭難して土佐の浦戸に上陸――。都で捕縛され、殉教者に加えられることになった。

浦戸の浜に漂着した後、彼はマルティンス司教に会うため京都へ行く途中で大坂の修道院に立ち寄った。修道院長のマルティンは小崎トマスに京都までヘススの案内をするように頼んだ。京都に着く手前で旅籠屋や茶屋が立ち並ぶ所を通っているとき、ある店に呼び入れられた。空腹だったヘススは喜んで店に入り、出された食事をした。食べ終わって心から感謝して店を出ようとしたところで、食事代を払うように言われた。二人は一文無しで、ヘススは招待の意味を勘違いしていた。二人に金がないと知った主人は怒り、その代わりとしてヘススの着物の一部を取った。ヘススは、ただただ驚くしかなかった。京都に着いて司教マルティンスに会って神父叙階を願ったが、それをマルティンスから拒まれた。その後、京都の修道院に着いてまもなく捕らえられた。

こうしてサン・フェリーペ号に乗っていた他の修道者たちは自由であるのに、彼だけがバプティスタたちと一緒に監禁され、長崎へ送られた。日本の冬に慣れていない彼は、長い徒歩の旅で体力を消耗尽くしていた。ヘススの殉教を見届けるために、その後を追って大坂から長崎へ向かい、長崎に着いたヘススに出会ったサン・フェリーペ号の乗組員の一人が、彼のやせ細った姿、血の気を失った顔を見て驚き、慰めようとしたが、ヘススは微笑んで「サン・フェリーペ号が失われたのは(私)フライ・ヘススが救われるためであった」と語った。

14　ゴンザロ・ガルシア　東インドでポルトガル人を父に、その地のキリスト教徒を母に生まれた。十五、六歳のときにイエズス会士に伴われて日本に来て、八年間在住。その後マニラでフランシスコ会に入会して修道士となった。バプティスタの来日に伴い、バプティスタの通訳として再来日し、都で捕縛される。殉教のとき、一五七二年にインドから彼を連れて来日したセバスティアン・ゴンザルベスはすでに年老いて長崎に隠退していた。

西坂へ着いたとき、ゴンザロは、出迎えた一人のポルトガル人にゴンザルベス神父へ最後によろしくと伝えてくれるように伝言した。その三か月後、ゴンザルベス神父も長崎で帰天した。

15　フランシスコ・ブランコ　スペイン人、三十歳。メキシコで司祭となり、フライ・マルティンと哲学の勉強を始めて一年後、マルティンとともにマニラに渡り、二年間、神学の勉強を続けた。一五九六年、師であり親しい友人であったマルティンと一緒に日本へ向かい、長崎に着いた後京都へ行った。京都では天使の聖母修道院で日本語の勉強に励み、マルティンと違って外国語の習熟に恵まれていたフランシスコは、数カ月で信者の告白を聴くことができた。ペドロ・バプティスタはある手紙の中で、彼の日本語の習熟ぶりを比喩をもって「泥が壁につくように、彼に日本語がついています」と語っている。

十字架にはりつけられたブランコは処刑執行人が自分に向かって槍を突くのを見て、スペイン語で「主よ、御手に私の霊を委ねます」と叫んだ。が、槍の衝撃で片方の腕が鉄の輪から外れてしまった。ブランコは最後の力を込めて、その手をあらたに輪に入れ、頭を垂れて絶命した。

16 フランシスコ・デ・サン・ミゲル　スペイン人、五十三歳。フランシスコ会に入会し、スペイン、メキシコ、マニラで司祭たちの活動を手伝った。マニラのある病院で日本人に出会い、そのとき以来、日本での宣教を夢見た。

一五九三年、ペドロ・バプティスタが使節として日本へ渡ることが決定したとき、彼もその同行者の一人として選ばれ、望みが叶えられた。京都に住み着いたとき、炊事と受付の仕事を担当した。すでに五十歳になっていたので日本語を習うことが難しく、自分はこの国での仕事に役立たないのではないかと思い込み、一時はマニラへ戻ろうと真剣に考えたが、何とか踏みとどまった。しかしその結果、京都で捕縛されてしまった。聖母マリアに対して深い信心を抱いていて、殉教への道では祈りながら、はだしの足が道の石で傷つけられるときも、いつもロザリオがその手にあった。浦上から西坂へ行く途中で一人のポルトガル人が彼に近寄づいて「形見としてその手のロザリオを貰い受けたい」と頼んだが、フランシスコは静かに、そして遠慮しながら「今、唱えていますので終わったら差し上げましょう」と言って断った。十字架につけられてもその謙虚な態度には変わりがなかった。落ち着いて天を仰ぎながら祈りを続けた。

17 マティーアス　生地・年齢不詳。まだ新しい信者であった。京都のフランシスコ会の教会に捕吏が来たときに、本来捕縛されるはずであった料理人のマティーアスは修道院内にいなかったので、役人たちがその名を呼び探しているときに、居合わせた同名のマティーアスが出て、役人に「私もマティーアスと呼ばれキリスト信者です」と、自らを名乗った。役人たちは「これで良い」と言ってマティーアスを捕えた。マティーアスは神に感謝しながら、殉教者の列に加わった。

18　烏丸レオン　尾張出身で既婚者、五十歳。七、八歳のときにイエズス会員によって信者になり、非常に熱心で信心深い人であった。フランシスコ会の第一の伝道師、また病院の世話係として、時には深い愛情でハンセン病患者の足を洗い、彼らを精神的、肉体的にサポートした。二十六人の処刑者に、兄・茨木パウロ、そしてフランシスコ会の同宿であった甥のルドビコも加えられた。

19　同宿ベントゥーラ　都出身。古い信者の子どもで、幼いときから信者であったが、母親が棄教したために仏寺に入れられ、僧侶となり、そこで二十年以上を過ごした。その後立ち直るために、再度、教理を聴きに修道者の家に行き、キリスト教信仰の生活に戻り、同宿として仕えた。京都で捕縛され、この幸いなる運命（殉教）を受けた。

20　同宿小崎トマス　伊勢出身で、十五歳。父・ミゲルが京都のフランシスコ会の修道院の側に家を移し、教会の建設に協力する際、少年のトマスも大工たちの手伝いとして働いた。リバデネイラ神父はトマスの態度に神から召された人の印しを見て、同宿として修道院に受け入れた。彼は最初、京都の天使の聖母教会にいたが、フライ・マルティンの伴侶として大坂の修道院に送られた。サン・フェリーペ号事件の後、その船に乗っていたフェリペ・デ・ヘススが京都に赴く際、マルティンはトマスに京都まで道案内を頼んだ。しかし、二人が京都の修道院に着いてから間もなく番人が付けられ、そこで捕えられた。父・ミゲルも信者の名簿に入れられていたので、親子は京都の牢屋で一緒になった。その後小崎の親子は、皆と一緒に祈り、歌い、そして互いに励ましながら、十字架につけられたイエスが待つ長崎へ向かって進んだ。

小崎トマスは、長崎へ連行される道中、母に宛て手紙を書き、それを父に渡した。殉教後、一人の信者が彼の懐から袋の中の手紙を一枚の御絵とともに見つけた。御絵には心臓の上に十字架を担う幼いイエズスが描かれていた。その手紙は、イエズス会の岬の教会（サン・パウロ教会）に届けられた。

21　榊原ジョウチン　大坂の出身で、四十歳。既婚者だったが体が弱く、しばしば重い病気に罹っていた。先に妻が洗礼を受けていたが、ジョウチンは病気で命が危なかったとき、一信徒の手によって洗礼を受けた。その病が、まだ完全に回復しない中に大坂の「ベレン修道院」の工事で働いている間、リバレネイラ神父の頼みによって修道院の料理人として働くことになった。彼は激しい性格の持ち主であったが、修道院の静かな祈りの雰囲気の中で次第にその激しさが影を潜めるようになった。そして自分より貧しい人びとに対して深い慈悲の心を示して、彼らを援助していた。

大坂の奉行の役人が修道院にいた人びとの名簿を作りに来たとき、フライ・マルティンはジョウチンの名を挙げなかった。ジョウチンはまだ役人が修道院にいる間に、マルティンに、自分は皆と一緒に同じ行動をとるつもりであるのに、なぜ名簿に加えなかったのかと不平を言い、マルティンは答えて、常時そこに住んでいなかったし、他の人のようにただ天の報酬のためではなく給金を貰って働いていたので名簿に加えなかったと言った。そこでジョウチンは、それは関わりのないことで、自分はこの家で食事を共にしていたので、その家の者として見なされるはずであると言い張り、マルティンにも役人に対してもそのように願ったので、ついに名簿に記入された。

22　薬師フランシスコ　元大友宗麟に仕えた医師。四十六歳。朝鮮出兵に従軍し、朝鮮でキリシタンと交際し、帰国後、都で日本人修道士ヴィセンテ洞院を訪れたが、イエズス会の修道院を探し出すことができないなか、フランシスコ会士に接することになり、受洗してフランシスコの教名を得た。医師が薬を作っていたことから薬師（くすし）とあるが、医者としての仕事を次第に少なくして伝道師となり、信者のため祈祷書や教理の本などを書写していた。

フランシスコはキリシタンの処刑者名簿が作成されたとき、自分の名前がなかったので代官所まで行って、自分の名もその中に加えるように促した。また彼には、妻と二人の息子がいたが、一人の小さな息子は洗礼を受けた。すでに青年になっていたもう一人の息子は、キリシタンの教えを勧める父の話に決して耳を貸そうとしなかったが、父の没後、その書物を整理していたとき、天草のコレジヨで印刷された『ルイス・デ・グラナダ』の本を見つけ出し、それを読んで、洗礼を受ける決心をした。

23　談義者トマス　伊勢出身で既婚者、三十六歳。京都でイエズス会の仲間から洗礼を受けた古い信者。烏丸レオンに導かれてフランシスコ教会を訪れ、フランシスコ会の最初の伝道師となった。そのため、伝道師となったトマスは「談義者」と呼ばれ、異教徒を多数改宗せしめた。京都では別の場所で薬屋を開業していたが、経済的には損であったが教会の近くに移り、家族とともに教会の生活のリズムに従っていた。

24　絹屋のジョアン　京都出身で絹織物工、二十八歳。兄の家族（妻と息子）と一緒に殉教の一年前に改宗し、都のフランシスコ会の教会、および病院の近くに居を移していて捕縛された。

25　同宿ガブリエル　伊勢出身、十九歳。京都においてフランシスコ会士によって洗礼を受け、同宿となった新信者。両親はこれに反対したが、父も洗礼を受け、フランシスコ会の修道院の門番となったが、他の者とは一緒に捕縛されなかった。

26　鈴木パウロ　尾張出身、四十九歳。パウロは武士であったが、若いときには武器を持って手柄を立てようと努力したが、イエズス会士によって十三歳からキリシタンとなり、信仰を深めるにつれて世俗のことから離れた。その後伝道師烏丸レオンの説得でフランシスコ会士に親しみ、都の修道院の近くに妻とともに移り住み、彼らのために手紙を書いたり、頼まれた簡単な仕事などを手伝っていた。

彼はよき説教師であり、聖ヨゼフに捧げられた「サン・ホセ病院」が出来上がったとき、その病院で奉仕の精神を持って働いた。彼には二人の子どもがあったが、幼いときに亡くなったので、捨てられた子どもを拾い、養育した。神の御言葉を宣べ伝え、貧しい病人たちに心を尽くしていた。

ペドロ・バプティスタは、マニラ総督の使節としてその任務を引き受けてから、もう一つの大きな夢を抱いていた。日本においてフランシスコ会の新しい宣教地を拓くことであった。そして、それにはまず日本語を理解する必要があった。そのためにバプティスタの右腕としてゴンサロ・ガルシアがいたが、彼の日本語はそれほど完全なものではなく、また日本文字が書けなかった。しかし、フランシスコ会に近づいた信徒の中にその問題を解決する者が現れた。烏丸レオンの他に鈴木パウロ、茨木パウロ、そして竹屋コスメの三人であった。

そして彼ら四人は、フランシスコ会の伝道師として務め、殉教者の名簿に加えられた。

三木パウロの説教

かつて長崎で三木パウロと知り合った多くの人びとが道に出て彼を出迎え、執行人の間に後ろ手に縛られ歩いて行くその姿を見て不憫に思い、皆が涙を流した。しかし、三木パウロは落ち着いた態度で、彼らに泣かないようにと願って、その代わりに神が与え給うた善い運命に対して祝いの言葉を述べるように勧めた。人びとは、彼が話すときの心の平和と自信にあふれた様子を見て驚いた。またパウロは、長崎の西坂近くで出迎えてくれた友人に対して「京都を出てから、ここに到るまで一日も説教を休まなかった。説教者として自分の勤めを生命の終わるまで果たしたかった」と、嬉しそうに語った。

刑場に着くと、三木パウロは地面に置かれた十字架の上に体を横たえ、一般に用いられる鉄輪につけるよう執行人に腕を差し出した。パウロの体は、鉄輪で首と腕を十字架に固定され、十字架の中央に突き出た一本の丸太にまたがり、絶命したとき簡単に落ちないようになっていた。ところが、パウロは背丈が低かったので、その丸太にまたがっても届かなかった。それを見た執行人の一人は麻布で胸のあたりを十字架に縛り付け、結び目をしっかりと固定するためにパウロの腹部に足を置いた。それを側で見ていた神父が、せめてもその最後にそのような残酷なことはしないようにと注意した。しかしパウロは非常に落ち着いて、そして穏やかに「神父様、大したことではないので、それでいいのです」と答えた。

そしてパウロは、これまで経験したことのない大勢の人びとを前にして、もっとも栄誉ある集まりの中に立っていることを自覚し、十字架の上から人びとに向かって大声で説教し始めた。

パウロの十字架は東の端、すなわち群衆のいるところから六番目にあったので、人びとは十分パウロの話を聴き取ることができた。そしてパウロは、最初に「自分はルソン人ではなく（れっきとした）日本人であり、そしてイエズス会の修道士であります」と語り始めた。その理由は、パウロの目の前に刑吏が掲げている高札の宣言文に「この者共はルソンの使節と称し、我が国に来たって京に留まり、過ぎし年禁制せるキリシタンの法を弘めたり」とあったためだった。だから、あえて自分はルソン人ではなく日本人であり、イエズス会の修道士であることを訴えた。

続けて、「私は何の罪も犯したわけではなく、キリシタンの教えを弘めたという理由で殺されるのであり、またかくもすばらしい恩恵のゆえに、デウスに感謝申し上げる。私はこの死に臨むに際して、あなた方の中の誰一人として、私が偽りを申すことはないと信じてくれようと思う。私はキリシタンの教えによる以外に救いの道はないことを確信している」と、パウロは喜びと元気に溢れながら説教した。それを聴いていた人びとは感激して涙し、また監視の数人までが彼の説教を聴こうと近づこうとした。

そして、パウロは「この道は、私に危害を加えている敵たちや、すべての人びとを私が許すことを教えています。私は私の死罪に対して責任ある太閤様や、すべての人びとに対して恨みを抱いていません。ただ、太閤様をはじめ日本の皆の衆がキリシタンの洗礼を授かることを望むようにと切に願うものであります」と最後の説教を終えると、パウロは眼を仲間たちの方へ向け、彼等を勇気づけ始めた。

その最後、三木パウロは「イエスはあらゆる侮辱や苦しみ、嘲笑を忍び、沈黙を貫き、命を捧げ、自分を死に追いやった人びとをゆるし、彼らのために祈ったのだから、マルチン（註・殉教者）は死や拷問に際して恐怖に脅えたり、痛がったり、逃れようとしたりしてはいけない。暴君を呪詛したり恨んだりしてもいけない」（星野博美『みんな彗星を見ていた』）というイエスの最後に倣い、主からの祝福をうけ、永遠の生命を授かった。

一五九七年三月十五日付、長崎発信、フロイス報告集には、二十六人の処刑に用いられた十字架の図が掲載されている。

「十字架には、二本の横木があって、一方は両腕のためであり、もう一方は両足のためであった。（中略）木には釘は使用されておらず、両手と両足は縄でくくるか、または横木に釘付けられた鉄の輪で留められた。また首には木につけられた鉄の枷がかけられた。また腰も、それに両肩と肘の間の両腕も縄によって十字架に縛りつけて全身がしっかり支えられるようになっていた。その後に、十字架は掘った穴に差し込まれ、石を投げ入れて地面に固定された。間もなく死刑執行吏は両刃の剣のように尖った槍を構えて近づき、その槍で磔刑者の右側面をめがけて非常に力を入れて突いて、左脇の心臓まで貫通するようにした。またある場合には二名の死刑執行吏がついて、彼らは同時に両側面を突き刺して、二本の槍の交差によってあたかも十字形になるよう貫通した。」

こうして二十六人全員が長崎西坂の刑場の露と消えた。二十六人の処刑が終わると同時に、周囲に集まっていたキリシタンたちは護衛の役人たちがこん棒で殴りつけるのにもかまわず、その間をくぐり抜けて諸々の十字架に駆け寄り、ある人びとは自分の布片を殉教者たちの血で染めさせ、またある人びとは着物の裾から何がしかを引きちぎり、またある人びとは形見の代わりに何か別のものを取ったほどであった。

フロイスは、「殉教の光景を見ていた異教徒たちさえも、かの二十六人のデウスの僕（しもべ）たちが喜んで十字架にのぼり、そして確かに天国の褒章を得るために、あらゆる人間的な知性をはるかに超越した勇敢さを持って殉教したことに激しい感動を受けた」と記している。

殉教時にポルトガル人、日本人信者が示した情熱

一五九五年に朝鮮から日本に帰ったグレゴリオ・デ・セスペデスに関しては、一五九五年から九六年までの行動についてはあまり知られていない。しかし一五九七年二月、有馬晴信の領地にいた彼は、二月五日に長崎で起きた二十六人の殉教者を間近に目撃し、次のように記している。

「十字架の上で賛美歌を歌う者や、最大の慈悲の心で殉教のすばらしさを説いていた者たちもいました。特に、日本のすぐれた説教師の一人であるパウロ（註・三木パウロ）という名の修道士は、死を迎えるとき、神の最大の慈悲と愛について言葉を語りつつ、白鳥のように歌を歌って死んでいきました。」

そしてまた、二十六人の処刑に立ち会っていたポルトガル人と日本人信者の情熱は信じられないほどであった。処刑執行人が彼らを横から槍で刺すと同時に、ポルトガル人と日本の信者は天まで届くような悲鳴をあげ、監視人の殴打をものともせず、監視人を押しのけてまだ痙攣している聖なる死体の血を布で拭い、また三木パウロから流れ出る血を自分の着物で受けていた。

この光景を見た半三郎は激怒し、監視人たちに彼らを棒で追い払うように命じ、そのうえで町の有力者に対して、太閤が二十六人を処刑したのは、彼らを見せしめにしてキリシタンをなくすためであったが、このことを太閤に訴えれば、太閤はさらに激怒し、この町を滅ぼすだろうと脅かした。そして処刑の場に監視人を張り付け、遺体があった場所の周囲に矢来を組ませ、もし遺体が紛失するようなことがあれば監視人を死刑に処すると脅かした。

そこで、司教のマルティンスは、ポルトガル、または長崎に留まっているサン・フェリーペ号のスペイン人が遺体を盗んでマカオやマニラに持っていくのではないか、そうなれば長崎の町、および全教会を危険にさらすことになることを案じて、日本人信者、そしてポルトガル人・スペイン人に対し、遺体を盗むことを固く禁じた。

有馬晴信は彼らの処刑は二、三日後であろうと思っていたので変装して、その栄光を密かに見に行く予定だったが、すでに処刑は終わったことを知らされた。そのため、処刑があったその夜、十字架につけられた遺体を見に行ったが、特に三木パウロを知っていて、好んで彼の説教を聴いていた晴信は、パウロの遺体を見て感激して有馬に帰った。

その数日後、晴信は高麗へ渡航（註・慶長の役）する途中、夜、密かに小舟で司教のマルティンスと準管区長のゴメスを訪れ、その聖なる遺体を再び見に行った。

同じく、大村喜前はこの神の下僕らが自分の領地を通過して西坂の地で処刑されるのに、彼らを救うことができないことを非常に悲しんだが、太閤の意に逆らい、彼らの死と関わって領地を失うまではしないと覚悟していた。従って、せめて領地内での彼らの宿泊に便宜を図り、十分に食事を準備するように命じた。

三木パウロは彼杵（大村喜前）に手紙を送り、自分は非常に喜んでいて、神が授け給うた御恵みに感謝していることを知らせ、今まで殿が立派な信者として振る舞ったとの評判通り、その精神を最後まで貫くようにと伝えた。その手紙を受け取った喜前は非常に喜び、敬意を表して頭上に挙げ、自ら奥方、親戚、その他の人の前で何回もそれを読み聞かせ、殉教者の形見としてその手紙を得たことを神に感謝した。そして彼らが十字架上で処刑された後、自分の領内で宝物として保存するため、少なくともイエズス会の三遺体を譲らなければならないと準管区長のゴメスに知らせた。また有馬晴信と同様、自分も高麗に行かなければならなかったので、司教のマルティンスとペドロ・ゴメスに別れを告げに来た際、奥方と姉（マリア）を連れて二十六人の遺体を見に行った。喜前はそれを大きな信心をもって拝み、特に三木パウロを見たときには深い感謝をもって近寄った。

高麗へ渡る途中であった小西行長の二人の家臣が、この聖なる殉教者の処刑の数日前に長崎に着いた。彼らは急いでいたにも関わらずその出来事（殉教）を見ずには旅を続けるつもりはなかった。彼ら二人は、自分たちの殿（小西行長）にはこの二十六人がどのようにして命を終えたかということを自らの目で見た者としての話に勝る土産はないと語った。

司教マルティンス日本を去る

フランシスコ会士が反感を抱いたイエズス会士の中で、日本司教として着任したペドロ・マルティンスはもっとも激しく批判された。ジェロニモ・デ・ジェズースは、殉教者たちが長崎西坂の十字架へ到着すると、司教やイエズス会士は自分の修道院から眺めていたとして「なぜ、彼らは聖殉教者を慰め、元気付け、過去の妨害の許しを乞いにその場に来なかったのか、私には解らない」と批判した。だが、司教マルティンスが処刑執行の際、現場に赴かなかったのは、彼は処刑の現場に立ち会うことが許されなかったためであった。じつはマルティンスは、ぜひ神の下僕らの死に立ち会って彼らを励まし祝福を与えて、同時にその情熱と勇気を見て、自らも慰めを受けたいと希望していた。しかし、半三郎がそれを禁じたため、他の人を通じて彼らに祝福を送り、サン・フランシスコ会の修道者にそのときに相応しい愛で満ちた挨拶を送った。彼らは非常に喜び、皆の代わりにバプティスタは感謝して答え、司教が望んだように、京都において司教の命令に応じなかったことの許しを願った。ただし、司教が自分の命令が正しいと思っていたように、自分たちも、自分たちの行為が正当であると思っていたと答えた。

アビラ・ヒロンもまた、『日本王国記』の中で次のように記している。

これら二十六人のすばらしい殉教が起こった時、日本の第一代の司教であるペドロ・マルティンス司教は諸聖人（トドス・オス・サントス）天主堂に住んでいたが、殉教の前夜、聖殉教者たちが浦上に到着したが、金曜日までは殉難しないことになっていることを人びとから聞かされていた。そんなわけで司教が、何のくったくもなく己の部屋にいたとき、フランシスコ・ロドリーゲス・ピントが、死刑執行人の一人から取り戻した聖なる遺外管区長の腰帯を持ってひょっこり入って来て、こう言った。「猊下（セニョール）、聖殉教者方は今ごろは主の恩寵を受けておいでですよ。もうあの方々の旅程は終わりました」。「何、殉教者方だと」と司教が訊ねた。「フランシスコ会の修道士方ですよ。そらここに聖なる遺外管区長の腰帯がございますよ」と、ロドリーゲスが答えた。もうそのうえで司教は何も訊ねなかった。ただ、こう言っただけであった。「わしと一緒においで、ロドリーゲス殿」と。そして錫杖を一本手に持って、ひとり戸口から出ていったので、後を追いかけて来た従僕らが、道の途中で祭服と肩衣とを彼に着せてやった。

マルティンスは、神聖な第二の十字架の地へ着くと、聖なる遺外管区長の十字架の足もとにひざまずいて「祝福されし神父よ、わがために祈り給え」と言った。そして祈禱が終わると、ただちに左側にいた聖マルティン師のところへ行って、同じことを行った。それから立ち上がって日本人の聖なる殉教者たちを残らずじっと見つめながら、十字架の列の終わりまで行った。それから引き返して、また反対側の列を端まで続けて行き、両眼に敬虔な涙を一杯ためて、聖なる修道士たちの方へ帰って来て、光栄あるフェリペ・デ・ヘスス師に向かって話しかけてこう言った。「おお、至福の殉教者にしていと幸いなる者よ、そなたの不肖の司教たる予が、かつてそなたに与うるを拒みしそれより、天主がそなたに与え給うたそれこそ、最高の品級だ」と。

この聖なる殉教者（註・フェリペ・デ・ヘスス）は生前、合唱員であったが、サン・フェリーペ号で渡来して都へ上った。それより先、都にはこの司教が太閤様を訪れようとやって来て滞在していたので、この合唱員は司教に上級の品級（註・司祭）に叙してくれるように願ったが、マルティンスはそれを行うことを拒んだという経緯があった。だからこそ、マルティンスは今、彼に向かってそのことを詫びた。そして、アビラ・ヒロンは「この司教は後年マカオ市で、この聖なる殉教者を称えて、広汎な証明と、正統的な証拠を、フランシスコ会の諸パードレに対して行ったのである」と記している。

また、先のジェロニモ・デ・ジェズースと反対に、彼の同僚であったマルセーロ・デ・リバデネイラは、次のように述べている。

「司教は……祝福の遺体を訪ねて行った。……こうして司教は彼らを真実の殉教者として尊敬し、彼らのために祈り、深い信心をもって天主の御前における彼ら（殉教者）による執り成しを求めた。最初の祝祭日に、イエズス会の教会で栄光の殉教者を賛えるために、イスパニア人やポルトガル人に説教をし、『この殉教がカトリック教会に栄誉を加えた』と言った。……」

彼ら二十六人の殉教者は、互いの会派の違いを超え、共に励ましあいながら、永久に滅びることのない霊魂の生命を信じて喜んで苦難を受け入れ、死地に赴いた。そのことを思えば、ジェロニモ・デ・ジェズースの見解は、あまりに皮相に過ぎないと思われる。

秀吉の宣教師追放令は公然たる事実であり、同年三月にはイエズス会士に対する新たな追放令も発布された。そのため、司教マルティンスの滞在は不可能となり、日本を去ることになった。そして一五九七年三月、司教マルティンスはマカオへと戻った。

長崎の西坂で処刑された二十六人は、秀吉によって京都から長崎まで八百キロの道を歩かされた。それは、沿道の人びとと、長崎に住むポルトガル人やスペイン人、そしてキリシタンたちに対する見せしめとして意図されたものであった。

片岡弥吉は「彼ら（二十六聖人）は、秀吉という強権政治家の命令一つで失われるほかに果敢（はか）ない肉体の生命であるが故にそれを捨てて、誰も奪うことができず永久に滅びる事のない霊魂の生命を生かすために、喜んで苦難と死とに赴いたのである。秀吉の意図とは逆に、人々はこの殉教者たちのこの精神に打たれ、キリシタンをひろめる結果になった」。そして「このような世界観と価値観とを身をもって証明した殉教者（証人たち）となったところに、二十六聖人殉教の意義があり、殉教者たちが世界的に崇敬され、その殉教地が顕彰される理由があるのだと思う」（『日本キリシタン殉教史』）と記している。

そしてまた、三木パウロらの殉教は、天草のコレジヨと修練院、有馬（有家）のセミナリヨで学ぶ神学生たちの胸に深く刻み込まれた。そしてパウロの最後は、彼らにとって深い感動と励ましとなって、自らもいつか殉教という事態が到来しても、それを怖れない勇気を鼓舞された。のちにその思いは現実となって、その後彼らもまた、三木パウロと同じ運命をたどることになる。

フロイスの死去

話は前後するが、一五九五年、ペドロ・ラモンはマカオの神学生を教導するためマカオに渡った。そのため、ラモンに代わってカルデロンが有馬のセミナリヨの院長の任に就いた。それに伴い、副院長であったメスキータが天草のコレジヨの院長となった。

有馬に移ったカルデロンは、その二年後の一五九七年、かつての教え子であった三木パウロら二十六人の殉教に遭遇した。そして、二十六聖人の記録を書き終えたフロイスの隣の部屋にはカルデロン神父がいた。フロイスは病気のために歩くことが出来なかったので、多分、『長崎における二十六殉教者に関する報告書』は、カルデロン神父やその他からの情報に基づいて執筆されたことが想像される。そのカルデロンは、信仰の究極の証しとして殉教した二十六聖人、殊に六人のフランシスコ会士を称賛する手紙を残している。

「この殉教はこの教会に加えられた神様の特別な御摂理でありました。それは、今まで私たちの迫害者は血を流すまで迫害しませんでした。私たちは現実の問題としてではなく、ただ論理的に信仰のために生命を捧げることを教えてきましたが、ただ今、このように素晴らしい死に方を経験し、信者が彼ら自身も同じようになることを望み、励まされ、どれほど（信仰が）強められたかは信じられないことです」。そして、フランシスコ会の宣教師の行いについて「彼らの目的は正しく、神の御栄への熱心さは大きかったので神の助けを得ました」と。

また、フロイスは［あとがき］として、「この記録（「殉教記」）を書き終えた後、三木パウロが長崎に来る途中、都の地方にいる神父たちに宛てた二通の手紙が私の手元に届いた。その手紙には彼が死を受けるための心の準備と道中の行為がよく分かる。皆の慰めのために、ここに加える方が良いと思う」として、三木パウロが備前国の片上から出した手紙と、大坂にいる神父宛ての手紙を書き加えている。

そのうち、大坂にいる神父（ペドロ・モレホン）宛ての手紙を掲載する。

「神父様が手紙でお与えくださいました四つの報告がよく分かりましたし、そのことで神父様に感謝申し上げます。今、神父様にお願いすることは、ただ、私が悪魔の誘惑に負けぬように神に祈っていただきたいことです。もし私の革篭が神父様の手元に届きましたならば、そこに入っている油絵を出して、私の母マリアにお送り願います。我が主イエス・キリストの愛によって、私が未熟者として時々神父様にご不満やご迷惑をおかけしたことをお許しください。神は神父様に強く勇敢な下僕として、この世において更に重責を任せるため残されましたが、私は弱く役に立たない者ですが、わずかな仕事をしただけで御自分の元に招き給うています。そのことで心から感謝申し上げます。ジョアンとディエゴは神父様の挨拶状を受け、その祈りをお願いしています。云々……。」

こうしてフロイスの日本での布教活動は三五年間にも及んだが、二十六殉教者の報告書を書き終えた数カ月後の七月八日、長崎で病没し、その文筆活動に終止符が打たれた。

そして秀吉は、二十六人を長崎で処刑するとともに、かねてキリシタン宗門の信仰は堅く禁じてあると重ねて強硬な態度を表明した。また、秀吉のキリシタン弾圧の強化を怖れたイエズス会は、長崎奉行寺沢広高の宣教を禁じる布告を遵守すると見せかけるため、長崎に集まることを決定した。

それとともに、一五九七年の秋、河内浦にあったコレジヨと修練院、並びに印刷機は長崎のトードス・オス・サントス教会地に移設され、天草のコレジヨや修練院で学んでいた学生たちも長崎へと移っていった。

二十六殉教者の遺骸

二十六人全員が殉教を受け入れ、喜悦と穏やかな表情を浮かべながら、西坂の刑場の露と消えたのは午前十時から十一時ごろであった。番人の制止を振り切って信者たちが処刑場になだれ込み、われ先に殉教者たちに近づこうとした。そして、二十六人の遺骸は八十日間十字架上にさらされた（片岡弥吉『日本キリシタン殉教記』）が、その間、信者たちから遺骸の一部や衣類が持ち去られた。

聖殉教から数カ月が過ぎた八月、フィリピン総督グスマンの命によって、マニラ市の使節としてルイス・デ・ナバレタが来日した。それとともに、彼が死亡したらその代理となるようにディエゴ、デ・ソウサが同行して来た。その際、彼らは国王（秀吉）に献上するため一頭の象、総督の肖像、その他貴重な品々を携えてきた。大坂までの道中、日本では見たこともない象を見ようと、大勢の人びとが駆けつけてきた。彼ら群衆を、いくら棒で打ち叩いても立ち退けることができなかったばかりか、ついには国王の家来たちが多数、百人の獄卒を連れてやって来て道を開けさせせなければならず、幾人かの死者まで出したほどであった。

ナバレタ一行が大坂城に到着すると、象を見ようとして秀吉が、当時六歳の子息秀頼の手をひいて出てきた。そして、秀吉は象のいるところへ近づいて行ったが、象は秀吉がやって来るのを見るやいなや、象使いの命令で地面に三度ひざまずき、鼻を頭の上に持ちあげて、大きな吠声を放った。驚嘆した秀吉は「あれはいったい何事か」と訊ねた。「あの象は、すでに殿下をそれと存じあげていましたので、あのようなご挨拶を致したのでございます」と通訳が答えた。秀吉はたいそう満悦して「さて、さて、さて」と言いながら、何度か気ぜわしく手をたたいた。

また、秀吉は「象は何を食うのか」と訊ねた。そこで人びとは「与えられるものは何でも食べます」と答えた。間もなく、まくら瓜と桃を盛った大皿が運ばれてきた。秀吉は自らその一つをとって象に与えると、象はそれを鼻の先で取りあげ、頭の上にのせた。それから象は、前においてあった残りのまくら瓜と桃もぺろりと平らげた。この象は、秀吉に献上された。

フィリピン使節が、太閤に要求するように命ぜられて来たことの一つが、サン・フェリーペ号事件や長崎における宣教師や信徒の処刑につき、秀吉に釈明を求めることであったが、秀吉はこれを拒絶し、かえって強硬な返書が渡された。また、使節が要求するよう命ぜられて来たもう一つが、聖殉教者の遺体の引き渡しであった。これについては、秀吉はただちにそれら遺体を引き渡すように命じた
こうして国王が遺体を引き渡したという知らせが長崎に伝わると、ある者は、遺体の大部分を持ち出そうとした。そのために、ナバレタがこの地に着いたときは、それまで刑に処せられた聖なる遺骸があったが、人びとがそれを切り刻んで夜中に持ち去っていたため、十字架にはごく僅かの物しか残っていなかった。

十一月三十日、ナバレタは長崎で病没した。ナバレタに代わって、ディエゴ・デ・ソウサが極力遺骸を集めることに努力し、散逸した聖なる遺骸の大部分を手に入れ、それを一つの箱に収めて翌九八年にマニラ行きの船に積み込んだ。しかし、航海途中で嵐に遭難して遺骸は失われてしまい、結局、それらを物語る遺物は何一つ残らなかった。

だがしかし、その前に信者たちが持ち去っていた遺骸はマニラやマカオに送られていた。そして、フィリピン総督はその一部をローマ教皇とスペイン国王のもとへ送るため、マルセーロ・デ・リバデネイラ神父を遣わした。リバデネイラ神父は、途中立ち寄った教会に遺骨の一部分を分け、また二十六人の殉教のことを広めて行った。そしてその後、世界各地において殉教者たちに対する崇敬を高めていった。

マニラのサン・イグナチオ教会には、聖三木パウロの腕骨（尺骨）が遺物として保存され、これには一六三〇年十月五日付、イエズス会士ペドロ・モレホンの証明書が付されているが、「私は総ての修道会士と僕べ達を知っており、かつ交わっていた。吾々の（イエズス会の）三修道士は、数年私の伴侶であった」と記されている。

その三木パウロの聖骨は一九六六（昭和四十一）年頃、ペドロ・モレホンの証明書とともに長崎の二十六聖人資料館に移された（日本二十六聖人記念館には、三木パウロ、ジョアン五島、ディエゴ喜斎の遺骨が展示されている）。

また、五島の堂崎天主堂には、化石のような小さな「聖ヨハネ五島の聖骨」の破片がガラスケースに収められ、教会の祭壇に安置されている。

太閤の薨去（こうきょ）

一五九七年、日本準管区長ペトロ・ゴメスからイエズス会総長に宛てた書簡の中で、ゴメスは最近起こったという事実を書きとめている。

それは昨年（一五九六年八月三十日）、都における大地震のとき、太閤が都の近くに造営させて、最近完成した大仏殿が、身体と手の部分を粉々にして倒壊し、また非常に精巧に仕上げられた壁も大仏殿の主要な門といっしょに倒壊した。太閤様は（死去の前に）その姿を見て非常に憤り、それを粉々になるまで砕いてしまうよう命じ、そして「もし地震のときに自分自身をも助けることができなかったのなら、他の人びとの役に立てるはずがなかった」と言って、弓を取って、それに矢を射かけようとした。しかし前田玄意法印はこれを制止し、太閤自身にそのために何かもっと悪いことが起こりそうなことはしないようにと思い止まらせた。すると、太閤様は「予自らが建立されるよう気を配った木塊が、今度は予に対してどのような悪事をもたらし得るのか」と取り合わなかった。そこで太閤の部下たちは、異教徒たちの激しい悲しみの中に偶像を打ち砕き始めたが、その間異教徒たちは放心したように、自分たちが礼拝し崇めた神のこのように惨めな光景を見るに耐えかねた様子で眺めていたという。

また、一五九八年十月三日付、イエズス会総長宛「日本年報」の中で、フランシスコ・パシオはインドへ航行中であった日本の司教ペドロ・マルティンスが逝去したことを報じている。それとともに、パシオは「太閤様の死」にいたるまでの経過について詳しく伝えている。

太閤秀吉は、一五九八年六月に赤痢を患い、胃痛を訴えるようになった。秀吉の死の直前、ジョアン・ロドリゲスとともに、最近長崎に入港した数名のポルドガル人が太閤様に贈物を献上するために、伏見を訪問した。秀吉は、ロドリゲス一人を宮廷内の寝所に呼んだ。そして秀吉は、これまでロドリゲスが何度となく来訪した労苦に感謝し、「予は貴師に接して少なからずこころがなごむ。余命幾ばくもなく、ふたたび見える（まみえる）ことはあるまい」と語った。秀吉を不憫に思ったロドリゲスは、己が霊魂の救いについて語ろうとしたが、秀吉は頑固に目を閉じてロドリゲスがしきりに救済のことについて話そうと望んでも、それについては一言も耳を貸そうとしなかった。このため、ロドリゲスは心苦しい思いで秀吉のもとを辞去した。そして九月十八日早朝未明、ついに秀吉は伏見城で没した。享年六十二歳。

秀吉の死後、その死は伏され、朝鮮の諸侯に密かに撤退の指令が出された。こうして前後七年にわたった朝鮮の戦役に、ついに終止符が打たれた。

一五九八年八月五日、ヴァリニャーノは新任の日本司教ドン・ルイス・セルケイラとともに三回目の来日を果たした。ヴァリニャーノの第三次日本滞在は一六〇三年まで続けられたが、その間、コンスタンティノ・ドラードがその秘書としてヴァリニャーノの下で働いた。同宿であったドラードは、河内浦の印刷所において、その中心となって印刷事業に貢献していた。しかしその後、彼は宣教師となる道を志した。

来日したその日、ヴァリニャーノは数日来病臥していた秀吉が重態に陥ったことを知らされた。そして九月十八日、秀吉の薨去を知らされたヴァリニャーノは、キリシタン諸侯から、バテレンたちは太閤の薨去を喜ぶような態度は取らないようにと注意された。太閤の死を惜しむ日本人の心情を逆なでしないための配慮からであった。小西行長の特別の親友であった石田三成は、「その時期が到来した時、我ら（イエズス会）の諸用件を促進してやろう」と約束した。そこで、諸事情の変化と新しい機会が与えられるまでは、我らはじっと忍耐しようということになった。

また、太閤秀吉の死去によって日本に戻った小西行長と、彼に従った諸将はそれぞれの所領に帰還した。行長の肥後帰国は一五九二年以来、約七年ぶりのことであった。肥後に戻った行長は、かつて原マルティノに語った言葉どおり、肥後の自領において積極的に伝道を開始した。その結果、内藤如安が城番を勤める行長の本拠宇土、結城弥平次の城下町矢部、小西美作の城下町八代に三つの教会とイエズス会の司祭館が建てられた。とりわけ、八代では活発な宣教が行われ、八代の一地方だけで二万五千人の人たちが洗礼を受けた。

同じころ、天草諸島においても集団改宗が始まった。宣教師の記録には、一五九九年に天草・志岐を含む小西領内において五万人（レオン・パジェス『日本切支丹宗門史』では十万人）のキリシタンがいたと記録されている。

石田三成と徳川家康の対立

来日したヴァリニャーノは、一五九九年十月十日付、イエズス会総長宛「一五九九年度・日本年報」の中で、太閤秀吉死後の政治の動静を詳しく報じているが、秀吉の死去に伴い、継続中の朝鮮戦争が終結し、日本軍は故国へ呼び戻された。しかし朝鮮で戦役を指揮していた重立った諸武将の間で、朝鮮軍と和平を締結することにおいて、および軍隊を日本国へ引き揚げることについて意見が分かれ、不和が生じた。そして朝鮮において小西行長に従っていた人びとは、新たな盟約によって石田三成と同盟した。これに対して、他の派についていた人びとは浅野長政の側に合流した。そのため、貴人や重立った人びとは激しい抗争によって分裂し、互いに敵意を燃え立たせた。石田三成の側には小西行長をはじめ、有馬晴信と大村喜前、島津義弘、小早川秀包、寺沢広高らが、浅野長政の側には、常に行長と敵対していた加藤清正、黒田長政と黒田孝高（官兵衛）、片桐且元、鍋島勝茂らがいた。そのためこの両派は、もはや憎しみを隠さず互いに反目していた。

ところで、天下統一を果たし、栄誉・栄華を極めた秀吉は死に臨んで、わずか六歳の嫡子・秀頼を後継者とすべく五大老・五奉行に後事を託した。だが、五大老の筆頭の地位にあった徳川家康は、次期政権の担当者としての地位を着々と築いていた。そのため、石田三成は「天下の支配権を獲得する魂胆の明白な兆候を示している」として家康を批判した。しかし、家康はすべての点について穏やかに弁明し、己が行為について何らやましいことはないとその理由を述べた。

時が経つにつれて、石田三成のもとを離れた軍勢や武将たちの数が増大するにつれ、家康は「石田三成が切腹をしない限り、日本国が平穏になることはない」とした。しかし三成に味方していた小西行長その他の武将たちは、「家康の怒りは、石田三成一人の死によって収まり得るものではない。自分たちも生命を落とさねばならない危険があることは明白である」として、三成に味方した。

この家康について、ヴァリニャーノは「これらの混乱期に際して、日本国全土を流血を見ることなしに、非常な不安な動揺からもっとも平和な状態へ導く人物として、男を見せるだろうことは否定できない」として、家康を高く評価している。じつはヴァリニャーノは、家康と話し合ったロドリゲスから「家康は福音を宣教する我らの活動に対しては何らの妨害もしないから、安心するように約束した」との報告を受けていた。

そして家康は、ついに太閤の息子である秀頼が住んでいた大坂城を占拠した。大坂城から遠くない邸にいて、六千の武装した軍勢に護られながら夜を過ごしていた石田三成は、この思いもかけぬ奇襲を阻止することができず、窮地に追い込まれ伏見の城へと退いた。そこへ軍を率いて伏見城に到達した家康は、三成に対して、これまでの官職をいっさい捨て、今後は国家統治の任を離れ、自分のすべての軍勢とともに自領である近江の国に引き籠っていることを条件に、兵力を撤退させることを約束した。こうして日本国の政情は一時、平和になった。

既述のことが生じている間に、ヴァリニャーノは、長崎奉行寺沢広高がイエズス会の人びとに対して、ほとんど平静さを失っている態度を示したので、彼らが始めた文学の勉強をもっと自由に続けられるようにと、長崎のセミナリヨ（一五九八年二月、有家から移転）にいた者を他の所へ移転させることにした。司教セルケイラはそれを知ると、高い位階である司教職を適切に遂行するためには、日本語の知識が必要であることを認め、高齢（五十歳）や心身の衰弱にもかかわらず、ヨーロッパの人間には相容れぬ日本語を学ぶため、この異国（日本）の勉学の仲間に参加した。

また、ヴァリニャーノは「この文学の勉強のためには、小西行長の所領の島である天草（河内浦）が他のどこよりも適当であると考えられた。なぜならそこは、すべての用務から遠ざけられた所にあり、また我ら（イエズス会）の人びとの修練のために、不都合ではない建物（註・かつてコレジヨがあった建物）を有していたからである」と記している。

そして一五九九年三月、司教セルケイラとともに十六人のイエズス会員、それに三十人以上の神学生が天草の島へ移った。彼らはそこで、数カ月間日本語を学ぶための勉学に、毎日二時間、反復と文型の練習を行った。

しかしながら、天草（河内浦）は有馬や大村や長崎の町々から遠く、また都の事態が日々平穏になったことから、ヴァリニャーノはセミナリヨの場所の移転について考え始めた。そして同年八月、小西行長の領内にある志岐の町に居住地を移し、同時に、志岐の司祭館を再建した。

ヴァリニャーノがこの報告を書いているころ、小西行長が長崎に来た。彼は司教セルケイラの不在を知ると、セルケイラへの挨拶のため志岐を訪れ、二日間志岐に滞在した。そしてこれらの諸地域でのキリシタンたちの情勢について有益になるだろうことを熱心に語り合った。行長は自領内で種々の城郭を建設するために、この地を急いで出発したが「今回は急用のため、それを実行できなかったが、司教から堅振の秘蹟を受けるために、近日中に、すなわち二十日もしないうちに帰って来よう」と約束した。しかし一六〇〇年二月、小西行長は政務上の理由から肥後から上方に向かった。そして関ヶ原合戦に身を投じ、二度と再び宇土の地を踏むことはなかった。

また「サン・フェリーペ号事件」後、オルガンティーノらは都を追われ、長崎に逃避していたが、秀吉の死後、ヴァリニャーノは再びオルガンティーノを都へ派遣した。

ウイリアム・アダムスの来日

二十六人の殉教後、ジェロニモ・デ・ジェズースは都に潜伏していたが、同年にマニラに追放された。だが、バプティスタから日本人信徒の世話を託されたジェズースは、一五九八年七月二日、修道士のルイス・ゴメスとともに島原半島の口之津に再上陸を果たした。彼の再来日は、イエズス会士から「再び太閤を怒らせたらどうするのか」とか、「日本宣教の新たなお荷物だ」などと非難されたが潜伏活動に入った。しかし間もなく、ルイス・ゴメスは肥後に潜伏していたところを捕えられマカオに送還されたが、ジェズースは捕吏の手を逃れて行方をくらました。

同年十二月七日、伊勢の隠れ家に潜んでいたジェズースは追手に捕縛されたが、殉教を覚悟して連れて行かれた先で待っていたのは、思いもよらない伏見滞在中の徳川家康だった。九州のキリシタン大名がイエズス会との結びつきを通して、ポルトガルとの南蛮貿易で富を築いたことを知った家康は、マニラを出てメキシコに向かうスペイン船が太平洋を通ることを知っていた。そこで、マニラとアカプルコ間の太平洋貿易に参入しようと考えた家康は、マニラとの交易にパイプを持つフランシスコ会に近づき、海外との通商を渇望した。そのため家康は、ジェズースに対して「予はスペイン人に好意を持っている。もしスペイン人が望むなら、関東の我が所領にあって大勢のキリスト教信者をつくるのも許可する」などと語った。

そして家康はジェズースを厚遇し、江戸居住と教会建設の許可を与えた。それとともに、マニラに使節を送った。しかし、マニラ当局の反応は冷ややかだった。その二年前に、二十六聖人の殉教が引き起こされた恐怖は、まだ生々しく記憶されていた。またその頃、フィリピン周辺を荒らし回っていた日本人の存在は、マニラ当局にとって頭痛の種だった。そのためマニラ当局は、マニラとの通商を求める家康に対し、確たる言質を与えず、ジェズース神父と日本在住のイエズス会神父の今後に好意を寄せられるようお願いする、との返書を持たせて使節を送り返した。

このため家康は、ジェズースを呼び出し「その方が特使としてマニラに赴き、かつて秀吉との間で取り交わされた修好条約の回復にあたるように」と申しつけた。この命を受け、ジェズースは日本を発ち、一六〇〇年一月にマニラへ到着した。マニラに着いたジェズースに対し、総督テーリョは「スペインとの貿易を望んでいる内府様（家康）の意向を尊重していることを伝えよ。しかし日本国王のスペインとの交易に関する希望や意図に関しては、その実行を容易ならしめぬようにせよ」と、のらりくらりとした返答を繰り返した。それでも、何とか総督からの返書を受け取ったジェズースは同年七月に日本へ向かったが、彼の乗った船が台湾付近で遭難し、ジェズースは命からがら再びマニラへ戻った。そして一六〇一年六月二日、ジェズースは再び日本に上陸するが、日本を留守にしていた一年半の間に、その後のイエズス会、托鉢修道会士の命運にかかわる重大な出来事が生じていた。オランダ船リーフデ号の豊後への漂着である。

一六〇〇年四月二十九日、オランダ船リーフデ号が豊後の佐志生(さしぶ)に漂着したとの知らせを受けた家康は、ただちに現地に使者を派遣して、五月十二日、大坂城西の丸において、リーフデ号の水先案内人であるイギリス人航海士ウイリアム・アダムスを引見した。そして家康は、このアダムスを通して、同じ神(デウス)を信じながら敵対する二つのキリスト教があること。プロテスタント国であるオランダやイギリスの交易は宣教師とセットではなく、通商による互いの利益のみを求める新しい国家であること。スペイン国は「太陽の沈まぬ国」ではなく、スペイン艦隊はもはや無敵艦隊ではないことなどを知らされた。そして家康は、スペイン以外のあらたな選択肢(オランダとの交易)を手に入れた。

第七章　江戸の大殉教

関ヶ原合戦以後

一六〇〇年十月二十一日、美濃の関ヶ原において、徳川家康率いる東軍七万五千と石田三成を参謀とする西軍八万の兵が対峙し、戦闘の火ぶたが切って落とされた。西軍の主力である小西行長の軍勢は二千九百人、それに援軍である四千人の与力衆が加わった。戦闘の形勢ははじめ西軍が有利と見られていたが、松尾山に布陣していた西軍の小早川秀秋が東軍に寝返って、小早川軍一万五千が真下の大谷吉継隊に向かって突進した。大谷隊はたちまち総崩れとなり、こうして勝敗の帰趨は、秀秋の寝返りによって短時間で決した。そして敗者となって捕らえられた石田三成と小西行長、安国寺恵瓊の三人は京都六条河原で処刑された。

さらに一六〇三年、徳川家康は征夷大将軍に任命され、ここに江戸（徳川）幕府が成立した。

関ヶ原合戦の結果、キリシタンの支柱であり、かつ大旦那であった小西行長や、明石掃部らキリシタン武将を擁する宇喜多秀家、筑前の毛利秀包らの敗北はイエズス会にとって大打撃であった。しかしながら、東軍の家康側に就いた黒田官兵衛や、秋月城の当主である弟の黒田惣右衛門、また有馬晴信や大村喜前ら支柱は健在であった。

そしてまた、加賀の前田利家の地には二万石を拝領していた高山右近がいた。関ケ原の合戦後、右近は積極的にキリシタンの伝道を開始し、同地で千五百人以上の人びとを改宗に導いた。また金沢の城下町や、右近の知行地である能登半島には教会も建てられ、一六一四年の禁教令が出るまでイエズス会の司祭や修道士が住んでいた。一六〇七年の名簿には日本人修道士木村ミゲルの名が載っている。安土セミナリヨ時代からミゲルを知る右近によって呼ばれたと思われる。そのミゲルがいつまで金沢にいたか分からないが、一六一三年には長崎のサンチャゴ病院にいたことが確認される。ミゲルは一六二八年に下関で殉教を遂げ、のちに福者に列せられた。

関ヶ原の戦いが終わると、家康はその恩賞として何人かの領主それぞれに幾つかの国を分配した。宣教師たちは、この分領によってキリシタン集団の利益と拡大に期待する人物として、筑前国の黒田長政、豊前国と豊後国の三分の一を授与された細川忠興、毛利輝元領七カ国にうち安芸・広島二カ国を与えられた福島正則、浅野幸長らの名を挙げている。

石田三成への裏切りによって、徳川を勝利に導いた小早川秀秋には、宇喜多秀家の所領であった備前国と美作国の二カ国（五十万石）が与えられた。そして宣教師の記録には、小西勢に従軍し、天草から長らく追放されていたドン・ジョアン天草殿は小早川秀秋の家臣となって、およそ八百人の重臣を養うことができる扶持を与えられているとある。だがその秀秋は、岡山に入国して一年も経たないうちに治世を放棄し、狂気じみた素行を繰り返すようになった。その後秀秋の病状はますます悪化し、一六〇二年十一月に死去した。また秀秋には子どもがなく、小早川家は断絶した。それに伴い、以後、宣教師の記録、邦文献において天草久種に関する記録は途絶えた。

一方、ジェロニモ・デ・ジェズースは一六〇一年六月二日、ようやく平戸に到着した。ジェズースはただちに伏見の家康のもとへ参上したが、家康が病に伏していたために、家康にタバコの膏薬と種子を献上した。ところが、この後間もなく、シェズースは病に倒れて急死した。

江戸幕府の最初の十年間、比較的穏やかな宗教政策がとられた。徳川家康は、一六〇二年にベトナムやルソンに書状を送って、朱印船制度を創設して東南アジア諸国との修好をはかった。その一方で、殊にスペインとの交易を期待して、宣教師の京都、大坂、長崎での居住を認めた。

一六〇〇年十二月十二日付、ゴアやマカオを経るという条件付きで、イエズス会以外の修道士会士たちにも日本入国を認めるという教皇クレメンテ八世の勅書が発布された。

さらに一六〇二年、新しいフィリピン総督としてアクーニャが着任した。アクーニャは、家康の許可状を携えて、毎年六隻、季節風ごとに三隻の船がマニラへ来航することを承認し、スペインと交易したいという家康の要望をスペイン国王へ上申することを約束した。

同時にフィリピン総督は、キリスト教宣教とスペイン王に対する奉仕のため、ドミニコ会、フランシスコ会、アウグスチノ会の日本派遣を認めた。このため、フランシスコ会士八人、ドミニコ会士八人、アウグスチノ会士三人がフィリピンから渡日した。その結果、各修道会派と在日イエズス会との間で信者獲得のための激しい競争が展開されてゆくことになった

この事態に臨んで、ヴァリニャーノは、修道会の間における不一致と対立を懸念した。このため、セルケイラは托鉢修道会士に警告を発し、司教の統轄に従うように勧告したが、托鉢修道会士はこれをイエズス会の干渉と見なし、独自の行動をとった。

一六〇三年、ヴァリニャーノは最後の仕事を終えて日本を去り、その三年後にマカオでその生涯を終えた。

また、家康は托鉢修道会に対し、日本全国望むところに住むことを許可し、キリシタン宗団を援助は

しないものの、迫害もしなかった。そのため、宣教は西国ばかりではなく、関東の諸州や東国各地へと広がっていった。さらに東北から北海道に至るまでの鉱山に強力なキリシタン集団ができ、佐渡の金山や蝦夷松前まで布教の足跡を残した。

江戸幕府の初期、宣教師の記録には「日本全国には七十万人に近いキリシタンがいるであろう」などと記録され、別の記録（レオン・パジェス『日本切支丹宗門史』）には、「当時（一五〇五年）日本には七十五万人のキリシタンがいた」とある。もちろん、その数に誇張があったにせよ、当時の日本の人口から見ると驚嘆すべき数だと思われ、秀吉の没後、まさにキリシタンはその全盛を迎えていた。

ただし、加藤清正領や毛利輝元領など一部においては、激しいキリシタン弾圧が継続されていたが、大局的に見れば、バテレンやキリシタンにとって比較的平和が続いた。

八代の殉教者

関ヶ原合戦後、加藤清正は天草を占領したが、豊後鶴崎との交換を申し出て認められた。清正はキリシタンの島である天草の統治を嫌ったためとされているが、肥後からの上方上りには鶴崎の方が便利だった。翌一六〇一年、徳川家康は天草を唐津城主寺沢広高に与えた。以後三十七年間にわたり、天草は寺沢広高・堅高の親子によって統治されてゆくことになった。

一方、天草を除いた肥後一円を拝領した加藤清正は、最初こそ旧小西行長領における地歩を固めるため、小西の有力な武将であった結城弥平次、内藤如安らキリシタン武将を好意的な態度で士官させた。だが、法華経の熱烈な信奉者であった清正は、その一年後、一転して激しいキリシタン迫害に転じた。清正は、すべてのキリシタン武将や家臣に対して棄教を命じ、そして二度と再びキリシタンにならないという誓約書に署名しないなら、俸禄を召し上げるか、さもなくば殺すと脅迫した。この猛烈な迫害は六か月近く続いた。このため、肥後国から追放された結城弥平次は有馬晴信に迎えられ、晴信の領国中もっとも重要な城である金山城の城主となった。内藤如安は高山右近の招聘によって加賀に移り、前田利長の客将として四千石を与えられた。そしてあとには、清正の命令に服さない若いキリシタン武士数名だけが八代に残された。

その中の一人で、麦島城の城代三宅角左衛門の友人であったシモン竹田五兵衛（三十五歳。伊勢山科出身、祖父は高山右近の元家臣）は、三宅に対してはっきりと誓約書への署名を断った。またジョアン南五郎左衛門は、最初に転んだ家臣の一人であったが、その後彼は回心した。南は大和国出身で、身分の高い由緒ある家柄の武士で、彼の妻マグダレナは高山右近の親戚であった。またジョアンは、妻・マグダレナの甥である七歳のルドビコを養子として育てていた。

一六〇三年、加藤清正は熊本の本妙寺を開山した日真上人を遣わし、八代のキリシタン武士十四人に棄教を迫った。そして日真上人の説教によって、大部分のキリシタンは法華経に帰依したが、最後にシモン竹田とジョアン南の二人だけが残った。この結果を報告するために熊本に赴いた三宅角左衛門に対し、清正は、二人のキリシタン侍を家族ともども即刻処刑するように命じた。このため、三宅は急きょジョアン南に熊本へ出向くよう命じたが、シモン竹田は友人である三宅に対して、処刑されるなら八代で殺してほしいと願った。そのため、竹田は八代に残された。

一六〇三年十二月八日、南は権左衛門と呼ばれる熊本の一人の家老の屋敷に連れて行かれ、待機していた数人の侍の手によって斬首された。三十五歳。三宅によってこの知らせがシモン竹田のもとに届くと、竹田は母と妻、使用人らと別れの盃を交わし、八代の城下町にあった自邸の奥座敷で、祈りながら首が斬られるのを待った。妻のアグネスは、まばたきもせず、夫の最後の有様を見届けると、やがて転がった夫の首をうやうやしく胸に抱いた。

二月九日の夜明け、シモン竹田の処刑後、竹田の母のヨハンナと妻のアグネスにも処刑が伝えられた。その日、南の妻マグダレナと養子のルドビコもまた、処刑の通知を受けていた。

夕刻、刑場へ行くため三つの駕籠をもって役人たちがやって来た。殉教者となる竹田と南の家族四人はそれぞれ駕籠に乗せられ、刑場へと運ばれた。刑場にはすでに十字架が備えられていたが、十字架につけられた四人は、役人の突きだす槍によって絶命した。処刑場には大勢の見物人が集まっていたが、その中に、ジョウチン渡辺次郎右衛門、ジョアン服部甚五郎、ミゲル三石彦右衛門の三人の「慈悲役」がいた。

一六〇〇年の行長の滅亡後、八代から追放されるに際して宣教師は、自分たちの代わりにキリシタン信者を導くために彼ら三人を選んだが、彼ら三人は「慈悲役」と呼ばれ、幼児に洗礼を授けたり、病人を見舞ったり、亡くなった信者を葬ったりして、自分たちに任された信者の信仰生活を育てていった。

ジョウチン渡辺次郎右衛門、八代出身。町人として質素な生活をしていたが、八代ではよく知られていた。既婚者で、すでに大人になる二人の息子がいた。一五九六年、小西美作の勧めによって洗礼を受けたが、単純かつ心のやさしい人で、純粋な熱心さをもって慈悲役の役目を果たしていた。

ミゲル三石彦右衛門、八代出身。町人。経済的には恵まれていなかったが、子どもたちに読み書きを教えて生活していた。三石は結婚していて数人の子どもがあった。一五九四年、三十五歳のときに長崎において洗礼を受けた。またそのころ、八代にはまだ信者が少なく宣教師も居住していなかったが、彼は妻をはじめ家族の者を信仰に導いた。息子はトマスと呼ばれ、のちに父と一緒に殉教した。娘ルチアは、一六〇九年、父の殉教の数カ月後、二十五歳で病死した。

ジョアン服部甚五郎、播磨の室津出身。一五八八年、小西行長が肥後に領地を受けたとき、彼も小西に従う一人となった。酒の醸造元で安楽な生活をしていたが、一五九九年、小西美作の勧めに従って八代で洗礼を受けた。二十九歳であった。頭脳明晰、人と話すときには賢明で、誰にでも、自分のことをはっきり説明できる人であったとされている。

麦島城の城代であった三宅角右衛門は、友人であったシモン竹田を助けることが出来なかったことを深く悲しんだが、竹田の信仰の堅固さは三人の慈悲役の指導の結果によるものと思っていた。その折、シモン竹田の首を斬り、竹田の母、妻、そしてジョアン南の妻、その養子の殉教にも関わった三宅の家臣である市河治兵衛は、その際に見たり聞いたりしたことに深く感動した。そんな治兵衛に、彼の友人であったジョウチン渡辺は、キリシタンになることを勧め、そして治兵衛はキリシタンとなった。そのため三宅は、彼の信仰を辞めさせるように努めたが、それが出来なかったので彼を八代から追放した。それとともに、三人の慈悲役の問題を清正に報告した。そこで清正は三人を投獄し、その財産をことごとく没収するようにと命じた。そして信仰を捨てない限り牢から出ることを禁じた。

一六〇三年の殉教事件が、大名たちの間でよくない評判を与えていた。特に清正の友人である福島正則は、キリシタンを信仰したという理由だけで家臣を殺したことを激しく批判した。そのため清正は、今度は長い牢獄の苦しみをもって彼らを棄教させせようとした。

そして一六〇五年一月、ジョアン服部、ミゲル三石、ジョウチン渡辺は投獄されたが、三人の慈悲役の忍耐は清正の根気より強かった。そのため、彼らは長らく牢内に閉じ込められた。

一六〇六年八月、年長者で体が弱かったジョウチン渡辺は牢内で死を遂げた。そうして投獄から三年後の一六〇九年一月十一日、清正は二人の慈悲役とその子どもたちに死刑を命じた。このため、ジョアン服部とミゲル三石は首に縄をかけられて牢から引き出された。このとき、八代のキリシタンの司牧を担当していたにあばらルイスは、四年間にわたる獄中生活で、髭も髪の毛も伸び放題ながら、喜びに溢れた彼らの顔を見て、その姿に深く感動して心を打たれた。ただ、日がすでに暮れようとしていたので、役人は刑場まで行かない途中の麦畑で彼らを斬首した。

また、二人の処刑後、ミゲル三石の息子トマス（十二歳）、そしてジョアン服部の息子ペトロ（五歳）も共に処刑された。

伊東マンショらの司祭叙階

一六〇〇年八月十三日、マカオのコレジヨにあった山田ジュリアン、にあばらルイス、木村セバスティアンの三人は帰国の途につき、長崎の港に到着した。翌〇一年九月、三人は司祭に叙階される予定だったが、山田ジュリアンは司祭叙階を目前にした七月、結核によって死去した。そして木村セバスティアン、にあばらルイスの二人が、日本人最初の司祭として叙階された。二人はさっそく、それぞれ重大な任務が与えられ、木村セバスティアンは天草へ、にあばらルイスは有馬のセミナリヨを根拠地にして、肥後や薩摩のキリシタンを担当した。

また、一五九八年に再び来日したヴァリニャーノの一番の目的は、日本人司祭の養成にあった。そのためヴァリニャーノは、イエズス会内部の反対を押し切って、司祭叙階のための勉強を修めさせるため、その年、天草のコレジヨ生であった式見マルティノ、豊後出身の溝口マンショら三人をマカオのコレジヨに送り出した。

さらに一六〇一年、伊東マンショと中浦ジュリアン、結城ディオゴら四人の修道士がマカオのコレジヨに送られた。一六〇三年の会員名簿によれば、マカオのコレジヨには石田アントニオ、伊東マンショ、中浦ジュリアン、草野アンドレ、結城ディオゴ、溝口マンショら天草コレジヨ出身者が一緒に、「本年、倫理神学三年を終了することになっている」と記載されている。彼らはマカオの神学課程を終え、一六〇四年の夏に日本へ帰国した。

日本に帰った彼らは、すぐには司祭に叙階できなかった。新しく赴任した準管区長のパシオはじめ数人のバテレンが、日本人の叙階に反対していたためである。そのため、伊東マンショは有馬のセミナリヨの助手となって、コンスタンティノ・ドラードとともにラテン語を教えた。

一六〇八年、イエズス会の本部は、日本を独立した管区に昇格させた。そして同年の九月、伊東マンショ、原マルティノ、中浦ジュリアンは揃って、セルケイラ司教によって念願の司祭に叙階された。その後辻トマスも司祭となった。

司祭となった伊東マンショは、細川忠興の城下である小倉の教会へ派遣された。忠興は、悲劇的最期を遂げた妻・ガラシャの冥福を祈るため、小倉城下に聖堂を建てさせていた。マンショは小倉の教会を拠点として、長門と周防を巡回した。またキリシタンに対する激しい殺戮と迫害下にあった毛利輝元の城下町である萩へも潜入し、信者たちを励ました。

一六〇四年に帰国後、中浦ジュリアンは博多の教会に派遣され、一時は都の教会にも派遣されたが、一六〇八年に長崎に戻って司祭に叙階された後、再び博多に赴任した。しかし一六一三年、キリシタンであった黒田長政が幕府の圧力に屈して博多の教会（黒田官兵衛を追悼する聖堂）は閉鎖された。それとともに、博多の教会に配属されていた神父の中浦ジュリアンと辻トマス、修道士の永原ニコラオは博多から追放された。それから穴吊るしの刑によって殉教に至るまでの二十年間もの長きにわたり、中浦ジュリアンと永原ニコラオは潜伏宣教を続けた。

一五九五年、原マルティノは天草での勉学を終えて、長崎の教会に赴任した。一五九六年に二度も肥前名護屋へ派遣され、小西行長との交渉にあたった。また一六〇〇年二月、準管区長ペドロ・ゴメスが脳溢血で倒れて急死した際、マルティノはその葬儀ミサで追悼説教を行った。一六〇一年になって政治的状況がいくらか落ち着くと、セルケイラ司教も長崎に居を定めることになったが、マルティノは司教の仕事を手伝うようになった。そうして伊東マンショ、中浦ジュリアンの二人はマカオへ送られたが、原マルティノは長崎で教会の仕事に従事しながら、神学の勉強を続けていた。

一六〇六年、メスキータによって長崎酒屋町にサンチャゴ病院が出来たとき、病院の別棟に印刷所が移された。一六一三年のメスキータ書簡によれば、この印刷所や、被昇天の聖母教会（現・長崎県庁）に移設されたコレジヨにおいて、日本の文字と言葉で『ぎやどぺかどる』やルイス・デ・グラナダの『信仰入門』の書を印刷しているが、語学の才能が抜群である原マルティノがこれを手伝ってくれているとあり、マルティノは印刷事業の監督にもあたっていた。

千々石ミゲルは、一六〇三年の日本準管区目録にその名が見当たらないことから、一六〇〇年から一六〇三年の間に、イエズス会を離れたと思われる。ミゲルがイエズス会を脱会した理由はいろいろ語られているが、ミゲルをよく知るメスキータは、日本人イルマンの司祭叙階に反対する在日宣教師に原因があったとして、「ミゲルもしかるべき時期に司祭への道が開かれていれば、このような結果にはなっていなかった」と述べている。またミゲルは、その後従兄である大村喜前に仕え、棄教した喜前にキリシタン追放を進言したとされている。

京都の下京教会

一五七〇年六月十八日、日本布教長となったカブラルとともに来日したオルガンティーノは、日本国民を野蛮人と見なして日本人を蔑視したカブラルと違って、「日本人は全世界でもっとも賢明な国民に属しており、彼らは喜んで理性に従うので、我ら一同よりはるかに優っている。我らの主たる神が何を人類に伝え給うたかを見たいと思う者は、日本に来さえすればよい」とまで日本国民を高く評価した。そして日本の文化に深い理解を持ち、また日本人の心情に溶け込んで三十年間も都で活動し、そのため、異教徒の人たちにも親しまれていた。彼についての記憶はその後も都の住民の間に残り、江戸時代のキリシタン物語のなかで、「宇留岸」の名で登場するようになった。ただし、豊臣秀吉の改宗の可能性を信じたほど、極端な楽天家で、ヴァリニャーノはカブラルの後任の日本布教長を決めるにあたり、オルガンティーノを就任させるにはあまりに知性に欠ける人物と見なし、ガスパル・コエリョを任命した。

関ヶ原の戦いの後、そのオルガンティーノとペドロ・モレホンは再三にわたって徳川家康と会見し、京都・大坂・長崎の三教会を正式に認めてもらうことに成功した。

また、オルガンティーノは一六〇三年十二月まで中日本布教長に在職したが、病弱のために長崎に呼び戻され、長崎のコレジヨに移った（一六〇九年四月、オルガンティーノは長崎で病没した）。オルガティーノの後継者に任命されたのがペドロ・モレホンであった。一六〇三年十月現在のイエズス会名簿によれば、モレホンは大坂の教区長で、また「上」地区の教区長の顧問であり、日本語をよく会得しているとある。そうしてモレホンは京都の下京教会において、その修院の院長、および本州全域の教区長になった。

また、イエズス会の教会（下京の聖堂は二千人も収容できる大教会堂であった）に隣接して、女子修道会が設けられていた。女子修道会が創立されたのは、内藤如安の妹である未亡人のジュリア（日本名不詳）が洗礼を受けた一五九六年から間もないころだったとされ、太閤の正妻である北政所の寵愛を得て、北政所とも親密に交際していたジュリアを会長として、日本最初の女子修道会が創立された。そしてオルガンティーノ、モレホン両神父の指導によって会則をつくり、清貧、貞潔、従順の三誓願を宣願した。

さらにまた、一六〇二年に来日したカルロ・スピノラは、一六〇三年から十一年まで京都で活躍――。下京の教会建設のため尽力し科学アカデミー、同宿たちの「聖母の組」などを結成した。

なお、一六〇七年の年二月の名簿に、中浦ジュリアンが京都に派遣されたとあり、ジュリアンは京都の教会で再びモレホン、そしてスピノラの指導を受けたことが確認される。

ところで、天草コレジヨの日本語教師であった不干斎ファビアンは、一六〇三年に京都の下京教会に移った。そして一六〇五年、女子修道会の尼僧のための教理書として『妙貞問答』を著述した。翌〇六年には、朱子学者林羅山と宗論を戦わした。そのファビアンは一六〇八年、かつてコレジヨの生徒であった伊東マンショ、中浦ジュリアン、原マルティノが司祭に叙せられた数カ月の後、妊娠させていた尼僧とともにイエズス会を脱会し、行方をくらました。

一六二一年に至り、ファビアンはキリシタン批判書『破提宇子（はでうす）』を著した。その中で、バテレンの高慢さを糾弾し、彼らは日本人イルマンが司祭になる道を閉ざしていると批判した。またポルトガル、スペイン国への不快感を示し、「このキリスト教国は日本ことごとくをキリシタンとなし、神仏を滅ぼそうとしている。彼らは自分の国の風俗を移し、自ら国を奪わんとの陰謀を回らすより外、別術なし……」などと、ポルトガル、スペイン国の日本征服をも口にしている。その上、「慢心は諸悪の根源、謙遜は諸善の基礎であるから謙遜を専らにせよと、人には勧めるけれど、生まれつきの国の風習なのであろうか、彼ら（伴天連）の高慢は天魔も及ぶことができない。この高慢のために他の門派の伴天連と勢力争いをして喧嘩口論に及ぶことは、俗人そこのけの有様であって、見苦しいことはご推察の外だとお考え下さい」などと、バテレンに対して憎悪ともいうべき感情をむき出しにして批判している。

その後ファビアンは、長崎奉行に従って長崎に赴き、キリシタン弾圧のブレーンとなったとされているが、詳しい消息は分からない。

徳川家康の「キリシタン禁教令」

一六〇八年六月十一日、教皇パウロ五世は勅書を発布し、一五八五年のグレゴリオ十三世、および一六〇〇年のクレメンテ八世の日本入国に関する勅書を無効とした。このことによって、托鉢修道会士は、フィリピンや西インドを経由しても自由に入国できるようになった。しかしこの勅令によっても、イエズス会と托鉢修道会の対立は解消することなく、その争いは余りにも根強いものがあった。そして教会内部の対立は未解決のまま、一六一四年から江戸幕府のキリシタン迫害が激化し、日本における宣教師は国外追放されるか、すべて処刑される運命にあった。

一六〇〇年四月二十九日、オランダ船リーフデ号が豊後の海岸に漂着した後、家康と会談したイギリス人ウイリアム・アダムスは、またたく間に家康の信頼を勝ち取り、日本国籍を得て日本名・三浦按針と称し、家康に仕えて外交顧問となった。また、オランダ東インド会社とイギリス東インド会社の日本貿易開始と経営に彼の助力を得るところが大きかった。

一六〇九年にはオランダ人の船と貨物船が平戸に入港し、領主松浦氏の歓迎を受け、駿府で家康に謁して貿易許可の朱印状を得て平戸に帰り、同地の平戸に取引所と商館を開設した。
その一方で、アダムスやその後やって来たプロテスタントのオランダ人やイギリス人は、家康に対してヨーロッパの事情を縷々(るる)説明した。そうしてスペインがメキシコやルソンその他の国を征服したこと、さらには、スペインやポルトガル国のキリスト教布教は外国を征服する策略だと吹き込み、盛んにカトリックの悪口をまき散らした。その背後には、カトリック対プロテスタントの宗派争いとともに、対日貿易における主導権確保の狙いがあった。

さらに一六一二年、同じキリシタンであった有馬晴信と、徳川政権の実力者であった本多正純の与力・岡本大八の間で贈収賄のからんだ疑獄が表面化し、このため、岡本大八親子は首を刎ねられ、有馬晴信も処刑された。また、二人の取り調べを通して、駿府の旗本や侍女の間にもキリシタンの存在が露見した。このとき、家康の小姓で、一六〇〇年に大坂でモレホン神父から洗礼を受けた原主水は、一六〇三年、二十歳で走衆(はしりしゅう)（将軍警護役）の頭になり、千五百石を賜っていたが、家康によって家中のキリシタン武士十四名が追放された際、主水は行方をくらました。

これら諸々の出来事が、以後の幕府のキリシタン政策に大きな影響を及ぼした。そうしてポルトガル、スペイン国による日本侵略に対する警戒心を抱いた徳川幕府はキリシタン弾圧へ転じた。

徳川幕府のキリシタン迫害は一六一二年四月から始まったが、家康は、京都、大坂、長崎の教会を除き、幕府直轄領内においてすべての教会を閉鎖するよう命じた。

関ヶ原合戦後、豊前小倉に新領地を得た細川忠興は、かつて妻のガラシャが「心の師」と慕ったグレゴリオ・デ・セスペデスを小倉に招き、立派な教会を建てさせた。しかし徳川家康がキリシタン弾圧を強めると、彼の心も変わっていった。そして一六一一年十二月、セスペデスが小倉で急死したとき、そこに葬ることを許さず、すべての宣教師を小倉から追放した。このため、セスペデスの伴侶として小倉に赴任していた伊東マンショも、長崎へと追放され、長崎へ帰った。

マンショは熱病に侵されてサンチャゴ病院に入院したが、マンショの枕元にあって、メスキータ神父が世話をし、そして祈ってくれた。しかし一六一二年十一月十三日、四人の遣欧使節のうち、最初に神の御許へと召されていった。マンショ、四十三歳であった。

一六一四年一月、司教セルケイラが長崎で病没した。

一六一四年一月三十一日、徳川家康は側近の仏僧、金地院崇伝に禁教令の作成を命じ、「キリシタン禁教令」を布達した。家康がキリスト教を禁じた理由は、秀吉と同様に、日本は神国・仏国であり、宣教師がやって来てみだりに邪法を弘め、彼らは国の体制を覆そうとしているということにあった。また金地院宗伝の「排切支丹文」には、「伴天連の徒党、（中略）刑人あるを見れば、すなわち欣び、すなわち奔り、自らは拝し自ら礼す。これを以って宗の本懐となす。邪法に非ずして何ぞや。実に神敵仏敵なり。急ぎ禁ぜねば後世必ず国家の患いあらん」とあるが、伴天連の徒党は、刑人（殉教）あるを見ればこれを喜び、すなわち走り、処刑された同志の遺骨を聖遺物として崇拝して奪いあうなど常人では理解できず、キリスト教は邪宗として、何とも得体のしれない不気味さ、漠然とした恐怖心を為政者、および異教徒に植え付けたに違いない。

こうして徳川幕府は、キリシタン宗団を日本から追放するという「キリシタン禁教令」を布達したが、そのことによって、日本国の領内にいるバテレンを海外に追放し、その後は教会を破壊し、またキリシタンを棄教させ、棄教を受け入れない者は極刑に処し、もってキリシタン宗団を根底から絶滅させせんとした。それとともに、熱心な日本人信者たちをも海外追放に処した。

家康の禁教令が出された後、バテレンたちは生き残るための最後の手段として、駿府にいる家康と会見して、自分たちの意見や弁明を説明しようと決めた。そして、その目的のため、そのころ長崎のコレジヨの院長を辞め、サンチャゴ病院の経営と印刷所での印刷事業に力を尽くしていたメスキータ神父を遣わすことにした。しかしメスキータは、家康に会うため長崎から駿府に向かったが、長崎奉行長谷川権六の策謀によって京都で足止めされ、再び長崎へ戻って来た。このため、日本在住のイエズス会やフランシスス会などのすべての神父と修道士、高山右近らは長崎へと連行された。またメスキータは、バテレンたちが国外追放される数日前の十一月四日、あまりにも衰弱がひどいため、福田浦に近い漁師の小屋へ入れられ、その地で病没した。

バテレンらの海外追放

一六一三年二月現在のイエズス会名簿によれば、ペドロ・モレホンは都の教区長とあり、また一六〇九年六月に来日したクリストヴァン・フェレイラが監事、教区長顧問とされている。

一六一四年二月二十五日、幕府の追放令のため京坂地区の神父たちが大坂から船で長崎へ下ったとき、モレホンも一緒に長崎に向かったが、フェレイラは密かに京都に残り、信者の家に潜伏して日本に残った。

一六一四年十月、家康は大坂城の豊臣氏攻撃を命じ、諸大名に出撃を命じた。大坂冬の陣である。しかし大坂城の守りは堅固で、容易にこれを攻め落とすことはできず、家康の側から和平交渉を持ちかけ、いったんは講話が成立した。このとき、講話条件の一つである堀の埋め立てに関して、徳川方は本丸だけを残して、あとは全部平地にしてしまった。こうして難攻不落を誇った大坂城は丸裸にされてしまった。

それから間もない十一月七〜八日、長崎で軟禁状態に置かれていた宣教師やキリシタンたちの海外追放が始まった。こうしてイエズス会の神父三人と修道士二十九人はマカオに、イエズス会、ドミニコ会、フランシスコ会、アウグスチノ会の神父と修道士、さらに高山右近夫妻、およびその娘と五人の孫、内藤如安と九人の家族、京都の修道院の修道女十五人ら約三百五十人はマニラに追放されたが、右近の長年の指導司祭であったモレホンもマニラに追放された。

マニラに着いた右近は、キリシタンの信仰のために犠牲になった英雄として、マニラ市民から大歓迎を受けた。しかしそれから四十日後の一六一五年二月三日、右近は激しい熱病のために昇天した。享年六十三歳。モレホンは右近の最後の病床と臨終に立ち会い、右近の告白を聴き届けた。その四カ月後、モレホンはローマへ渡ったが、その途中のメキシコで、高山右近についての小伝と彼の使徒葬儀に関する記事をしたためた。

一五九七年の二十六人の殉教後、カルデロンは有馬地方で布教を続けていた。そうして一六一二年と一六一三年に、有馬晴信が領地没収のうえ処刑された後、有家と有馬において信仰のために生命を捧げた多くの信者は、カルデロン神父の指導を受けた人たちであった。

その後有馬から長崎に移ったカルデロンは、一六一四年にマニラに追放された。その四年間、カルデロン神父は、同じく日本を追放された日本人信者を励まし続けた。また、マニラのサン・ミゲル学校に近い修道院に住んでいた日本人の婦人たちが、老齢であったカルデロンのために祈りを捧げた。だが一六一八年十二月六日、カルデロンはサン・ミゲル学校で昇天した。「日本から追放された信者たちは大きな愛の印をもって神父様のなきがらに近づき、そこからなかなか離れることが出来ないでおりました」と記録されている。

内藤如安もマニラに送られた。彼は最初、妻子とともにマニラ郊外にあって、その後イエズス会の伝道地区にあるサン・ミゲル村に移った。そして、日本から追放された彼の妹ジュリアとともに、日本の婦人たちが収容されていた修道院に隣接して建っている家に住みついた。その後、内藤如安は信心深い模範的な信仰生活を送っていたが、高山右近の死から十二年後の一六二六年の末、彼は死去した。

アダム荒川の殉教

一六一四年一月三十一日、徳川幕府の「キリシタン禁教令」が発布された。その後の二月半ば、志岐の教会にいたガルシア・ガルセス神父にも退去が伝えられた。ガルセスは海外追放されるに際し、志岐のキリシタンを励まし授けるために、看坊のアダム荒川に教会の世話を託した。アダムは喜んで新しい役目に打ち込んだ。幼児に洗礼を授け、病人を見舞い、信仰から遠ざかっていた信者を励ますなどアダムは全力を尽くした。

同年三月、寺沢広高は再び富岡番代川村四郎左衛門に知らせを送り、天草からキリシタンを一掃するよう厳命した。しかし、同時に殉教者を出さないようにと注意した。寺沢は長崎の二十六聖人の経験によって、信者を励ますために殉教は最も効果的であることを知っていた。

このため、これまでキリシタンに好意的で、またアダム荒川をよく知っていた川村はアダムを呼び出し、棄教するように命じた。老齢で弱々しいアダムを見た役人たちは、彼が簡単に棄教するだろうと思っていた。しかし、アダムは「自分はイエズスが唯一の真の神であると信じているので、川村も寺沢も内府様さえもこの信仰を止めさせることはできない」と答えた。そのためその日、アダムは牢屋の柱に縛りつけられ、牢内に留めおかれた。

翌三月二十二日、川村はアダムを裸にして町中を引き廻すように命じた。同時に、町のある路地に一メートルぐらいの間隔をおいて二本の角材を立て、その上にもう一本を渡し、その横木にアダムの腕を縛り、両足も地面に届かないように二本の角材に縛り付けた。この拷問は二十九日まで続いたが、夜、寒さと疲労によって死ぬ怖れがあったため、アダムをある家に閉じ込めた。その二、三日後、今度は浜に連れて行かれ、この港を訪れる人びとの目にさらさせた。

しかしながら、角材に縛りつけられたアダムの規範は絶え間ない説教と同じであった。信者は励まされ、異教徒の人びとも彼に同情した。このような状態を見て、川村四郎左衛門はアダムを再びある家に閉じ込めるように命じた。こうして三月三十日から六十日間の幽閉の日々が続いたが、それでもアダムは転ばなかった。ついにどうすればよいか分からなくなった川村は唐津へ赴き、重立った家老とアダムの問題について話し合った。その結果、アダム荒川が棄教しないのであれば、その首を斬り落とすより他ないとの結論に至った。

その報を聞かされたアダムは、喜びの色を浮かべ、すでに覚悟はできていると答えた。志岐や富岡の信者は殉教の場に立ち会い、アダムの遺体を拾うための準備を始めた。そのため、役人は処刑を密かに行うことに決め、六月四日の夕方、アダムを町の家から富岡城へ移した。そしてその夜中、アダムは後ろ手に綱を引かれ、役人によって海岸の人里離れた刑場に連行された。翌五日の朝、一番鶏の声を聞くとともに、役人はアダムの首を斬り落とした。その後兵卒たちはアダムの頭と胴体を拾い、綱で作られた網に二、三個の重石と一緒に包み、近くの浜にあった小舟で湾外まで運び、深い海の中に沈めた。その朝、キリシタンたちは処刑の場所を見つけ、アダムの地で染まった土を持ち帰った。その数時間後、再び来たときは、その場所は兵卒によって海水で洗われていて何も見つけることができなかった。

志岐の信者たちは、数日間にわたって、海中のアダムの遺体を探した。また、あるスペイン人はアダムの遺体を発見した者には四百ドウカードかペソ、あるいはそれ以上を与えると申し出た。しかし、ついにアダムの遺体を発見することはできなかった。

のちに『日本殉教録』を執筆したペドロ・モレホンは、アダム荒川の殉教にも触れているが、モレホンの記述は次の言葉で終わっている。「私は彼を知っていて何年かの交際があった。彼は確かに殉教の栄冠を受けるのにふさわしい人物であった――」と。

コウロス証言文書集

ところが、こうした徳川幕府の厳しいキリシタン弾圧にもかかわらず、大部分の信者は棄教しようとしなかった。また教区司祭が五人、イエズス会員が二十七人、ドミニコ会員が七人、フランシスコ会が六人、アウグスチノ会一人の伝道士たちは日本に留まることに成功し、潜伏宣教して信者を励まし続けた。さらに、布教欲に燃える宣教師たちが、危険をものともせず次々に日本に密入国した。しかしながら、幕府の厳しいキリシタン取り締まりによって、イエズス会の宣教も潜伏活動を余儀なくされた。これに対し、托鉢修道会士たちは「イエズス会は日本の信者を見捨てた」とか、「彼らは宣教の義務をおろそかにした」などとイエズス会を批判し、攻撃した。

そのころ、天正遣欧使節らとともに来日し、一六一四年にマカオに追放されたマテウス・デ・コウロスは密かに入国し、日本管区長として加津佐や天草で潜伏宣教を続けていた。

一六一七（元和三）年、コウロスは托鉢修道会士からの非難が事実無根であることを証明するために、諸所に潜伏しているイエズス会宣教師を通し、全国七百五十五人の信徒代表から集めた証言文書五十あまりをスペイン宮廷のイエズス会ポルトガル管区代表ルイス・ピニェロに送った。いわゆる『コウロス証言文書集』である。

天草からも「肥後国上津浦、大矢野村」組と「肥後国天草郡」組の二通が送られたが、ラテン語表記法によるローマ字のサインがなされ、村名と氏名の下に漢字まじり平仮名の洗礼名と、花押や黒印が付されている。天草の徴収文書は、中浦ジュリアンらが作成したとされている。

また、上津浦村と大矢野村分には庄屋、きも入り、惣代、組親、慈悲役、看坊などの役職名が付されているが、天草下島一帯から徴収した署名簿には役職の記載がなく、村名と氏名、洗礼名のみが連署されている。この「慈悲の組」（ミゼリコルディア）が天草島内に密かに組織され、天草・島原の乱が終わるまでこれらキリシタンの署名者が、各村の庄屋や村々の重責を担っていたと考えられる。

参考までに、「肥後国天草郡」組について、現代語に訳して紹介する。

御主デウス様の御名誉のため、またどこの国でも正しいことが認められるようにするため、次のように証言します。

一、禁教令以前のことは言うまでもなく、大御所様（徳川家康）の迫害が始まってからもイエズス会のバテレン衆が天草嶋の村々においてキリシタンをお助けになって、罪の告白をお聴きなされ、貴い秘跡をお授けくださることには少しも怠りがありません。数知れない困難をしのぎ、隣人のために自分の命を露塵とも思わずつとめておられます。また現在も、足しげくこの嶋を見廻っておられること、これはまぎれもない事実であります。

一、イエズス会の宣教師様がこの地に逗留しておられる間、悪い行いをなさったことや、信仰のつまずきになることなど、いささかもありません。結局、立派な行いをなされますので、私たちの信心の拠りどころとしている次第であります。

一、この嶋（天草）へ、イエズス会の神父様を除き。別の門派の出家衆がお出になったことはありません。

以上のことは福音とデウスの御名にかけてお誓い申します。ここに日本管区長、並びに日本の司教の御名代である伴天連マテウス・デ・コウロス様のご所望によって、後日のために一筆証言します。

右の「コウロス証言文書集」の中で、ことさら「イエズス会の宣教師様が天草嶋に逗留の間、悪い行いをなさったことや、信仰のつまずきとなることなど、いささかもありません」と強調するには理由があった。イエズス会は、禁教令が発布される前までは、宣教費用の捻出のために行っていた南蛮貿易などによってかなり裕福であったと思われる。

例えば、管区長（コウロス）は、自分がいる個室に七、八種の葡萄酒を置いていた。これらは日本の習慣に従い、外部の原住民の好意を得ようとして、彼らに対して贈物するために、あるいはまた、見知らぬ人びとに贈るために、そこにしまっていたものであった。早い話が、日本では手に入らない珍しい食べ物を馳走することによって、信者の獲得を図ろうとする目的からであった。そのため「イエズス会のカサに行って牛肉を腹いっぱい食べたとか、西洋料理を食べに行ったと言われたり、その目的で友達を誘って来たりする」などと、イエズス会の豊かさがもたらした弊害が、内部告発という形で記録されている（高瀬弘一郎『イエズス会と日本』）。

さらに、衝撃的なのは「イルマン（修道士）たちが不正取引の儲けを得ただけでなく、何人かのパードレ（神父）も同様であった。私は一人の主立った、そして善良なキリスト教徒の日本人から次のことを聞いた。妻を持たないこと以外に、パードレや修道士が自分たちよりうまく、不正取引を行うからである、と」（星野博美『みんな彗星を見ていた』）と記録されている。

このようにして信仰面で著しい弛緩を見せていたイエズス会に対し、清貧を旨として、貧者の魂の救済に当たることを自負していたフランシスコ会、アウグスチノ会、ドミニコ会などの托鉢修道会士たちは「在日イエズス会は、迫害下の日本人信徒を見捨てて、その信仰につまずきを与えている」とか、「托鉢修道会の我々のみが、転んだキリシタンの立ち上がりに、日夜、危険を冒しながら奔走している」などと批判した。

『コウロス証言文書集』は、そのような托鉢修道会士の批判が的外れであり、イエズス会こそ正当に日本人信者への布教に尽くしていることを証明する目的で作成されたものであった。

イエズス会と托鉢修道会の対立

星野博美は、「私を含む多くの人のキリシタン時代に対する認識は、戦国時代に活躍した『ポルトガル人＝イエズス会』にほぼ限定されており、主に徳川時代に入って参入した『スペイン＝托鉢修道会（フランシスコ会、ドミニコ会、アウグスチノ会。フランシスコ会のみは秀吉時代から参入）』のラインはほとんど知られていないという偏重が起きているのではないだろうか」（『みんな彗星を見ていた』）と指摘しているが、まったく同感である。本来なら、「三木パウロ・殉教への道」として三木パウロらの殉教で終わるべきところ、「第八章　江戸の大殉教」まで話を進めた理由も、徳川時代におけるイエズス会と托鉢修道会の対立、さらには、三木パウロらの殉教以後のキリシタン大迫害のことが頭にあったからである。

十七世紀前半に活躍した版画家ジャック・ガロによる「日本の皇帝、太閤様によって長崎において磔刑に処せられた二十三人の殉教者」（写真1）は、長崎で起きた殉教事件をテーマにしている。しかし、タイトルと実際の数のとおり、フランシスコ会の二十三人しか描かれず、三木パウロらイエズス会の三人（写真2）は意図的に除外されている（長崎への道中で捕縛された二人は二十三人の中に含まれている）。その理由として、十六世紀の終わりごろから十七世紀にかけ、日本布教をめぐるイエズス会と托鉢修道会の対立抗争は、ポルトガルとスペインの政治的、経済的、並びに国民感情に基づく様々な対立がからまって激化の一途をたどったためである。

1　日本の皇帝、太閤様によって長崎において磔刑に処せられた二十三人の殉教者
2　パウロ三木・ヨハネ五島・ヤコブ喜斎肖像銅版画

3　磔刑のキリストの勝利

これに対し、イタリアのイエズス会士リッチによる著作で、信仰のため磔にされた著名な信者たちを七十枚で紹介した『磔刑のキリストの勝利』（一六〇八年刊）に、日本での磔刑について、一五八九年豊後での高田教会ジョランの殉教、一五九七年長崎の二十六聖人殉教、一六〇三年八代でのマグダレナら女性三名の殉教それぞれが、個別の版画で描かれている。そして二十六聖人の磔刑の版画を見ると二十六の十字架が描かれている（写真3）。

一六二二年十一月に日本の托鉢修道会を代表してヨーロッパに向かったドミニコ会士ディエゴ・コリャードがイスパニア国王とイスパニアのインド顧問会議に提出した一六二七年、一六三〇年、一六三一年の三文書が松田毅一『南蛮資料の研究』に掲載されている。ただ、何分長文にわたるので、かいつまんでその要旨を紹介する。

第一に、「イエズス会は、我々（ポルトガル人）が日本の発見者であり、（中略）それ故、最初の宗教的征服者の実がそれ以後も信仰の維持者でなければならない。（中略）しかるに他の諸修道会の入国により、その教義、習慣、制度、服装の異なっているのが人びとの追及する所となり、信徒を惑わし、かくて迫害や流血が始まった。それ故、日本にイエズス会のみが存在することによって所期の目的が達せられたのであるが、他の（諸修道会の）入国によってそれが失敗に終わった」として、イエズス会は我々諸修道会を非難・中傷したと述べている。

また「日本の諸国においてイエズス会の手によって、諸修道会に反対するための全く事実に反する諸種の事項が、今までも現在も発表され、その中においてイエズス会は諸修道会がしないことを為したように偽って不当に私たちの信用を失墜せしめようと努め、イエズス会側が為したことの責任を諸修道会に転嫁しております。それは彼らが初めから企図したように、彼らのみが日本に残ろうとするためであり、他の諸修道会の日本入国によって不都合が生ずるであろうと称し、彼らの感情から作り上げた偽りのその不都合な点を、彼らの思うがままにグレゴリオ十三世聖下に報告し、それによって教令を獲得しました」と、イエズス会を痛烈に批判している。

そして「その時（二十六聖人の殉教）まで、日本人が死を嫌っていたことは驚くに価しません。何故ならば、彼らの（イエズス会の）師が死を拒んでいたからであります。一五九七年のその機会に処刑しないように嘆願する人びとがいたので、彼らは殉教を免れました。ただ、大坂市内にいたイエズス会の修道士三木パウロと、その下僕二人のみが聖フランシスコ会の人びとと共に磔刑となり、殉教者として認められています。その市（大坂）の奉行が彼ら（三名）のために（助命を）あえて嘆願し得なかったので、三名は免れることができなかったからであります。しかし死を拒んだイエズス会士は、その年一五九七年には処刑されませんでしたが、実際には、イエズス会で捕らえられた者はことごとく日本から追放され、また一五八七年以来、彼らは屋根裏に隠れ、俗人の服装に変えて暮して来たのであります……」などと記されている。

このことからも、長崎の殉教者がフランシスコ会の人びとだけであったとすれば、「イエズス会の信徒は信仰があまり堅固でなかった。また、イエズス会の宣教師は殉教をも怖れた」というそしりを、甘んじて受け入れざるを得なかったかもしれない。そうして長崎西坂における二十六人の殉教を契機として、在日イエズス会と托鉢修道会の対立と確執は決定的となった。

しかしながら、教会の種々の修道会は、教理を異にする宗派ではなく、それぞれに違った修養の団体に過ぎない。ただ、時々その修道会の違った性格や方針のため対立や衝突が生じたとしても、それはあくまでも、教理の本質に関することではなく、見解の相違や、布教方法の違いから起きる問題である。そのため、前田利家に対し、高山右近は「私は数回修道者の家にその教えを聴きに出掛けて、彼らの教えは自分が受けたそれ（註・イエズス会の教え）とまったく同じだと分かった」と語っている。そしてまた、このようなカトリック各派内の不毛な対立は、日本人信者にも少なからず混乱と悪影響を及ばさずにはおかなかった。

コレジヨ出身司祭らの殉教

大坂夏の陣後の一六一六年、第二代将軍となった徳川秀忠はキリシタン禁令を継続し、以後、全国的に厳しいキリシタンの取り調べを行った。そして一六一九年、将軍秀忠はより厳しいキリシタン禁令を発布し、キリシタン迫害を開始した。

宣教師たちの報告書には、徳川家康の信頼が厚かった京都所司代板倉勝重は「パードレの味方であり慈悲深い都の奉行」として、キリシタンに好意を寄せていた人物とされている。しかしながら、息子の重宗から、キリシタンを放置しておくと将軍の怒りが我が家に及ぶと厳しく説得され、ついにキリシタン迫害に転じた。このため、三十六人のキリシタンたちが捕らえられて投獄された（うち八人は牢内で死去した）。

そして京都から江戸へ帰る途中、それらのキリシタンが牢内にいることを耳にした将軍秀忠は激怒し、ただちに老幼男女を問わずことごとく火あぶりにせよ、と厳命した。一六一九年十月十二日、五十二人のキリシタンたちは大八車で刑場まで引き廻され、六条河原において火あぶりによって処刑された。

こうして将軍秀忠の厳しいキリシタン迫害によって、以後、全国で多くの殉教者が輩出した。

因み(ちな)に板倉勝重の次男・重昌は後年の一六三七年、原城に籠城するキリシタンに対する幕府の征討使として原城への総攻撃の際、三会村の金作の鉄砲玉に当たって戦死している。

ところで、一六一四年に日本を追放された原マルティノとコンスタンティノ・ドラードはマカオへ送られた。マカオには恩師のヴァリニャーノ、そして日本帰国を目前にして死去したジョルジェ・デ・ロヨラが眠っていた。

長崎から追放されるに際し、マルティノとドラードは、長崎の印刷所にあった印刷機をいったん分解し、活字その他の印刷機材を小分けにして、他の荷物の中に紛らせて持ち出した。

その二年後、ドラードは司祭に叙階され、マカオのセミナリヨの院長となった。マルティノは、長崎から持ち出した印刷機によって、先にマカオに渡っていたジョアン・ロドリゲスの求めに応じて『日本小辞典』や『日本教会史』の編纂に協力した。しかし、一六二〇年『日本小文典』が発行されたその年にドラードが昇天し、その九年後の一六二九年、原マルティノも死去した。マカオの聖パウロ教会には、奇しき縁で結ばれたヴァリニャーノ、ロヨラ、ドラード、マルティノの四人が並んで葬られている。

同じく、マカオに送られていたにあばらルイスと辻トマスは、一六一八年、マカオから日本へ渡ろうとしたが、途中、台風に遭ってにあばらルイスの乗った船は難破した。こうしてルイスは、再び故国の地を踏むことなく海の藻屑と消えた。

一方、辻トマスの乗った船は、無事長崎に着いた。トマスは、広島の牢屋から釈放されて長崎へやって来た石田アントニオとともに司牧に努めた。その後、トマスは「たびたび女たちと問題を起こす弱さにおちいった」ことを理由に、イエズス会から除名された。しかし、トマスは「転んだユダ」ではなく、「転んだペテロ」の方を選んだ。彼は情熱に負けたとはいえ、信仰を棄てたわけではなかった。彼はその後、聖職者として踏みとどまり、変装をして、薪を積んだ荷車を引きながら長崎の街を歩き回って、司祭としての生活を続けた。

元和の大殉教

一五八九年、辻トマスとともに河内浦の修練院で学んだ木村レオナルド（木村セバスティアンの弟）は、一六〇三年のイエズス会名簿で「絵画および銅版画師」とあるが、その後準管区長ペドロ・ゴメスの秘書を務めるなど、修道士の道に進んだ。一六一四年イエズス会員が日本を離れたとき、彼は長崎に留まるよう命令を受けた。

一六一六年、大坂夏の陣（一六一五年四月）で大坂城を脱出し、長崎に逃げ込んだと思われていた明石パウロ内記（明石掃部の次男）を探索のため二人の役人が長崎に来た。探索の結果、木村レオナルドが捕縛され、投獄された。そして三年間の牢獄生活の後、一六一九年十一月十八日、レオナルドは西坂で火あぶりの刑に処せられ殉教した。木村レオナルドの処刑から九日後の二十七日、レオナルドの甥で、ドミニコ会の信心会（ロザリオの組）の会員であった木村アントニオ、同じく信心会の会員であった籠手田トマス（籠手田安一の子）と妻のマリアも西坂で斬首され、その遺骸は海に捨てられた。籠手田トマスの妻・マリアも木村一族の出であった。

一六二一年六月、長崎にただ一人残っていた日本人司祭であった木村セバスティアンが、懸賞金にひかれた朝鮮人女性の密告によって捕縛され、大村の鈴田牢に投獄された。そして入牢一年余りの一六二二（元和八）年九月十日、セバスティアンは西坂の刑場で火刑に処せられた。「元和の大殉教」である。

「苦しみの舞台に着いたとき、彼（註・木村セバスティアン）は胸にあふれる大きな喜びを抑えることができなかった。（中略）熱火が彼の内部にゆっくりと浸みわたる間、そしてついに幸せな死の瞬間が近づくまで、まる二時間にわたって彼は動くことなく、真っすぐに身を保った。彼は地上にひざまずいたまま死を受け取り、頭を深くさげた。キリシタンでない者でさえ、この動作から、この不屈の精神の偉大さを推しはかり、天からの力だけが長い時間にわたって神父の体を不動のまま、このような大きな苦しみのなかで真っすぐにさせ続けることができるのだと、感嘆しながら語ったのである」（H・チースリク『キリシタン時代の日本人司祭』）。

一五五〇年の秋、フランシスコ・ザビエルは鹿児島を発って平戸に滞在した。平戸における最初の受洗者は、ザビエルが泊まっていた屋敷の主人とその一家であった。それはほかでもなく、松浦家に仕えていた武士、木村セバスティアンの祖父にあたる木村という人であった。こうして木村家は、ザビエルによってもたらされた信仰によって、ザビエルの偉徳にふさわしい尊い殉教者を多く誕生させた。

また、このとき殉死したキリシタンの中に、安土セミナリヨの出身で、天草のコレジヨで学んだ三ヶアントニオがいた。その後、病身であったアントニオはイエズス会を離れて結婚したが、伝道師の職を守った。その間、俗世にあって修道者のような生活を送っていたが、一六二二年に捕縛され、妻ともども、火あぶりの刑に処せられた。

一六一二年に月食をもとに、マカオと長崎の経度を測定したことで知られたカルロ・スピノラは、一六一四年宣教師の海外追放を逃れて長崎に潜伏していたが、一六一八年十二月捕らえられ大村の鈴田牢に投獄され、それからの四年間を獄中での苦しみに耐えた。

一六二二年九月十日、カルロ・スピノラは、共に鈴田牢に投獄されていたドミニコ会、フランシスコ会の宣教師やその同宿二十五人、同じく長崎のクルス牢に入れられた他の三十三人とともに、二十六聖人の処刑地であった長崎の西坂に送られた。そして木村セバスティアン、カルロ・スピノラ、フランシスコ会、ドミニコ会の司祭九人と修道士数名は火刑に処せられ、残りの日本人信者三十人は斬首の刑に処せられた。

スピノラは「牢の前に集まって私たちは詩編『わたしは喜んだ』などを大きな喜びを以って歌いました。（中略）牢に入る時に、跪いて他の詩編を歌い、さらに『これは永遠に私の住まい、私は此処に住む、私は予めこれを選んでいた』と言いながら、入りました。」（星野博美『みんな彗星を見ていた』）。

こうして彼ら宣教師は、殉教という英雄的行為を自ら望んで日本に留まっていた。

翌一六二三年、秀忠に代わって徳川家光が三代将軍の座に就いた。しかし将軍が代わっても、幕府のキリシタン対策に変わりはなかった。それどころか、家光は祖父家康から始まったキリシタン撲滅政策をいっそう強化した。

徳川家光による厳しいキリシタン弾圧は、将軍のおひざ元の江戸におけるキリシタン探索から始まった。そうしてキリシタンの告知に対する賞金に引かれた裏切り者の密告によって、イエズス会とフランシスコ会の二人の神父、原主水ら四十八人のキリシタンが捕縛された。原主水は安部川の河原で両手の指を切断、額に烙印を押され、両腿の筋を切り落とされ、ハンセン病者の小屋に運び込まれた。

一六二三年十二月四日、彼ら五十人は小伝馬町の牢屋から刑場まで引き廻されたが、通常の浅草の刑場ではなく、往来の盛んな東海道に面した品川の宿、札の辻まで連行され、そこで火あぶりの刑に処せられた。そのとき、その身をはい上がる火炎を、腕を廻して抱き寄せようとするヨハネ原主水の姿におびただしい群衆は驚嘆した。そうして火災に焼き尽くされた死骸はその後三日間、刑場に置かれたまま兵卒たちが見張りをしていた。しかし見張りが解かれるや否や、キリシタンたちはたちまち両神父らの遺骸を持ち去った。

フランシスコ会ソテーロらの殉教

一六一三年、フランシスコ会のルイス・ソテーロは伊達政宗の使節として支倉常長を連れてヨーロッパへ渡り、ローマ教皇とスペイン国王との謁見を果たした。しかし、スペインと日本国間の交易を締結するという目的を果たすことなく一六一七年、スペインを発ちフィリピンに入ったが、マニラに引き留められ、四年間をマニラで過ごした。その間、日本のフランシスコ会を独立した管区に昇格させるためにマニラで日本に渡る機会を待った。

一方、江戸においてそのソテーロから洗礼を受け、メキシコに渡ってフランシスコ会員となった笹田ルイスは、ソテーロの待つフィリピンへと渡り、その地で司祭に叙階された。

一六二二年九月、ソテーロは笹田ルイス、そしてローマまで同行した少年馬場ルイスとともに待望の地日本へ渡航することを決意し、ちょうど日本へ出航しようとしていた中国船に乗せてもらってフィリピンを出港した。途中で嵐に遭ったが、危うく難破を免れ、ついに薩摩のある港に到着することができた。

ところが、日本に到着すると同時に、航海中から三人の身分に疑問を感じていた中国人の船長がこの三人のことを長崎奉行長谷川権六に届け出た。このため、ソテーロと二人の同伴者は長崎奉行に引き渡されてただちに逮捕され、ソテーロは、彼のために作られた大村の牢屋に送られ、笹田ルイスと馬場ルイスは長崎の牢へ投ぜられた。その間に長崎では、笹田と馬場に対して激しい説得が試みられたが、二人は堅く信仰を守り通した。そのため、翌一六二三年四月、二人も大村の牢屋へ送られた。

三カ月ほどして、ドミニコ会神父ペドロ・バスケス（スペイン人）とイエズス会神父ミゲル・カルヴァリョ（ポルトガル人）も大村の牢屋へ送られてきた。こうしてソテーロ一人のために建てられた牢屋に五人も押し込められ、家畜小屋同様の狭い牢屋で苦行が続いたが、一同は修道者であったので、牢屋の中は、あたかも修道院かのように変わった。そしてソテーロは、長年の伴侶であった馬場ルイスに修道誓願を立てさせ、正式に修道会に受け入れた。

そして一六二四年八月二十五日、長崎奉行長谷川権六の使者が大村を訪れ、ソテーロら五人に死刑を宣告した。さっそく五人は牢屋から出され、大村湾の海岸であった放虎原において、すでに用意されていた五本の柱に縛り付けられ、火あぶりの刑によって処刑された。

一八六七年七月七日、教皇ピウス九世が日本の殉教者二百五人を福者の列にあげた際、フランシスコ会の三人もその中に含まれていた。

さらに、一六二四年のこの年、東北で百八人、平戸で三十八人の公開処刑が行われるなど、全国的にキリシタン弾圧の嵐が吹き荒れた。

一六一八年に帰国し、変装をして長崎の街を歩き回って布教活動に専念していた辻トマスは、帰国から約七年後の一六二六年七月二十二日、ついに捕縛された。そして、そのとき一緒に逮捕された宿主・槙ルイスとその長子ジョアンとともに大村の牢へ送られ、翌二七年、長崎西坂の刑場で火あぶりに処せられた。

その処刑の場に日本人とポルトガル人がいたが、のちにトマスの殉教についての調査の際「トマスが息絶え、両手足がすでに焼け焦がれても胸部だけはそのまま残っていた。その胸が突然開き、そのなかから三パルモ（約六十センチ）も高く燃え上がる火が現れ、紅玉のように光り輝き、使徒信経を二回唱えられるぐらいの間、それが見えていた」と、彼らは口をそろえて証言した。

岐部ペドロと小西マンショの司祭叙階

話はさかのぼるが、一五九一年、豊臣秀吉は朝鮮出兵を決意し、小西行長と加藤清正にその先発隊としての準備と指揮を命じた。このため、行長はいち早く軍用基地として重要な対馬を確保するため、対馬国主宗義智に自分の娘マリアを嫁がせた。義智二十二歳、マリア十五歳であった。

熱心なキリスト信者であったマリアは、数人のキリシタンの侍女たちを伴って厳原（いずはら）に入り、彼女の配慮のもとに金石館はキリスト教の宣教の中心となった。また宗義智は、若い妻・マリアの信仰に対して理解を示すばかりでなく、機会があれば自分も洗礼を受けると約束した。そして巡察師ヴァリニャーノがインド副王使節の資格で秀吉に謁見し、一五九一年三月～五月まで京坂地方に滞在していたとき、たまたま朝鮮使節を案内してきた義智はその地で洗礼を受けた。

一六〇〇年の春、マリアは妊娠し、男児を出産した。喜んだ義智は将来、対馬でキリシタンの教会を建てると約束したが、この約束は果たされなかった。同年十月二十一日、関ヶ原の戦いで行長は家康に破れ、京都で斬首に処された。義智の軍勢は西軍に属していたが、途中で家康側に寝返った。また、義智自身は対馬にいて直接に参戦しなかったため、その自領を安堵された。しかし、夫人マリアが行長の息女であったため、義智はマリアと離別して彼女を長崎の宣教師のもとに送り、自らはキリスト教の信仰を棄てた。

時は流れ、それから二十三年後の一六二三年の夏、三人の日本人がローマのイエズス会の修練院の門をたたいた。岐部ペドロとミゲル・ミノエス、そしてもう一人の青年が二十四歳の小西マンショであった。ただし、一六〇〇年からローマのイエズス会の修練院に入るまでの二十三年間のマンショの行跡はまったく暗闇に包まれている。ところが、H・チースリクは「小西マンショは一六〇〇年、宗義智の妻であったマリアが長崎で出産した」。そして「まだ数カ月ばかりの嬰児であった若者は、あるいは母親マリア自身、あるいは一緒に長崎へ渡って来た侍女によって育てられたと思われる」として、「この若者こそ小西マンショであった」（『キリシタン時代の日本人司祭』）と記している。

そのマンショは、適齢に達してから有馬のセミナリヨに受け入れられたが、一六一四年のキリシタン禁教令によってすべての司祭・修道者・伝道師・セミナリヨの生徒などがマカオに追放された際、原マルティノ、コンスタンティノ・ドラード、永原ニコラオ、ジョヴァンニ・ニコラオ、有馬セミナリヨで共に学んだ岐部ペドロ、金鍔次兵衛らとともに、小西マンショもマカオに流された。彼、十四歳のときであった。

そこで、こうして日本からマカオに追放された二、三十人の若者のため、イエズス会は一ポルトガル人の家を借りて、セミナリヨの授業を再開させた。ところが、二、三十人の彼らは、狭い家に閉じ込められたうえ、外出も禁じられていたことなどから、次第に不満を言い出すようになった。そのため、一六二〇年にマカオのセミナリヨは閉鎖されてしまった。そこで、数人の同宿はローマまで行き、そして直接、イエズス会総長からイエズス会に入る許可を得たうえで司祭になろうと決心した。

最初にローマまで行ってイエズス会に入ったのは、岐部ペドロ・カスイであった。その際、岐部は、自分の経歴を「名はペトロ・カスイ、父ロマノ岐部、母マリア波多の子、当年三十三歳。生まれは日本の豊後国浦部」と書き留めている。豊後の浦部とは、現在の大分県国東半島の海岸部の総称であるが、大友時代（十六世紀）、これらの谷に居城を持っていた豪族をまとめて浦部衆と称していた。岐部ペドロ・カスイの父・岐部ロマノはこの浦部衆の一族であったが、すこぶる優れたキリシタンとして知られていた。そして、彼がいつ洗礼を受けたか不明だが、岐部ロマノとその家族は大友氏の没落後、岐部の里を去って長崎へと移った。

岐部ロマノの長崎時代、まだ少年であった岐部ペドロは有馬のセミナリヨに入学した。そして一六〇六年に卒業して将来、修道者、それもできれば司祭になりたいと望んでいた。その後のペドロの行跡については分からないが、同宿として長崎の教会に奉仕していたと思われる。

話は戻って、マカオのセミナリヨが閉鎖された後、岐部ペドロはローマに向かい、司祭叙階を目指した。こうして岐部はマカオを出発し、さらにインドから陸路でローマまで赴いたが、彼のローマまでの長い旅は、生か死かという厳しい現実が待っていた。第一に風俗を知らず、言葉も通じず、まして砂漠の生活にも馴れない身で、現在のパキスタン、イラン、イラク、ヨルダンなどのイスラム諸国を経由してローマまでたどり着いている。そうして岐部は「聖地パレスチナを訪れた日本人最初の巡礼者」でもあった。

このようにして、やっとの思いでローマに着いた岐部は、イエズス会の門を叩いて、まずローマ教区の事務所へ行った。通常、司祭叙階のためには、その教区長の許可状が必要であった。しかし寛大なローマ教区は、岐部の適正について試験をすることにした。そして一六二〇年十一月十五日、岐部ペドロはその適性を確かめられたうえ、ラテラノ教会の小聖堂において、念願の司祭に叙階された。

同じく、司祭叙階を目指したミゲル・ミノエスと小西マンショは別のルートをたどってヨーロッパを目指したが、どういう経路でローマまで行ったかは分からない。そしてミゲル・ミノエスは一六二一年にイエズス会に入った。

一方、一六二三年にローマに着いた小西マンショは、八月二十八日に聖アンドレア修練院に入って修練者としてイエズス会に受け入れられた。彼二十三歳のときであった。

ところで、岐部ペドロは一六二三年二月一日付、リスボンからローマの上長に宛て書簡を送っているが、その中で、ローマの上長に小西マンショのことを頼んでいる。このことから、岐部はスペインかポルトガルのどこかで小西マンショと出会っていたと思われる。また、小西マンショは二年間の修練期を終え、一六二五年八月、ローマのグレゴリアナ大学の神学課程に入った。そして一六二七年の名簿には「神父」と記載されていることから、その年の三月の四旬節中にマンショは司祭に叙せられたものと思われる。

小西マンショらの日本帰還

一六二七年度のイエズス会ローマ管区の名簿には、他の管区へ異動した会員の欄に、「ミゲル・ミノエス神父、小西マンショ神父、日本へ」と記入されている。

一六二七年、ミゲル・ミノエスと小西マンショの二人は日本への帰路に就き、ポルトガルの首都リスボンに向かった。そして、一六二八年四月二十日にリスボンを発ったが、二人が乗船したサン・ロザリオ号は途中で遭難し、ミゲル・ミノエスは命を落としたが、マンショはかろうじて生き残り、再びリスボンへ戻ることができた。

翌一六二九年四月三日にリスボンを発った船団には、エチオピア、インド、中国などへ向かうイエズス会員四十人が乗っていたが、その中に、小西マンショの姿もあった。そうして一行はマカオに着いた。ただし、ポルトガルの最東の交易基地であったマカオにとって日本との貿易がほとんど唯一の収入源であった。この理由によって、マカオ政府は徳川幕府に刺激を与えるような行為を避け、とりわけ宣教師の渡航を固く禁じていた。そのため、小西マンショらはマニラへ行き、マニラから日本渡航の機会を見つけようとした。マニラに滞在していた他の修道会の宣教師もまた、日本への渡航を計画して極秘のうちに日本渡航への準備を進めていた。

その折、マニラで密貿易を行っていた中国人がその計画を耳にし、多額の金銭を支払ってくれれば、日本まで乗せて行くとの話を持ち込んできた。そこで一六三二年、アウグスチノ会員四人、イエズス会員三人、ドミニコ会員二人、フランシスコ会員二人の計十一人が日本に行くことになった。彼らは三つの船に分乗し、その上、彼ら全員髪を剃って中国人に変装させられて日本に向かった。

この最後の集団潜入の試みに、小西マンショとともに、ドミニコ会の神父・朝長ヤコボ・デ・サンタ・マリアと、一六一四年の国外追放でマニラに渡り、一六二四年に司祭に叙階されたイエズス会の斎藤パウロがいた。ところが、普通ならマニラから日本へは二十日で着くが、中国のジャンク船は五カ月も海上をさまよい、その間、食糧、飲料水、薪などが不足し、多くの不便や困難にあいながら、なんとか無事薩摩に上陸し、その後、彼らは長崎に向かった。そして、困難な条件のもとで活動を始めた。しかしながら、彼らの活動は長くは続かなかった。

一六二九年、残酷きわまるキリシタン迫害で知られた豊後大名の竹中采女が長崎奉行となったが、同年十一月十四日、ついに石田アントニオが大村において捕縛された。采女は、アントニオを転ばせるために大村の牢に幽閉した。その間、アントニオを自邸に呼んで棄教するよう説得した。しかし彼を説得できないと分かると、雲仙の山頂に連行し、熱湯をかけて拷問した。山中の厳しい寒さの中での拷問は三十日間続いた。それでもアントニオは転ばなかった。そのため、アントニオの幽閉は二年間に及んだ。

一六三二年九月、江戸からの処刑命令が届き、アントニオは西坂の刑場において、他の宣教師六人とともに火刑に処せられたが、彼らの遺骨の焼け残りや灰はかき集められ、袋に入れて海に捨てられた。石田アントニオ、六十三歳であった。

その後、竹中采女はキリシタンを転ばせるため、新しい処刑法である「穴吊るし」を考案した。「穴吊るし」とは、穴を掘ったその上に櫓を立て、受刑者の手を背中に縛りつけたまま、体を逆さにして汚物をためた穴の中へ吊り下ろすという刑罰で、その際、頭の充血を防ぐため、こめかみ部分に小さな穴を開けるというきわめて残酷なものであった。

この最初の犠牲となったのが、永原ニコラオであった。ニコラオは一六一四年にマカオへ追放されたが、一六一九年に日本に戻り潜伏宣教を続けた。一六二五年、修道士として終生誓願が許され、司祭として叙階されるはずであったが、ニコラオの周囲では目上や友人が次々に殺害される中にあってその望みは叶わず、ついに一六三三年、肥前で捕縛されて長崎のクルス町の牢屋に護送された。それから数カ月後の七月二十八日、ニコラオは体中を頑丈に縛りつけられ深さ二メートルほどの狭い穴に逆さに吊るされた。そして絶命するまでの四日間、飲まず食わずのまま暗い穴の中に生きて、聖母マリアの連禱を唱え続けた。彼が六十四歳のときであった。

小西マンショとともに帰国したドミニコ会の朝長ヤコボは、一六三三年七月四日、先に捕らえられていた彼の従僕が拷問に屈して、ヤコボの隠れ家を漏らしてしまった。そのため、ヤコボは捕らえられ、大村のキリシタン牢に送られた。その後アウグスチノ会の神父が捕らえられ、二人は大村から長崎へ移された。そうして八月十七日、朝長ヤコボは穴吊るしで殉教を遂げた。

同年、斎藤パウロも天草の志岐で捕縛され、十月二日、穴吊るしによって殉教した。

伊予出身の伊予シストは、天草のコレジヨ卒業後、説教師および伝道師として働いていたが、一六一四年の国外追放の際、マカオへ送られ、一六一六年にマラッカで司祭に叙階された。同年、彼は日本に帰り、長く潜伏して宣教に努めた。しかし一六三三年八月に郷里の伊予で捕まり、長崎へ送られた。長崎の獄舎で永原ニコラオ、中浦ジュリアンと一緒になったが、十月五日、伊予シストはニコラオに続いて穴吊るしに処せられ、九日に死去した。享年六十三歳。

これより前、小倉において捕縛された中浦ジュリアンと、その後捕らえられたクリストヴァン・フェレイラはともに長崎の獄に入れられていた。そして十月十八日、二人は穴吊るしの刑に処せられた。その五時間後、フェレイラは拷問に屈して転んだ。しかし、六十二歳の老体であったジュリアンは穴吊るしの責め苦に四日間耐え抜いたが、ついに帰らぬ人となった。彼は、最後に「私はローマに行った中浦神父である――」と叫んだ。

一方、棄教したフェレイラは、江戸幕府大目付で、のちに宗門改め役を務めた井上筑後守の通詞として三十人扶持を与えられ、沢野忠庵という日本名を命名された。そして長崎奉行所において、捕縛された外国人宣教師の詮議と通訳、押収した宣教師宛ての手紙の翻訳などに当たった。

こうしてイエズス会管区長代理であったフェレイラが転んだことは、日本教会のみならず、ヨーロッパ諸国にたいへんな衝撃を与えた。イエズス会の修道者たちは、自分たちの血でフェレイラの罪を洗うため、競って日本に派遣されることを希望した。

同年十月二十九日、日本に四十三年間滞在したマテウス・デ・コウロスが死去した。享年六十三歳。

その最後は、京都伏見郊外にあったハンセン病患者の住む小部屋であった。

ドミニコ会日本人司祭西トマス

話はさかのぼるが、一五五七年、修道士のロレンソとともに平戸に派遣されたガスパル・ヴィレラが平戸から生月に赴き、一年間ばかり集中的に宣教を行い、この島の住民のほとんどがキリシタンとなった。生月は平戸領に属していて、キリシタンを嫌う松浦氏の一族である籠手田安経（ドン・アントニオ）の知行地であった。その生月の籠手田家の代官が、一五五八年に洗礼を受けた西ガスパルの父親であった。当時ガスパルはまだ二歳の幼児であったが、霊的な親であるヴィレラから、彼と同じガスパルという洗礼名を授けられた。その後西ガスパルは父の跡を継ぎ、生月の代官となった。

一五九〇年になって西トマスが生まれたが、このとき、父・ガスパルはまだ生月の代官を務めていて、政治的、社会的、そして宗教面でもこのキリシタンの島のリーダー格であった。ところが、一五九九年になって籠手田一族は平戸領主松浦鎮信に追放され、籠手田安一（安経の子）は六百人の家臣を連れて長崎へ亡命した。しかしながら、西ガスパルは山田に住み続け、その地域のキリシタンの柱石となった。そして家督を長男の又一（ジョアン）に譲り、自らは玄可と称した。

一六〇九年、領主鎮信の命を受けた生月の代官は西一家に棄教を迫った。だが、この要求を受け入れなかったため、ガスパルと妻のウルスラ、又一の三人は、一五六三年に生月を訪れたコスメ・デ・トルレスによって大きな十字架が建立されていたという「黒潮の辻」で斬首された。こうして西ガスパル玄可とその家族は生月で最初の殉教者となった。ただし、西トマスの両親が殉教したときの記録にトマスのことが言及されていないが、その理由は、そのころすでにトマスは郷里を出ていたためであった。

一六〇二、三年ごろ、トマスは有馬のセミナリヨに入ったが、そのときの同級生にのちに一緒にドミニコ会に入った朝長ヤコボ、イエズス会に入った岐部ペドロ、アウグスチノ会に入った落合トマスなどがいた。また一六一二年に有馬直純が背教し、有馬領においてキリシタンに対する迫害が始まったとき、トマスはすでにセミナリヨを卒業していて、同宿としてイエズス会の宣教師を手伝っていた。しかし、この使徒的活動は長く続かなかった。一六一四年、徳川幕府はキリシタン禁令を発布した後、すべての宣教師はマカオとマニラに追放されたが、西トマスもマカオへ追放された一人であった。マカオの市に到着したトマスはドミニコ会修道院への受け入れを願った。そして一六二〇年ごろマニラへ行き、ドミニコ会経営の聖トマス大学で勉強し、一六二四年八月十五日に、大村出身の朝長五郎兵衛とともに修練者としてドミニコ会に受け入れられ、西はトマス・デ・サン・ハシント、朝長はヤコボ・デ・サンタ・マリアという修道名を受け、一六二六年に二人は司祭に叙された。

一六二九年十一月十日、西トマスは無事、日本にたどり着き、日本人名六左衛門と変名した。

当時日本に潜伏していたドミニコ会員は、ドミンゴ・デ・エルキシオと、関西・東北地方の宣教を続けていたルカス・デル・エスピリツ・サントの二人の神父だけであった。トマスが長崎に到着したとき、長崎奉行竹中采女による猛烈なキリシタン迫害が勃発していた。竹中は十一月の初めに、次々と四人の修道士を捕縛した。

ローマのドミニコ会本部に送った手紙の中で、トマスは「長崎のキリシタンはすべて背教した。そこでは約束された賞金を目当てに、数多くのユダス（裏切り者）が必死に修道者を探し出している。一カ月ばかり前に四人の修道者が捕らえられた。そのなかに、一人のアウグスチノ会員と石田アントニオと称するイエズス会員がいる。彼らはいま大村の牢屋に投じられており、支配者からの処分を待っている」と記している。

そして西トマスはルカス神父のところへ行き、彼と一緒に働くか、あるいは彼と交代することになった。そのことを喜び、ルカスは「すでに数カ月前から、私は自分の常住の地にいる。（中略）実は今、この仕事でセニョール・トマスが私の重荷を軽くしてくれた。（中略）彼は大いに私たちの助けとなっている。というのは、彼が夜も昼も私たちより自由にどこへでも出かけることができるからである。（中略）他の修道会とも、とりわけイエズス会ともきわめて平和にやっている。その重立った会員はここにおり、私たちは互いに訪ねあったり、できるだけ多く、一日中、一緒に過ごしたりしている。このことは、宣教師同志にとって、良心の安らぎと平和に大いに役立つのである」（一六三〇年九月付、書簡）。

この手紙で注目されるのは、他の修道会、とりわけイエズス会との関係に関してである。ルカスによれば、これまでポルトガル・スペインの布教保護権と教会裁治権のために起こった対立はまったく収まっており、全員が極力相互いの仕事を助け合うだけでなく、宣教者同士の精神的支えとなっていることを述べている。それと言うのも、幕吏の追及の手が足元まで迫り、互いの会派の批判などに費やす時間、精神的余裕もないほど彼らは追い詰められていた。

西トマスの殉教

一六三三年三月二十日、長崎奉行竹中采女は職を解かれ、江戸へ呼ばれてその悪性と汚職の廉（かど）で、翌年処刑された。そして竹中の後任として、下田奉行であった今村伝四郎と目付の曽我又左衛門が任命された。こうして彼らの到着と同時に、新たなキリシタン探索が始まった。彼らは、特に指導者格の宣教師や伝道師に対する組織的な捜査を強化した。そして、その一人である日本人伴天連・六左衛門の捕縛のため、総力をあげて捜査が始まった。

その年の四月、トマスは長崎を発って、ルカス神父の待つ大坂に向かった。途中、トマスの弟・加左衛門（ミカエル）一家が住んでいた広島にしばし滞在した。しかし、長崎の奉行所ではトマスの動向を驚くほど調べ上げていて、広島の藩府へ捜査協力の指令が届いていた。その結果、トマスは逃げおおせたが、弟の加左衛門一家と二人の召使いは火あぶりの刑に処せられた。

こうして西トマスは大坂へ着いたが、大坂へも捜査依頼が送られていた。その後、トマス自身によれば、一六三三年二月から出雲・因幡・美作・但馬・越中・能登・越後・奥州などを遍歴し、八月に京都に戻り、高山右近の旧領であった摂津の音羽村へ赴いたが、大坂からの捜査の手が伸び、縛吏が来ていることを耳にしたので、ただちに他の村へ移った。そこでイエズス会のアントニオ・デ・ソウサ神父に出会った。トマスは他の地での宣教のためにソウサと別れたが、大坂に潜入したソウサ神父は捕縛され、大坂の牢屋へ入れられた。そこには先に捕縛されたルカス神父が入牢していた。

大坂の役人たちは、日本人伴天連・六左衛門の居場所を白状させるため、数人のキリシタンとともにソウサとルカスを水責めの拷問にかけた。しかし、六左衛門を発見することができないことが分かると、ソウサとルカスは長崎へ送られ、十月十七日に他の宣教師やキリシタンと一緒に穴吊るしにかけられ、殉教を遂げた。

一六三四年八月四日、西トマスはホルダンという日本に来てからまだ日が浅いドミニコ会の神父とともに長崎を去り、大村領の水浦に移ったが、聖ドミンゴの祝日のこの日、ついにトマスは捕縛された。このとき役人は歓喜した。彼こそ、総力をあげて探しに探し、大坂にまで指名手配していた日本人伴天連・六左衛門ではないか！　やったと。西トマスは長崎の奉行所へ送られ、そこから約一キロほど離れた牢屋へ移された。

この牢屋での生活は、四カ月と七日ほどであった。その間、厳しい取り調べがなされた。第一回の吟味は、彼らを説得して背教させようとした。第二回目の吟味は、説得することができないと分かったので、彼らの口から管を通して無理に水を飲ませ、樽のように膨らんだ体の上に板を乗せ、その上に二人の下役が乗って踏みつけ、その重みで水を吐かせるという水責めの拷問であった。第三回目の吟味も拷問であった。今回は尖った竹をトマスの手足の指先に差し込み、また体の他の箇所にも突き刺した。それでもトマスとホルダンは転ばなかった。

一六三四年十一月十一日、長崎のキリシタン牢から長い行列が続いた。その先頭には、両手を後ろ手に縛られ、頸には綱がかけられた西トマスとホルダンの二人のドミニコ会司祭がいた。それに続き、男性と女性、老人と子ども、合計六十七人のドミニコ会信者が厳しい警備のうちに引き廻され、刑場へ連れて行かれた。

二十六聖人の殉教後、長崎西坂の高台はいわばキリシタンにとって聖地となっていた。一六二二年の元和の大殉教もそこで行われたが、今回の処刑者はその数を上回っていた。

刑場は竹矢来で仕切られて、中には、火あぶり、斬首、穴吊るしなどの準備がなされていた。周囲には警備の兵卒が列をなし、浦上街道をへだてて立山の緑の中腹は見物人で埋まっていた。そのなかにキリシタンたちも隠れてまぎれこみ、祈りながら殉教者の最期を見守っていた。行列が着くと、ただちに残酷きわまる処刑が始まった。一般のキリシタンは火あぶりや斬首であったが、大物の伴天連である西トマスとホルダンには二つの穴が用意されていた。穴の上に立てられた櫓の横木に二人の脚が縛りつけられ、体は逆さになり、腰まで暗い穴に下げられた。それから穴の上に幅の広い板が敷かれ、石で重しをした。

一年前、この残酷な穴吊るしの苦痛に屈して信仰を棄てたフェレイラの事件以来、役人はこの穴吊るしの拷問を特に効果的と思っていたが、二人は転ばなかった。二人は何日もの間この苦痛を耐え忍んだ。そしてホルダン神父が七日目に、西トマス神父がそれより少し早く最後の犠牲を完うし、殉教の栄冠を得た。

結城ディオゴの最後

一五九七年二月五日、長崎で三木パウロ、ペドロ・バプティスタらが殉教した。この新しい迫害を機に河内浦のコレジヨと修練院は長崎に移された。そしてトードス・オス・サントスの修道院で、結城ディオゴは修練院を終了した。長崎では二十六人の殉教が話題になっていて、西坂には十字架も立てられていた。結城は自分を待つ運命を暗示する三木パウロの殉教の印しを目の前にして、決意も新たに初誓願を立てた。

一六〇一年の秋、結城はマカオのコレジヨで倫理神学を勉強するため、伊東マンショ、中浦ジュリアンら他の数人と一緒にマカオに留学した。出発直前の八月十三日、マカオのコレジヨから帰った木村セバスティアン、にあばらルイスの二人が長崎の被昇天の聖母の教会において、セルケイラ司教によって日本人最初の司祭として叙階された。その式典に参加した結城たちは大きな希望を抱いてマカオに赴いた。

一六〇四年、神学の勉強を終了し、日本に戻った結城ディオゴは伊東マンショとともに有馬のセミナリヨにラテン語の教師として任命された。二十八歳。セミナリヨでは伊東マンショ、コンスタンティノ・ドラードとともに二年間勤めた。生徒数は百人を超えていた。その後一六〇七年に都への赴任を命ぜられた。

一六〇七年二月のイエズス会名簿では、イルマン・結城ディオゴは上地区の中心であった京都下京の修道院におり、そのころ京坂地区でもっぱら宣教に従事していた。そして、しばらく京坂地区で宣教活動に従事した後、結城は再び有馬のセミナリヨで教鞭をとるようになった。

ところが、一六一二年六月に有馬直純の棄教に伴い、セミナリヨはまた、長崎のトードス・オス・サントスの修道院へ移された。翌一六一三年のイエズス会名簿によれば、一六〇九年にセミナリヨの院長になったコウロス神父が引き続きこの職に就いたが、教授陣はほとんど日本人に代わっていた。先に有馬のセミナリヨで一緒だったコンスタンティノ・ドラードは舎監とオルガンの教師を務め、高槻出身の牧ミゲルも生徒の監督にあたって合唱の指揮者を務め、松田ミゲルは文法の教師であった。そしてこの長崎のセミナリヨにおいて、結城ディオゴは人文学の教師となった。当時の人文学というのは、ラテン語の古典を中心にする文学、および哲学の過程であって、今日の大学の教養学部に該当する基礎科目であった。H・チースリクは「結城ディオゴの残した書簡を読むと、彼のラテン語は実にキケロや聖アウグスティヌスの前でも恥ずかしくないほどのクラシックな文体で、しかも語彙が豊富で、調和のとれた簡潔な文章になっている。現代人のなかに、ディオゴのようなすばらしいラテン語が書ける人は、世界でも数えるほどしかいないだろう」（『キリシタン時代の日本人司祭』）と、その能力を高く評価している。

一六一四年、宣教師の海外追放に伴い、結城ディオゴは数人の日本人修道士とともにマニラに追放された。そして一六一五年の春、マニラにおいて念願の司祭に叙せられた。司祭になった結城は祖国へ帰り、迫害を加えられ、弾圧下にさらされているキリシタンたちのために働くことを決意した。またこのマニラにおいて、結城は「日本人のための、日本人による司祭養成機関の設立」を上長に進言している。そして一六一六年に日本人修道士松岡（天草）アンドレと一緒に日本へ向かい、同年七月に長崎に上陸することができた。

その後、結城は「上」の宣教地区に派遣された。そして京都を拠点に、絶え間なく東北地方を巡回し、津軽へ送られた高山右近の家臣などを訪問した。一六一九年からは壊滅状態にあった京都に残り、京坂から北陸、東北地方を巡回した。また同年、都における大殉教のときは、B・フェルナンデスとともに殉教する信者たちの世話をするなど、その後主に五畿内で活動を続けた。

一方、一六三二年日本に戻った小西マンショは、すぐに京坂地方に向かったが、そこには結城ディオゴがいた。小西マンショはそこで残る十年間を、最初は結城ディオゴと一緒に働き、結城ディオゴが一六三六年に殉教してからは、一人で使徒的仕事を続けた。

その結城ディオゴは、一六三六年二月、日本に帰国して二十年間の潜伏宣教の末、ついに四国の森の中で捕まり、大坂へ送られた。そして大坂で穴吊るしの刑によって殉教した。イエズス会在籍は四十一年に及んだ。結城ディオゴ、時に六十二歳。

結城ディオゴの殉教前の十年間は空白になっているが、大坂奉行の前に引き出され「誰がお前をかくまい、養っていたか」と尋問されたとき、ディオゴは「二十年来、私は人に迷惑かけないために、野や森の中をさまよい、野の草や実で生命をつないできた」と答えている。このころ、宣教師たちの棄教よりも、宣教師に宿と援助を提供した人物の名を白状するように強要された。宿主の名を白状するのは背教よりも悪であった。役人たちは、自信を持って答えるディオゴの話を信じ、そしてディオゴは一人で処刑された。

こうして五畿内最後の宣教師であった結城ディオゴの殉教後、小西マンショは一人で使徒的仕事を続けたが、その後マンショがどうなったかの記録はない。

余談になるが、一九二二年、スペインのセルビアに生まれたディエゴ・パチェコ氏は、一九三九年イエズス会に入会し、一九四八年に来日――。一九七八年に日本国籍を取得し、そして結城ディオゴ了雪にちなんで日本名・結城了悟を名乗られた。

トマス金鍔次兵衛についても触れておきたい。

一六一四年、マカオへ追放された金鍔次兵衛は一六二〇年にマカオのセミナリヨが閉鎖されたため帰国したが、その二年後の一六二二年、フィリピン・マニラに渡り聖アウグスチノ修道会に入会し、司祭に叙階された。一六三一年に念願の帰国を果たし、長崎奉行所に馬丁（幕府の下級役人）として潜入し、牢獄されていた宣教師や信者らを励ましながら、夜になると、変装して潜伏していた信者らを励まし、司祭としての司牧に当たった。しかし一六三六年、ついに次兵衛は捕縛され、翌三七年十一月六日、長崎の西坂の丘で穴吊るしの刑によって殉教した。まだ三十七歳の若さであった。

岐部ペドロの帰国

一六二〇年、ローマで司祭に叙階された岐部ペドロは「同胞の救いのために、最後まで前進したいという、大きな希望を抱いている」として、祖国日本へ帰れるよう直接、イエズス会総長に嘆願した。そして一六二二年六月六日、ポルトガルへ行き、インドへの渡航の準備を進めた。ゴアに着いたのは一六二四年五月の末であった。ゴアからマカオに渡った。しかし、マカオから日本へ行くことは困難であった。日本との貿易の存続を望んでいたマカオ政府は、徳川幕府を刺激しないようにと、宣教師の渡航を固く禁じていた。

そこで岐部はシャムまで行って、そこから日本の御朱印船なり、中国のジャンク船なりにあたって帰国の機会をつかむことにした。そしてシャムの古都アユタヤへ着いたが、岐部の期待は叶えられなかった。何度も日本の船や中国のジャンク船に乗る機会はあったが、長崎での厳しい検査を怖れた船長が、船員と乗客にキリシタンでない証明をするように要求したためであった。

こうして二年が経過した後、一六二九年七月の末か八月の初め、マニラに渡った。そして当地に、岐部のかつての上長で、また友人でもあったペドロ・モレホンが一時、マニラに滞在していた。モレホンは岐部に精神的・物質的にもいろいろと援助してくれたが、このモレホンの配慮によって一六三〇年三月二日、天草の志岐出身の松田ミゲルとともにマニラを出発し、日本に向かった。そして無事、長崎の港へ上陸して故国の地を踏むことができた。

一方、二人の到着を知った日本管区長コウロスの喜びがどれほどのものであったか、計り知れないものがあった。しかしそのころ、コウロスは体力が衰え、たびたび重体におちいって動けないほどであった。そのコウロスに代わって、長崎の隠れ家にいて、イエズス会員との連絡にあたっていたのが管区長秘書のクリストヴァン・フェレイラであった。

この後、岐部は一時東北地方にいたことは確認されるが、彼のその後の行動についての記録は何一つ残されていない。そして一六三九年に捕まるまでの九年間、彼は完全に「地下」に潜ってしまった。一方、長崎に残った松田ミゲルは、その二年後の一六三二年九月、厳しいキリシタン探索のため宿主から宿泊することを拒まれ、台風のさなかにあって三日間、風雨の中をさまよい続けて絶命した。

一六三六年七月三十日、マカオにあった巡察師マヌエル・ディアスがイエズス会総長へ送った書簡において、日本でのイエズス会の殉教が報告されている。

その書簡によれば、一六三二年にコウロス神父が死去すると、セバスティアン・ヴィエイラ神父が管区長代理となったが、彼も一六三三年に捕縛されたので、フェレイラ神父が代行を務めることになった。しかし同じ年にフェレイラ神父は捕縛され、十月十八日に穴吊るしの拷問により棄教した。そこで、ローマから新しい管区長が任命されるまで代行を決めなければならなかったが、誰がその仕事を執行できるか、マカオでは分からないので、巡察師（マヌエル・ディアス）は次のように決めた。

「日本にはイエズス会員が五名残っている。すなわち、ジョアン・バプティスタ・ポッロ神父。彼には管区長代理を務めるように、と書き送った。もし彼が捕縛されたり、死去した場合には、その代理に式見マルティノ神父を、彼が捕縛あるいは死去した場合には、結城ディオゴ神父を、以下、小西マンショ神父、岐部神父の順にすることを決めた」

天草コレジヨ出身の式見マルティノは、一六一四年にマニラに追放され、結城ディオゴと一緒に司祭に叙階され、同年八月に日本へ戻ったが、翌年にマカオへ送られた。一六二〇年に再び日本へ戻り、東北地方の宣教に活躍していた。

寛永十四（一六三七）年十月、天草・島原の乱が始まった。当時、島原は大和国五条から島原へ転封してきた松倉重政の嫡子・勝家の支配下にあり、また天草は、肥前唐津の寺沢広高の嫡子・堅高の支配下にあった。島原・天草一揆の中には帰農武士もいたが、ほとんど農民・漁民であり、立ち返りキリシタンたちであった。天草・島原の乱の原因は、領主の苛政にあったとされ、それに追い打ちをかけるように、数年間にわたる日照り続きで凶作となって飢饉が発生―。そして餓死するよりも生き延びる最後の手段として一揆を起こすに至った。

天草の戦いにおいて、天草四郎を総大将とする一揆勢が島子・本渡での攻防を制した。しかし、寺沢藩士が立て籠もる富岡城をついに落とせず、一揆勢は退却を余儀なくされた。そして島原と天草の一揆勢が合流し、島原の原城跡に籠城して幕府軍と戦うことになった。こうして幕藩連合軍十二万対島原・天草の一揆勢二万七千~八千人、また三万七千人（山田右衛門作口書）ともされる両軍の戦いが始まった。

寛永十四年十二月三十日、原城の総攻撃を開始した幕府の征討使・板倉重昌が鉄砲弾に当たって討死にした後、重昌に代わった追討上司の松平伊豆守は兵糧攻めの持久戦に転じた。

明けて寛永十五（一六三八）年二月二十七日、松平伊豆守は城中の食糧弾薬が尽きたのを待って総攻撃を命じた。そして籠城から約六十日が経ったこの日、ついに原の城は落城し、生き残ったキリシタンは四郎を裏切った山田右衛門作ただ一人で、あとはすべて皆殺しにされ、累々たる屍が戦場にさらされた。

島原・天草一揆の終結後、島原城主松倉勝家は一揆の責任を問われ、所領没収の上、江戸で斬罪に処せられた。一方、寺沢堅高は天草四万二千石の領地を召し上げられた。そして堅高はこれを恨み、十年後に江戸で自殺し、それとともに寺沢家も滅亡した。

岐部ペドロと背教者フェレイラ

天草・島原の乱後、幕府はキリシタンを根絶やしにするため、全力を注ぐことになった。さっそく江戸でキリシタン探索が始まり、キリシタンばかりでなく、彼らを匿っていた宿主まで逮捕され、毎日のように数十人に及ぶ人びとが火あぶりにされ、あるいは斬首され、時には品川の沖で逆さで海水に吊るされ、または牛裂きにされた。

同時に、幕府にとっての一番の課題は、国内に潜伏している宣教師の探索であった。小西マンショを除く五人（イエズス会員三人、フランシスコ会員二人）が東北地方に潜伏していることをつかんだ幕府は、奥州の諸大名に宣教師狩りを命じた。こうして「伴天連狩り」の結果、岐部ペドロ、式見マルティノ、ジョバン・バプティスタ・ポッロ（イタリア人）の三人が次々に捕縛され、江戸へ送られて評定所へ連行された。ところが、芳しい成果が上がらなかったことから、将軍家光自らが彼らを呼び出し、直々の吟味を行った。将軍家光のほか、老中酒井、東海寺の禅僧沢庵、柳生但馬守宗矩も吟味に臨んだとされているが、この最高レベルにおける吟味には、その前年に島原・天草一揆が終結したばかりで、政治的な意味合いもあったとされている。しかしながら、それでも彼らは転ばなかった。そのため家光は、三人の吟味を大目付井上筑後守に一任した。井上の方針は、殉教者ではなく、背教者をつくることにあった。

話は前後するが、一六三六年十一月二日、マカオにおいて、日本、および中国管区の巡察師エマニエル・ディアスはイエズス会員を召集して特別会議を開き、クリストヴァン・フェレイラの背教を確認したうえ、フェレイラを正式にイエズス会から除名した。日本キリシタンの殉教者の調査委員でもあった老齢のペドロ・モレホンはふるえる手で、その除名宣言に署名した。

しかしながら、マカオにおいて巡察師に任命されたアントニオ・ルビノは、自ら日本へ行ってフェレイラに直接会って彼を改心させようとした。そうして司祭五人、伝道士三人からなるグループを組織し、一六四二年七月四日にマニラを発ち、台湾経由で日本に向かった。だがしかし、八月十一日に薩摩沖の下甑島に着いたが、その場で逮捕され、長崎へ連行された。翌一六四三年、彼らは長崎で穴吊るしされ、全員が殉教を遂げた。

翌一六四三年、司祭四人、修道士一人、伝道士十五人からなる第二の宣教団が日本に向かった。彼らのうち十人が、筑前大島の沖で小舟に乗って、まず、ある無人島に上陸し、三日後に大島まで渡ったが間もなく逮捕された。一同はそこから長崎へ連行され、井上筑後守の指図で江戸へ護送されたが、その際、長崎奉行配下の切支丹目明しとなっていたフェレイラも江戸に呼び出された。江戸へ着いた彼らは、手にはきつい枷をかけられ、足には重い鎖をつけられ、手足が動けないように縛られた。そのうち四人の宣教師は穴吊るしや、その他の厳しい拷問を受け、さらにフェレイラが、彼らを棄教へと説得する役にあたった。その結果、彼ら四人は棄教したが、井上は背教した四人の司祭のために特別な牢屋（キリシタン屋敷）を設け、彼らを釈放しなかった。

彼らのなか、最も長く生き残った者の一人が、遠藤周作『沈黙』ロドリゴ神父のモデルとなったジュゼッペ・キアラであった。棄教した彼は幕府により、処刑された一武士の名と刀を与えられ、岡本三右衛門と称した。また、処刑された犯罪人の妻が彼に「妻」として与えられた。転び伴天連となった岡本三右衛門は、一六八四年に死去した。

話は戻って、捕縛された岐部ら三人は江戸の政庁に連行された。そこで井上は彼ら三人を棄教させようとして、拷問の最中にフェレイラを呼び寄せた。フェレイラは、かつて上地区（現在の京畿地方）にいたポッロの上長であり、フェレイラが管区長秘書として長崎に移ると、ポッロが彼の後継者として教区長に就任した。また式見マルティノが一六〇一年から一六〇三年にかけマカオのコレジヨに留学していたとき、フェレイラも同じコレジヨで神学課程を修めていた。そのことから、二人はいわば同窓生の関係にあった。

岐部ペドロもまた、彼がマニラから日本の長崎へ帰って来たとき、当時、管区長秘書であったフェレイラと会っていたはずである。

そこでフェレイラは、井上筑後守たちを満足させるために、岐部らに何か言葉をかけようとした。だが、岐部は聖なる熱意に燃えてフェレイラを睨みつつ「ああ忌むべきは汝であり、イエズス会の恥よ。どうして私の前に立ってそのような冒涜の言葉を吐く勇気があるのか！　汝は信仰を棄て、何年もの間、世界のつまずきとなり、木と石の偶像を拝むのを恥と思わないのか。汝が日本へやって来たのは、イエズス会に恥をかかせるためであったのか」と。岐部から痛烈に批判された哀れなフェレイラは目を伏せ、後ろを向いて立ち去ってしまった。

こうしてフェレイラの説得も効を奏しなかったため、井上は三人の神父と、このとき一緒に逮捕した二人の同宿を穴吊るしの拷問にかけた。岐部ペドロは、共に拷問にかけられた二人の同宿を励まし続けたため、ついには役人に殺された。時に一六三九年七月、五十二歳。

他方、ポッロと式見マルティノは堪えかねて「念仏」を唱えて転んだとされた。しかしながら、二人はその後も牢内につながれたまま、その二、三年後に獄死している。井上は二人を「転び伴天連」と認めていなかったと思われる。また式見マルティノは、天草コレジヨ出身者の最後の殉教者でもあった。

岐部ペドロの殉教から五カ月後の一六三九年十二月十一日、ペドロ・モレホンはマカオにおいて七十七歳の生涯を終えた。

小西マンショの最後

こうして一六四〇年になると、日本に残っているイエズス会員は小西マンショ一人になった。彼は依然として京坂地方に潜伏していたものと思われる。彼の最後については、トンキン（ベトナム）に入港した中国船によってもたらされたが、そのとき、一六二五年に小西マンショと一緒にローマの聖アンドレア修練院にあって、一六四七年にトンキンへ来たフェリポ・マリノ神父がマンショの最後の消息を伝えている。

そのマリノ神父は、中国人を通して、三年ほど前（一六四四年）に都で日本人神父の小西マンショが殉教を遂げたことを知らされた。そして「マンショ神父があの迫害下のキリシタン団のために尽くしたことは、実に偉大である。彼は常に発見される危険にありながら働き、また日ごとに死の危険があってもあたかも死の門前に立っているかのように覚悟し、数年もの間、活動を続けていた。しかし神は、彼に報いとして、多くの人が望むが、わずかな者しか得られない殉教という栄冠を与えられた。マンショ神父が一六三二年に、マニラ経由でセバスティアン・ヴィエイラ神父と一緒に日本に入ってから時は経っているが、殉教の光栄ある棕梠（しゅろ）（勝利の象徴）をもって天国へ昇った」と述べている。

小西マンショの最後については、これ以上詳しい史料は残っていない。いずれにしろ、小西マンショは日本のキリシタン信徒の司牧にあたっていた最後の司祭であった。そしてマンショの死は、日本のキリシタン史において一つの区切りをつけるものであった。「最後の司祭の死によって教階制度が崩れ、日本のキリシタンは孤立し、完全な鎖国状態に入った」（H・チースリク『キリシタン時代の日本人司祭』）。なお、H・チースリクは「一六〇〇年に生まれた小西マリアの子息と、一六二三年に二十四歳でイエズス会に入会した小西マンショを同一人物として取り扱ったが、幾つかの疑問点がないわけではない」と付記している。

一六三九年七月、徳川幕府はポルトガル船に断交を通告。翌四十年六月、貿易の再開を誓願するために来日したルイス・パエス・パチェコとその一行を長崎で処刑。さらに一六四七年、日本との貿易再開のため、長崎に到着したポルトガル大使シケイラを追放した。

ここにおいて、一五四九年、フランシスコ・ザビエルの来日によってもたらされた「バテレンの世紀」は終わりを告げ、長年にわたって続けられてきた日本とポルトガルとの通商は完全に閉ざされた。またその後、日本における司祭は一人もいない中において、キリシタンたちの厳しい潜伏時代が始まった。

一六五七年、大村藩の郡村で多数の潜伏キリシタンが摘発された。「郡崩れ」といわれたこの事件で四百十一人が断罪に処せられた。一六六〇年には濃尾で、一六六一年には尾張領に隣接する美濃地方で約二千四百人のキリシタンが検挙され、その多くが処刑された。いわゆる「濃尾崩れ」である。以後、幕府はキリシタン摘発のためいっそうの管理体制の強化をはかったが、宗門を根絶やしにすることはできなかった。

そして、禁教の時代にあっても人びとの間で教会意識は生きつづけ、自分たちは世界的な教会の一部であり、七代の後には再び司祭が日本に来て、教階制度に基づく自由な信仰が許されるという望みを捨てなかった。そうして彼ら一部の「潜伏キリシタン」は、長らく水面下においてその信仰を継承してきた。

聖人へと列聖される

キリシタンの時代、外国人を含め、聖人四十二人、福者三百九十三人の、合わせて四百三十五人の聖人・福者が生み出されたとされている。

キリスト教における聖人とは、生存中にキリストの規範に忠実に従い、その教えを完全に実行した人たちのことであり、天国ではキリストの下の位に位置し、世界中の教会で崇拝の対象とされている。福者とは、聖人にあげられる人の前段階の位の人で、死後その徳と聖性が認められた者に与えられる称号のことである。その承認を行うのはローマ教皇であった。また、カトリックにおける殉教とは最高の愛の証しであり、自分の名誉心のためではなく、神を愛し、人を愛し、愛のために死ぬことであり、崇高な理念のために戦って死ぬことではない。また彼らの生き方、死に方がキリストの生き方と死に方に倣い、無抵抗、非暴力が必須条件とされている。

余談になるが、歴史研究者の中には、島原・天草一揆を「聖戦」とする見方がある。そのことから、元大矢野町長の故・川上靖剛は「天草四郎ら一揆勢を殉教者として認めてほしい」とローマ法王庁に掛け合ったが、世俗権力に徹底抗戦を挑んで武器をもって立ち上がった彼らは、教会が説く「世俗権力への服従」と「無抵抗」を破った。そのため、カトリック教会は彼らの行為を「殉教」とは認めなかった。

話は戻るが、長崎における二十六人の殉教は、日本人信者のみならず、異教徒の役人やポルトガル人・スペイン人に多大の感銘を与えた。この大殉教は、ただちに世界へ伝えられ、さかんに殉教録が出版された。そしてその最後は海外のキリスト教徒にも大きな衝撃と感動を持って受け止められ、日本への関心と布教熱を高めることになった。

一六二七（寛永三）年、教皇ウルバノ八世によって、一五九七年に長崎西坂で殉教したフランシスコ会士ら二十三人が福者に列福された。その二年後の一六二九年、イエズス会の三人が列福された。さらに列福から二百三十三年後の一八六二（文久二）年六月八日、彼ら二十六人は、聖霊降臨の祝日にローマ教皇ピウス九世によって聖人に列聖された。

「教皇ピウス九世によって厳粛にとりなされる日本の二十六人の殉教者」は、日本二十六聖人が列聖

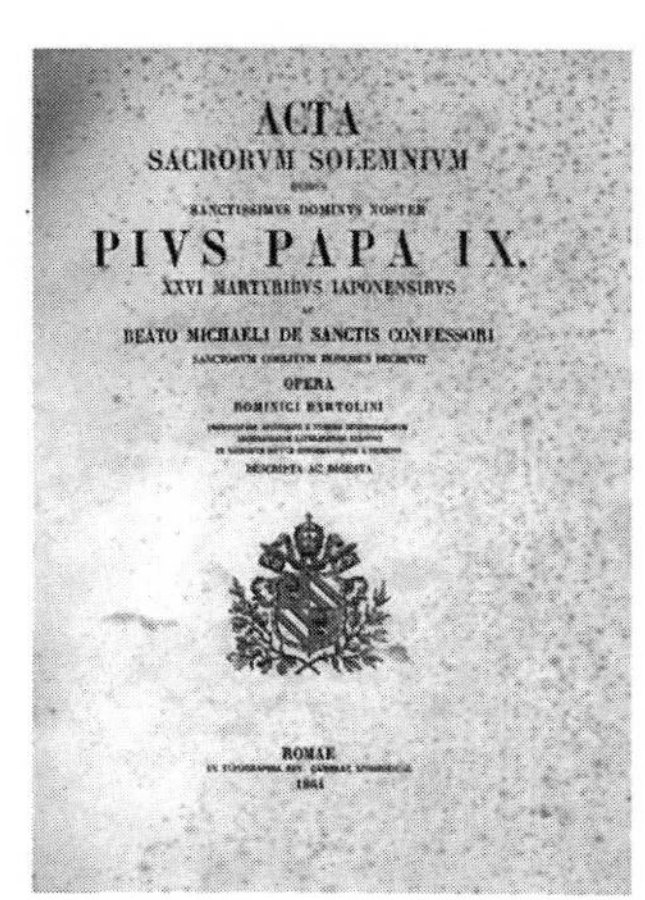
ACTA
SACRORVM SOLEMNIVM
SANCTISSIMVS DOMINVS NOSTER
PIVS PAPA IX.
XXVI MARTYRIBVS IAPONENSIBVS
BEATO MICHAELI DE SANCTIS CONFESSORI
OPERA
DOMINICI BARTOLINI
ROMAE

中表紙

— 66 —

in manibus P. Petri Baptistae, a quo Legationis suae interpres et comes designatus fuit.

VII. Paulus Miki Japonensis, e Societate Jesu, claro genere ortus ac tum prophanis, tum sacris literis excultus annum agebat tertium ac trigesimum; jamque sacerdotio initiandus qua voce, qua scriptis libris plures e concivibus suis partim ab errore ad veritatem, partim a vitiis ad virtutem traduxerat. Inter quos alter de imperialibus Praesidibus, et octo de custodibus Ozacensis et Meacensis carcerum recensendi sunt.

VIII. Joannes Soan seu de Goto, utpote ex illa insula oriundus, Japonensis, e Societate Jesu, annos undeviginti natus, literarum studiis operam dabat, ac divinae legis elementa populo explicans, obeundis olim evangelicis ministeriis proludebat.

IX. Didacus seu Jacobus Kisai Japonensis, e Societate Jesu, quarto supra sexagesimum anno jam expleto, quamquam et ipse Catechista, rem tamen etiam domesticam curabat humilitate et patientia singulari; quas ad virtutes quotidiana Christi patientis meditatione mirum in modum excitabatur.

X. Paulus Suzuqui oriundus ex Oari, Japonensis, tertii Ordinis S. Francisci, plurium pro erudiendis neophytis operum scriptor, inserviens in hospitali Fratrum, eorumque interpres.

XI. Gabriel a Dusco ex Regno de Ize, tertii Ordinis, discipulus Fratrum an. decem et novem.

XII. Joannes Quizuya Japonensis oriundus ex urbe Meaco, recenter sacro ablutus lavacro, tertii Ordinis, vicinus Fratrum.

XIII. Thomas Danchi de Ize ex urbe Meaco oriundus, tertii Ordinis, et Fratrum interpres.

XIV. Franciscus Meacensis civis, tertii Ordinis, medicus, et scriptor quorumdam tractatuum pro Christiana fide tuenda, et Fratrum interpres an. quadraginta sex.

教皇ピウス九世によって厳粛に取りなされる日本の二十六人の殉教者

されるにあたって、一六二七年の列福までの経緯、カトリック教会内部でやりとりされた書簡などが緻密にまとめられ、内部資料的な意義を有する公式公文書である。P65などに二十六聖人個々の美徳などの情報が列伝的に語られている。

太閤秀吉によって長崎で磔刑されたこの迫害で、ペドロ・バプティスタをはじめとするフランシスコ会の宣教師六人（司祭三人、修道士三人）、京都・大坂の教会と病院に尽くした日本人信徒十五人はフランシスコ会関係の人びとであった。残り五人のうち、三人はイエズス会士（彼らはモレホンらの身代わりとなった）、二人は長崎までの道中、殉教予定者の世話をするようオルガンティーノから派遣され、途中で処刑者名簿に加えられたキリシタンであった。

「日本二十六聖人列聖記念メダル」は、一八六二年のピウス九世による二十六聖人列聖を記念して製作されたメダルで、同じデザインで銀

表面　裏面

表面　裏面

日本二十六聖人列聖記念メダル

製と銅製の二種類がある。

表面にはカトリック教会を象徴する女性の胸にはキリストのモノグラム「ＸＰ」があしらわれ、右手には殉教者の勝利を示すシュロの枝、左手には教皇の王冠と天国への鍵が表現されている。

裏面には「全世界のカトリック教会の父、教皇ピウス九世により一八六二年六月八日に彼らが列聖された」という趣旨文と製作者ザッカーニの名が施されている。

のちに『日本殉教録』を著したペドロ・モレホンは、「(わたしは）皆、修道者と彼らに従っている人も良く知っていました。そして、我らイエズス会の三人のイルマン（三木パウロ・ジョアン五島・ディエゴ喜斎）は数年の間わたしと一緒に住んでいて、皆こんなに素晴らしい冠を受けるのに相応しい人でした」と述懐している。

二十六聖人の奇跡

ところで、殉教者が福者になるには奇跡は必要ないが、聖人となるためには奇跡が必須条件とされ、奇跡が一つ必要となる。

このことに関し、いくぶん長くなるが、長崎西坂において二十六聖人の殉教を目撃したアビラ・ヒロンの『日本王国記』に次のような出来事が記録されている。

「役人どもは殉教者たちを、十字架の上に横たわらせ、ほとんど同時に釘づけにした。そしてすべての十字架が立てられたのを見届けると、死刑執行人を呼び、その中の四人が聖者たちのところへ行った。そしてまず列の道路に一番近いところへ近づき、あとの二人は反対の側へ行き、聖人たちを槍で突き刺し始めた。（中略）そして、聖き殉教者のからだから血潮が流れおち始めたが、ポルトガル人と、いく人かの日本人は散々に棒で叩かれたかわりに、死刑執行者どもの間にたち混じって、この血潮を手に受けた。しかも、そのポルトガル人とその仲間の連中はたくさんの涙まじりの血を懸命に手に受けようとしたのである。」

そしてこの時、こんなことが起こったという。イタリア生まれで、ジョバンニ・バティスタ・ボナジーナという男が、聖フランシスコ・ブランコ師のからだから、川のように血潮か流れ出ているのを見たので、それを受けようと帽子を差し出すと、かなりの血潮がその中に流れ落ちた。

この男は自分の宿に帰ると、それを磁器の瓶の中へ注ぎこんで、マカオへ持って行った。それは三月のことであった。彼はマカオで、恐らく例の血潮が腐っているかもしれないと思って、例の瓶を取りあげると、動かしたとたんに中で血が波立つのが分かったばかりか、まるでこれを採集した日と変わらず、香り高く新鮮だということさえ分かった。これに驚いた彼は、これを友人たちに見せ、その友人たちと彼自身も、このことを他の連中に話し、こうしてこの話は口が口へと伝わって、ドン・レオナルドという、シナ在住の司教の耳に達した。

そこで司教はジョバンニ・バティスタを呼び、自分の目の前へ血液が入ったままの瓶を持って来るように言いつけて、彼に従っている聖職者たちや、そのほか大勢の人びとを呼び集めて、その瓶の中にあるのは何びとの血液かと訊ねた。すると彼は、これは先の殉教者フランシスコ・ブランコ師のものであって、今年の二月五日、日本でこれを採集したことを言明した。銀の聖水盤が運ばれると、司教自ら瓶を取りあげて、童貞であったのは確かだと評判されていた聖き殉教者の血液を聖水盤にあけると、それはこの瞬間に彼の身体から滴り落ちたかのようにきれいで、悪臭どころか、むしろ香しい匂いさえしていた。そのことで、司教もその他一同も、我らが主（キリスト）に心からなる感謝を捧げた。そして件（くだん）の司教は、この話が永遠に記憶されるように、それを公認する記録をつくらせた。

また、次のような出来事があった。

二十六人が磔に処せられてから五十七日目の四月三日、聖木曜日に、聖マルティン・デ・ラアセンシオンから血の流れるのが見られた。そこで、ポルトガル人あわせて大勢の人びとがそれを見ようと出かけて行った。そのポルトガル人の一人が、周囲に作られた囲いの矢来の内へ入り込んで、その聖い殉教者の足に口づけしようとその側へ近寄り、大分のびていた足の爪（小指）を一つ引き抜こうと引っぱったが、なかなか抜けなかった。何とか力を込めて、結局引き抜いたが、そこから生々しい血潮がどっと流れ出した。そこで、そのポルトガル人は薄い手巾を取り出したが後日、彼はその手巾を来日したフィリピン使節のディエゴ・デ・ソウサに与え、大使がそれを半分に分けて、半分をアビラ・ヒロンに与えた。その手巾はあのとき、あの足の指から流れ出た血液で一面染まっていたという。

ただし、このときアビラ・ヒロンは口之津にあって、そこからマニラへ向けて出航しようとするサン・フェリーペ号の司令官ランデーチョに同行していた。そのため、その現場にはいなかった。しかし、次の事件のときには、アビラ・ヒロンもその場に居合わせていた。

四月十八日の午後二時、その日は殉教から七十二日目にあたっていたので、たくさんの人びとが聖なる殉教者の前でひざまずいて祈禱を捧げていたが、その日に限って、遺外管区長バプティスタの遺体の、槍で突かれた傷口からじつに夥しい血液が突如として流れ出した。それはからだを伝い、十字架の足を伝いおりて、そのために下の地面のところまで十字架を地で染めたほどであった。そこにいた日本人たちは只々驚いてしまったが、彼らの大多数の者が市内へこの知らせを伝えにやって来た。たちまちにして市内は大変な騒ぎに沸き立った。そうして男も女も、聖なる十字架の道へとたちまち馳せつけ始めたが、それが大変な人数だったので、そこへ行きつくまでおよそ四百歩以上あり、この道路は長崎でも一番広い道だったが、それを押し分けて通ることはできないほどであった。

長崎奉行であった寺沢広高は、息子の半三郎からこの知らせを受け、そのころサン・ラザロと呼ばれていた天主堂のある場所近くに、何人かの密偵を配置するように命じた。フランシスコ会員の一人とアビラ・ヒロンがそこまで行った時、これらの密偵に出会ったが、彼らは二人の通行を許してくれなかった。しかし、信心深いその地の女たちは、密偵どもが自分たちを通してくれないことを見てとると、天主堂の裏の山をどんどん登って行くと、たくさんの数の女たちもまた、本道をすてて、そこを目指して登ってきた。これを見た密偵どもは奉行の寺沢に報告を送ったが、寺沢は密偵らに引き揚げるように命じた。

この日の午後、アビラ・ヒロンは再びそこへ行ったが、聖なる遺外管区長はじつに美しい顔をして、まるで眠っているかのようだったと記している。そして彼の神聖な肉体はまっ白で、とても美しかったので、それを眺めているだけでえもいわれぬ喜びを覚えさせた。十字架の脚はじつに色鮮やかな血に染まっていたので、それはあかね色としか見えなかった。

アビラ・ヒロンは「処刑からこれだけの日数が経っているのに、あの神聖な血潮が今もなお神聖さを保っているということも、また殉教があった当日は別として、それまでは流れ出たりはしなかったのに、どくどくと血が流れ出た。しかもそれが、キリスト御受難の金曜という特定の日であったことも、のみならずその日に聖なる遺外管区長が殉教しようと望まれたばかりか、大勢の人びとが、それを見ようと参集したということも、まことに驚嘆すべきことであった」と。

またアビラ・ヒロンは言う。「国王（秀吉）以外の国中のその他の者は、彼らを神聖な殉教者だと信じていたし、現在も信じているし、将来も信ずるに違いない。そして聖殉教者として、この王国の最も遠隔の地や、遠く離れた町々から、人びとが参詣の群をつくって、彼らを拝みにやって来たのである。そのためにこそ、おそらく神は、七カ月におよぶ長い期間、手足一つなくなることもなく、十字架の上に彼らを保たしめ給うたのであろう。日本人らはこれを奇異に思っていた。それというのも、磔に処せられた罪人どもは、四日目には彼らのからだから発する悪臭に堪える者はいないし、八日か十日たつと、狼か山犬が粉々にしてしまうからである。しかし、こういう聖なる殉教者にはそういうことは起こらなかった。」と。

そして八月十日、アビラ・ヒロンは長崎から平戸の港へ出帆したが、「私はそっくりそのままの彼らの遺体に別れを告げたのであった」と記した。もっとも「それから数日たって、聖遺外管区長とイエズス会の修道士三木パウロの首がなくなったが、これは故人となった準管区長ペドロ・ゴメスの命令で引き抜かれたことが分かっている」と述べている。

そうして三木パウロを始めとする二十人の殉教者は、日本人最初の聖人に列聖されるという栄誉に輝いた。またその後、メキシコやペルー、インド、イタリア、スペインなどの教会に二十六人の殉教の様子を描いた壁画が飾られ、二十六聖人のコンタスやメダル、「二十六聖人の殉教」をテーマにした銅版画が製作されるなど、二十六人の殉教者たちは世界的に崇拝されてきた。特に唯一のメキシコ人殉教者であるフェリペ・デ・ヘススはメキシコ生まれの聖人第一号であり、メキシコ・シティの守護聖人として、同国で広く崇敬されてきた。

しかしながら、わが日本国においては、江戸幕府により、キリシタンの墓を暴いてその遺骨や副葬品まで廃棄するなど徹底した禁教政策と迫害の中で、キリシタン時代の記録は抹殺された。そのため、天正遣欧使節のことは江戸期以降忘却され、その存在が再発見されるには、明治四年の岩倉具視使節団の欧州訪問まで待たなければならなかった。

日本二十六聖人のことも例外ではなく、その伝承も完全に消滅していた。その後、幕末の開国によって来日した宣教師たちは長崎における二十六聖人の殉教地を探したが、幾多の曲折を経て西坂を二十六聖人殉教の地として確定したが、その際、フロイスの『日本二十六聖人殉教記』の記録がその決め手となった。そして今、長崎西坂の殉教記念公園の一角に「フロイスの記念碑」が建立されている。

その後の殉教者の列聖・列福

二十六聖人の列聖から五年後の一八六七（慶応三）年、教皇ピウス九世によって一六二二年と一六三四年に長崎西坂で殉教した「長崎大殉教」の犠牲者ら二百五人が福者として列福された。その中に、木村レオナルドとその甥のアントニオ、籠手田トマスと妻のマリア、木村セバスティアン、三ヶアントニオとその妻、カルロ・スピノラ、石田アントニオ、辻トマスと同伴者の二人らが含まれていた。

そこで、一八六二年の二十六聖人の列聖から一八六七年の「長崎大殉教者」が列福されるその間の一八六五（慶応元）年に、長崎・浦上村の潜伏キリシタン十数人が大浦天主堂を訪れ、「信徒発見」という、宗教上の奇跡ともいうべき出来事が起きている。

一八六五年二月十九日に竣工した大浦天主堂（大工棟梁・小山秀之進）は、正式には「日本二十六聖殉教者聖堂」と言い、建立直前の一八六二年に聖人に列せられた二十六聖人に捧げられた教会で殉教地である長崎市西坂に向けて建てられている。その献堂式から約一カ月後の三月十七日の白昼、浦上から来た男女子どもを合わせた十二〜十五人の一団が大浦天主堂のプチジャン神父のもとを訪れ、御聖体の前で「ここにおります私どもは、全部あなた様と同じ心でございます」と告白した。「信徒発見」の瞬間であった。そのことから、一八六七年の列福は「信徒発見」を祝う意味合いがあったとされている。

だが一八六七年七月、長崎奉行所の役人によって、浦上の潜伏キリシタン八十三人が捕縛された。そして、徳川幕府の禁教政策は明治新政府に引き継がれ、一八六八（明治元）年三月、新政府は「キリシタン邪宗門」の禁制を発布し、一八七〇年までに浦上村民三千三百九十四人を全国各地に流配した。しかしながら、欧米諸国からの厳しい批判と抗議を受け、一八七三（明治六）年二月「切支丹宗禁制」の高札を撤去。同年三月、浦上村潜伏キリシタンの釈放を命じた。ただし、彼らが許されて浦上に帰るまでに六百六十二人が拷問や病気によって死亡している。そして一八八九（明治二十二）年、大日本帝国憲法が発布され、ここにキリスト教信仰の自由が認められた。

一九八一（昭和五十六）年二月十八日、ドミニコ会の殉教者であった西トマス・デ・サン・ハシントと朝長ヤコボ・デ・サンタマリアは教皇ヨハネ・パウロ二世によって福者の列に挙げられた。そして一九八七（昭和六十二）年十月十八日に至って列聖された。また西トマス、朝長ヤコボとともに、塩塚ビセンテ・デ・ラ・クルスも列聖された。

長崎出身の塩塚ルイスは、有馬セミナリヨで六年間学んだ後、一六一四年に国外追放されたが、翌一五年に日本へ帰された。しかし「才能はあるが、完徳の進歩がみられない」という理由で、修道会から除名された。その後彼はマニラに渡り、一六一八年にローマから帰ってきたソテーロ神父の世話で、フランシスコ会員となって一六一九年に司祭に叙階された。そして一六三六年にドミニコ会のアントニオ・ゴントレス一行が日本への渡航を計画したとき、塩塚も合流していくことになった。出発にあたって彼はドミニコ会への入会が許され、修道名をビセンテ・デ・ラ・クルスに変えた。だが一行は沖縄で捕縛され、長崎へ連行された。そして塩塚は穴吊るしにされたが、信仰を棄てなかった。そのため、彼は穴から引き出されて斬首された。

なお、一九八七年に列聖された「トマス西と十五殉教者」（通称十六聖人）のうち、十五人がドミニコ会（うち七人が外国人宣教師）、一人がアウグスチノ会であることから、一九八七年の列聖は、ドミニコ会主導であったと思われる。

さらに、二〇〇八（平成二十）年十一月二十四日、長崎県営野球場において「ペトロ岐部司祭と一八七殉教者」の列福式が執り行われた。特筆すべきは、従来の列福や列聖はローマ主導で調査が行われていたが、今回は日本の教会が主体となって調査、申請を行うという画期的な方法がとられたが、この殉教者の調査委員会の推進役となったのが、上智大学のH・チースリク神父、日本二十六聖人記念館館長結城了悟の両神父であった。それとともに、これまでの列福者は神父が中心であったが、今回はこれまでほとんど知られていない武士や庶民ら一般信徒が名を連ねている。その中に、ジョアン南五郎左衛門、シモン竹田五兵衛ら八代の殉教者十一人、ガスパル西玄可と妻・長男の三人、一六一一年に豊前小倉でグレゴリオ・デ・セスペデスの遺品を身にまとって殉教した加賀山隼人、そして加賀山の娘婿である小笠原玄也とその一家、アダム荒川、ヨハネ原主水らが「一八八殉教者一覧」に名を連ねている。また神父として、ペトロ岐部、中浦ジュリアン、ディオゴ結城了雪、トマス金鍔次兵衛の四人が、そして、修道士のままに終わったニコラオ福永ケイアン（永原ニコラオ）が、教皇ベネディクト十六世によって福者として列福された。

その永原ニコラオに、役人が助命や知行などを約束して棄教を勧めたとき、ニコラオは「全世界すべての財宝が与えられても自分が歩んでいる道をやめない。幼いときからイエズス会に育てられた者で、そのような約束をして無駄な努力をしないように」と答えた。また、横柄な態度で役人が「最後に気掛かりなことがあるか」と尋ねたとき、ニコラオは「残念なことが一つあります。それは将軍様はじめ、他のすべての日本人をキリストへ導くことができなかったことです」と答えた。奇しくも、三木パウロの最後の言葉も「ただ、太閤様をはじめ、日本の皆の衆がキリシタンの洗礼を授かることを望むようにと切に願うものであります」というものであった。

そうして三木パウロと永原ニコラオの二人は司祭に叙階されることなく、修道士としてその生涯を終えた。しかし二人にとっての無念さは、司祭になれなかったことではなく、すべての日本人をキリシタンにするという神から授けられた使命を達成できなかったことにあった。

あとがき

二〇〇二年四月、長崎の日本二十六聖人記念館を訪れ、初めて結城了悟館長にお会いし、いろいろと貴重な教示を賜った。その後結城先生から書簡をいただき、本書の中でもその一部を引用した。また、結城先生からは「私の書いた本から自由に引用しても構いませんよ」というお墨付きを与えていただいた。

そうしてそれまで「キリシタン史」など関心がなかった私が、その後「天草キリシタン」に関する何冊かの本を出版するきっかけとなったのも、結城先生が出された数多くの「キリシタン本」に目を通したことにあった。そして今回の『三木パウロ・殉教への道』執筆の動機も、ルイス・フロイス『日本二十六聖人殉教記』（結城了悟＝訳・解説）に触発されたことが大きい。改めて、泉下の結城先生に感謝申し上げたい。

そしてまた、私たちは、ルイス・フロイス『日本二十六聖人殉教記』の記録を通して三木パウロの存在を知ることができるが、レオン・パジェスの『日本切支丹宗門史』やペドロ・モレホン『日本殉教録』は二十六聖人の殉教以後の記録なので、『日本二十六聖人殉教記』がなければ、キリシタン時代の偉大な宣教師のひとりであった三木パウロの名前さえ知ることがなかったと思われる。

そこで、話は変わるが、十六・七世紀のキリシタン時代、日本に渡来した宣教師や商人によってもたらされた南蛮（西洋）文化は、宗教・芸術・学問・技術・風俗等あらゆる面でわが国古来の文化に多大な影響を与えた。また宣教師の記録には、その最盛期に七十万〜七十五万人のキリシタン信者がいたと記されている。勿論、その数に誇張があったとしても、脅威すら覚える数字だったことに変わりはない。

しかし今、キリスト教は世界中で最も信徒の多い宗教（推定約二十四億人）として、信者数は世界総人口の三十二％を占めているが、日本における信者数は総人口の〇・八％（約百万人）に過ぎない。では、どうして「キリシタンの時代」、これほど多くの日本人が殉教を栄誉とさえ考え、熱狂的なまでにキリスト教を信仰したのだろうか。そのことがどうしても頭から離れない。時代の違いと言ってしまえばそれまでだが……。

また、私自身、これまでキリシタンと言えば、残酷極まりない処刑や拷問によって無辜の民が翻弄され、多くの人が生命を失っていったという意識が刷り込まれ、そして殉教を描いた光景画のあまりのおぞましさに堪えかね、「キリシタン史」に関心はあってもあえて〝殉教〟から目を背けてきた。しかしながら、当時の社会にあって、キリシタンの布教と殉教は表裏一体の関係にあって、殉教のことを避けて「キリシタン史」は語れない。そこで今回、『三木パウロ・殉教への道』を上梓した理由も、とりわけ、こうしたキリシタン迫害の歴史に真摯に向かいあってこなかったという反省からであった。

そして「二十六聖人の殉教」から多くの殉教者を生み出した「江戸の大殉教」まで話を進めたが、その中にあって、同じカトリック系でありながら、イエズス会と托鉢修道会の間でこれほど根深い対立と衝突があったことを知らされ、深い衝撃を受けた。

人類が存在する以上、民族間の争いや宗教上の対立は付き物とはいえ、今も世界各地で続いている戦争や紛争に絶望感を抱かざるを得ない。願わくば、「偏見なしに耳を貸して」（結城了悟）互いの信教、主義・主張を認め合い、争いのない平和な世界が到来することを祈らずにはおられない。そして「子どもを救え」……と。

最後に、三木パウロはオルガンティーノ、ヴィセンテ洞院、カルデロン、ペドロ・ゴメス、ペドロ・モレホンらの教えを通して、その豊かな人間形成が図られた。私にとっても、わが済々黌定時制時代の恩師である中村青史先生（元熊本大学教授）から長年にわたってご指導・ご鞭撻をいただいたが、昨年八月、中村先生は逝去された。何とか先生のご存命中に本書を出版し、「今夜もうまい酒が飲めるぞ」と言ってほしかったが、その思いが叶わなかったことが一番の心残りである。

また、前著『アルメイダ神父とその時代』に続き、今回も弦書房の小野静男氏には編集面でひとかたならぬお世話をいただいた。改めて、深く感謝申し上げたい。

二〇二四年四月

玉木譲

参考文献

フロイス『日本史』（川崎桃太・松田毅一訳　中央公論社／一九八〇）

松田毅一監訳『十六・七世紀イエズス会日本報告集・第I期第1～3巻』（同朋舎出版／一九八七）

ルイス・フロイス『日本二十六聖人殉教記』（結城了悟＝訳・解説　純心女子短期大学／一九九五）

ディエゴ・パチェコ『九州キリシタン史研究』（キリシタン文化研究会／一九七七）

結城了悟『八代の殉教者』（日本二十六聖人記念館／一九八五）

結城了悟『天草の殉教者』（日本二十六聖人記念館／一九八五）

結城了悟『イルマン・ニコラオ　ケイアン』（日本二十六聖人記念館／一九八六）

結城了悟『五畿内最後の宣教師　ディオゴ結城了雪』（日本二十六聖人記念館／一九八九）

結城了悟『キリシタンになった大名』（聖母文庫／一九九九）

結城了悟『二十六聖人と長崎物語』（聖母文庫／二〇〇二）

松田毅一『南蛮資料の研究』（風間書房／一九六九）

松田毅一『天正少年使節』（臨川書店／一九七七）

松田毅一『豊臣秀吉と南蛮人』（朝文社／一九九一）

キリシタン文化研究会編『キリシタン研究・第八輯』（吉川弘文館／一九六六）

キリシタン文化研究会編『キリシタン研究・第十一輯』（吉川弘文館／一九六六）

キリシタン文化研究会編『キリシタン研究・第十六輯』（吉川弘文館／一九八六）

キリシタン文化研究会編『キリシタン研究・第二十七輯』（吉川弘文館／一九八六）

キリシタン文化研究会編『キリシタン研究・第二十八輯』（吉川弘文館／一九八六）

片岡弥吉『日本キリシタン殉教史』（時事通信社／一九七九）

H・チースリク『キリシタン時代の日本人司祭』（高祖敏明監修　教文社／二〇〇四）

H・チースリク『キリシタン史考』（聖母文庫／一九九五）

アビラ・ヒロン『日本王国記』（佐久間正訳・注　岩波書店／一九六五）

ペドゥロ・モレホン『日本殉教録』（佐久間正訳　キリシタン文化研究会／一九七四）

編集者・鶴田文史『天草学林　論考と資料集』（天草文化出版社／一九七七）

今村義孝『天草学林とその時代』（天草文化出版社／一九九〇）

若桑みどり『キリシタン文化研究会会報　一一〇号』（キリシタン文化研究会／一九九七）

新カトリック大辞典編纂委員会『新カトリック大辞典』（研究社／一九九八）

日本カトリック司教協議会編集『列福をひかえ、ともに祈る七週間』（カトリック中央協議会／二〇〇八）
小川博毅『史伝　明石掃部』（橙書房／二〇一二）
朴哲『グレゴリオ・デ・セスペデス』（春風社／二〇一三）
玉木讓『天草河内浦キリシタン史』（日本人物往来社／二〇一三）
星野博美『みんな彗星を見ていた』（文芸春秋／二〇一五）
令和五年度天草コレジヨ館企画展『新収蔵展』（天草コレジヨ館／二〇二三）

〔著者略歴〕
玉木 譲（たまき・ゆずる）
一九四八年、熊本県天草市河浦町新合に生まれる。
元「天草市立天草コレジヨ館」に勤務。
〈著書〉『天草河内浦キリシタン史』（新人物往来社／二〇一三／天草出版文化賞）、『天草キリシタン遍路』（熊日出版／二〇一八／日本自費出版特別賞）、『アルメイダ神父とその時代』（弦書房／二〇二二／熊日出版文化賞）他。

日本二十六聖人　三木パウロ・殉教への道

二〇二四年 七 月二十日発行

著　者　玉木　譲
発行者　小野静男
発行所　株式会社　弦書房
（〒810・0041）
福岡市中央区大名二―二―四三
ELK大名ビル三〇一
電　話　〇九二・七二六・九八八五
FAX　〇九二・七二六・九八八六

組版・製作　合同会社キヅキブックス
印刷・製本　シナノ書籍印刷株式会社

落丁・乱丁の本はお取り替えします。
©Tamaki Yuzuru 2024
ISBN978-4-86329-287-1 C0021

◆弦書房の本

アルメイダ神父とその時代

玉木讓　貿易商、宣教師、医師、社会福祉事業家…さまざまな顔をもつポルトガル人・アルメイダとは何者なのか。イエズス会宣教師の記録をもとに、人間アルメイダの多面性に光をあてる。終焉の地・天草市河浦町から発信する力作評伝。
〈A5判・400頁〉2700円

天草キリシタン紀行
﨑津・大江・キリシタンゆかりの地

小林健浩［編］／﨑津・大江・本渡教会主任司祭［監修］　禁教期にも信仰を守り続けた人々の信仰遺産（世界遺産登録）を紹介。貴重なカラー写真二〇〇点と、四五〇年の天草キリスト教史をたどる資料も収録。完全英訳付。

〈B5判・104頁〉【3刷】2100円

天草島原一揆後を治めた代官
鈴木重成【改訂版】

田口孝雄　一揆後、疲弊しきった天草と島原で、戦後処理と治国安民を12年にわたって成し遂げた徳川家の側近・鈴木重成とはどのような人物だったのか。重成が実行した特異な復興策とは。
〈A5判・280頁〉【2刷】2200円

【評伝】天草五十人衆

天草学研究会［編］　〈島〉であり〈天領〉であった天草は、独特の歴史を刻み、多くの異能の人々を生み出した。天草四郎から吉本隆明まで、天草スピリッツを体現した50人の足跡から、この島がもつ歴史の多面性に迫る。
〈A5判・320頁〉【3刷】2400円

絹と十字架
長崎開港から鎖国まで

松尾龍之介　一五七一年の長崎開港から鎖国までの1世紀をたどる。ポルトガル人来航禁止令（一六三九）の八年後にやってきた最後のポルトガル特使ソウザと、最後の南蛮通詞にして最初のオランダ通詞＝西吉兵衛は、何を語ったのか
〈四六判・320頁〉2200円

＊表示価格は税別

◆弦書房の本

蘭学の九州

大島明秀　江戸期を通じ蘭学の最前線を担った〈九州〉。蘭学は、幕末から明治、洋学の時代へ橋渡しをした。西洋を理解するために日本の言語と文化を追究したオランダ通詞・志筑忠雄の驚くべき業績も具体的に伝える画期的な一冊。〈四六判・160頁〉**1600円**

風船ことはじめ

松尾龍之介　秋田県仙北市西木町上桧木内という内陸地方に「紙風船上げ」という幻想的な伝統行事が今も続いている。なぜこの地にこのような奇祭が伝えられているのかを、文献と史実をもとに解き明かす。長崎オランダ通詞の活躍が光る一冊。〈四六判・320頁〉**2200円**

長崎蘭学の巨人　志筑（しづき）忠雄（ただお）とその時代

松尾龍之介　ケンペルの『鎖国論』を翻訳し〈鎖国〉という語を作った蘭学者・志筑忠雄（1760〜1806）。長崎出島の洋書群の翻訳から宇宙を構想し、〈真空〉〈重力〉〈求心力〉等の訳語を創出、独学で世界を読み解いた鬼才の生涯を描く。〈四六判・260頁〉**1900円**

幕末の漂流者・庄蔵　二つの故郷

岩岡中正　肥後国川尻、マカオ、香港のはざまでローカルにしてグローバルな生涯をたどる。米国人宣教師（ペリーの公式通訳官）との出会いと日本語の伝授、聖書マタイ伝の初邦訳、多くの日本人漂流者へ帰還の援助などの軌跡を庄蔵の末裔が明らかに。〈A5判・120頁〉**1500円**

イタリアの街角から　スローシティを歩く

陣内秀信　太陽と美食の迷宮都市、南イタリアのプーリア州を皮切りに、イタリアの建築史、都市史の研究家として活躍する著者が路地を歩き、人々とふれあいながら、イタリアの都市の魅力を再発見。蘇る都市の秘密に迫る。〈四六判・260頁〉**2100円**

＊表示価格は税別